하워드 막스 투자와 마켓 사이클의 법칙

MASTERING THE MARKET CYCLE:
Getting the Odds On Your Side
by Howard Marks
First published by Houghton Mifflin Harcourt Publishing Co., New York.

하워드 막스
투자와 마켓 사이클의 법칙

주식시장의

흐름을 꿰뚫어보는

단 하나의

투자 바이블

하워드 막스 지음 | 이주영 옮김 | 홍춘욱 감수

비즈니스북스

옮긴이 **이주영**

이화여자대학교 경제학과를 졸업하고 증권사에서 투자 및 분석 업무를 담당했다. 지금은 바른번역에서 전문 번역가로 활동하고 있다. 옮긴 책으로는《트러스터 팩터》,《모든 것이 세일즈다》,《나는 빚을 다 갚았다》,《스타트업 방정식》이 있고,《하버드 비즈니스 리뷰 코리아》번역에 참여하고 있다.

하워드 막스 투자와 마켓 사이클의 법칙

1판 1쇄 발행 2018년 10월 29일
1판 31쇄 발행 2024년 12월 18일

지은이 | 하워드 막스
옮긴이 | 이주영
발행인 | 홍영태
편집인 | 김미란
발행처 | (주)비즈니스북스
등 록 | 제2000-000225호(2000년 2월 28일)
주 소 | 03991 서울시 마포구 월드컵북로6길 3 이노베이스빌딩 7층
전 화 | (02)338-9449
팩 스 | (02)338-6543
대표메일 | bb@businessbooks.co.kr
홈페이지 | http://www.businessbooks.co.kr
블로그 | http://blog.naver.com/biz_books
페이스북 | thebizbooks
인스타그램 | bizbooks_kr
ISBN 979-11-6254-046-6 03320

투자 세계에 영원히 남을 대가의 지혜

홍춘욱

이코노미스트,《환율의 미래》저자

"1997년 외환위기, 2008년 세계 금융위기가 있었으니 2017년을 기점으로 새로운 위기가 올 것이라는 주장에 대해 어떻게 생각하세요?"

각종 세미나에 다닐 때마다 이런 질문을 수없이 들었다. 경제가 10년마다 위기를 경험한다는 10년 주기설에 근거한 이야기이다.

사실 여부를 떠나 이처럼 시장의 흐름을 읽고자 하는 노력은 투자에 있어 필수적이다. 증권사와 은행 그리고 국민연금에서 활동해온 내게도 '마켓 사이클'은 더없이 중요한 것이다. 특히 1997년, 2008년의 위기를 겪으면서는 더욱 그랬다. 언제 불황이 시작되고 또 언제부터 회복이 시작되는지 판단하는 것이 사실상 투자의 모든 것처럼 여겨졌다.

한국에서 주식이나 부동산에 투자하는 것은 매우 위험한 일이다. 언제 시장이 붕괴되어 자산가격이 반 토막, 아니 4분의 1 토막이 날지 모른다. 실제로 나는 압구정에 있는 유명 아파트의 가격을 조사한 적이 있는데, 최근엔 30평대가 평당 1억 원에 거래되고 있지만, 2009년에는 평당 2,000만 원대에서 경매로 거래된 적이 있었다. 주식시장에도 그런 예는 수없이 많다. 심지어 한 주에 300만 원을 호가하던 삼성전자 주식도 2008년 말에는 50만 원 이상 떨어진 적이 있었다. 상황이 이러다 보니 자산시장의 참가자들은 마음을 놓을 수 없다. 그래서 여러 '미신'에 의지하게 된다. 가장 대표적인 미신이 바로 그 10년 주기설이다.

하지만 다들 알다시피 10년 주기설을 진지하게 받아들였다면, 그래서 투자에 소극적으로 굴었다면 2017년(주식)과 2018년(서울 아파트)의 투자 찬스는 분명 놓쳤을 것이다.

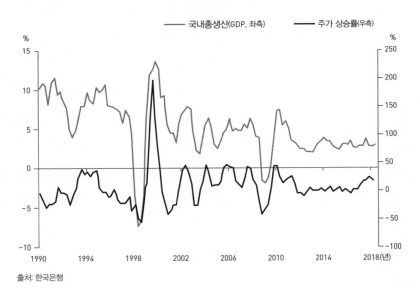

경제성장률과 주가 상승률 추이

출처: 한국은행

대가의 이야기에 귀 기울여라

기댈 만한 피난처를 찾지 못한 사람들은 이어서 묻곤 한다. 그럼 어떻게 해야 하냐고. 나는 이렇게 조언한다. 금융시장에서 큰 성공을 거둔 대가의 이야기에 귀를 기울이라고. 그리고 내가 추천해줄 만한 한 인물이 바로 이 책의 저자인 하워드 막스이다.

하워드 막스는 내가 국민연금 기금운용본부에서 펀드 매니저를 하던 시절부터 익히 들어왔던 유명한 투자자이다. 한편으로는 굉장히 친숙한 사람이기도 하다. 당시 내가 모시던 상사(CIO, 최고투자책임자) 이찬우 박사님이 막스의 열렬한 팬이어서 당시 막스와 그의 이론에 대한 이야기를 자주 들었다. 실제로 이찬우 박사님은 하워드 막스의 전작인 《투자에 대한 생각》The Most Important Thing의 번역 작업을 자처할 만큼 그의 이론을 믿고 따랐다. 번역 작업이 이미 진행 중이라는 소식에 참여하지 못했지만, 이찬우 박사님은 이후 막스의 책에서 얻은 인사이트를 발전시켜 자신의 책 《대한민국 신국부론》을 출간하면서 그 염원을 풀었다. 번역을 자처할 만큼 국민연금 CIO를 열렬한 팬으로 만든 사람이 있다는 것도 놀라웠지만, 궁금한 맘에 찾아본 사람이 세계적인 펀드사 '오크트리 캐피털 매니지먼트'Oaktree Capital Management의 회장이라는 사실을 알고 더 놀랐었다. 그렇게 나 역시 하워드 막스의 책을 읽게 됐고 한 문장, 한 문장 깊은 통찰력이 담긴 글들에 크게 감명했던 기억이 있다(그의 책은 마치 거대한 명언 모음집 같았다).

그런 기억이 있던 터라 그의 신간 《하워드 막스 투자와 마켓 사이클의 법칙》 소식을 들었을 때, 그리고 가장 먼저 읽어볼 기회를 얻게 됐을 때 뭐라 표현할 수 없는 기쁨을 느꼈다.

이 책을 먼저 읽은 사람으로서 가장 인상적이었던 부분을 여기에 소개하고 싶다.

> 미래는 일어나도록 정해진, 예측할 수 있는 하나의 고정된 결과가 아니라 다양한 가능성과(각각의 가능성에 대한 통찰력에 근거한) 확률분포로 봐야 한다. (중략) 내 생각에 투자에서 성공은 복권 당첨자를 뽑는 것과 비슷하다. 둘 다 볼풀(당첨되는 공과 낙첨되는 공이 골고루 섞인, 투자의 가능한 결과 범위를 나타낸다)에서 공을 뽑아서 결정된다. 하나의 결과(여기서는 투자 성과)는 매번 여러 가능성들 사이에서 선택된다.

멋진 비유가 아닐 수 없다. 그의 말처럼 우리는 사이클을 10년마다 위기가 온다는 것처럼 '정해진' 것이 아니라 확률적인 현상으로 봐야 한다.

그럼 이 대목에서 한 가지 궁금증이 제기된다. 하워드 막스 같은 탁월한 투자자의 성과 역시 확률 싸움 또는 어떤 '운'에 따른 것일까? 그건 아닐 것이다. 뛰어난 성과를 한 번 기록한다면 그것은 운에 따른 일이라 하겠지만, 그처럼 뛰어난 성과를 내는 운이 여러 번 반복됐다면 그것은 실력이라 해야 할 것이다. 그렇다면 막스처럼 뛰어난 투자자가 되기 위해 어떤 능력을 갖춰야 하는 것일까? 이에 대해 그는 다음과 같이 말한다.

뛰어난 투자자는 불풀에 어떤 공들이 있으며, 따라서 추첨에 참여할 가치가 있는지 여부를 판단하는 감각이 좋은 사람이다. 즉 뛰어난 투자자들은 미래에 무슨 일이 일어날지 정확하게 알 수는 없어도 미래의 경향에 대해 평균 이상의 이해를 갖고 있다.

쉽게 이야기해 '촉'이 좋은 사람들이라 할 수 있다. 그리고 그는 이 '촉'을 어떻게 키울 수 있는지에 대해서도 덧붙여 말한다.

다시 말해, 이 게임에서 지는 경우보다 이기는 경우를 더 많게 하려면 지식의 우위를 가져야만 한다. 뛰어난 투자자는 바로 이것을 가졌다. 그는 미래의 경향에 대해 다른 사람들보다 많이 안다.

하지만 앞서 말했던 것을 잊어서는 안 된다. 설사 확률을 안다고 해도, 즉 경향에 대해 더 뛰어난 통찰력을 가졌다고 해도 진짜 어떤 일이 일어날지는 모른다는 것이다. 병 속에 든 공의 비율이 검은 공 70에 흰 공 30이라도 다음번에 무슨 색 공을 뽑을지 알 수 없다. 흰 공보다 검은 공을 뽑을 확률이 더 높지만 그래도 여전히 30퍼센트의 확률로 흰 공을 뽑을 수 있기 때문이다.

실제 투자를 경험하고 지속하는 것이 제일 좋겠지만, 여기에는 여러 위험이 동반된다. 투자의 성패를 기다린다는 것 자체가 말 못하게 큰 심적인 고통을 만든다. 거기에 피 같은 종잣돈을 날려버리기라도 한다면, 그때는 '교훈'을 얻어봐야 소용이 없다. 결국 공부를 통해 지식을 습득하는 수밖에 없다. 그리고 이어 막스의 이야기에서 어떤 종류의 지식을 쌓아야 하는지 그 힌트를 얻을 수 있다.

- 상승 국면의 초입인가, 막바지인가?
- 특정한 사이클이 한동안 상승해온 경우, 현재 위험한 국면인가?
- 투자자들의 행동이 욕심이나 두려움에 의한 것인가?
- 투자자들은 적절하게 위험을 기피하고 있는가, 아니면 무모하게 위험을 감수하고 있는가?
- 사이클에 따라 일어난 일 때문에 시장이 과열되었는가(가격이 너무 비싼가), 냉각되었는가(그러므로 가격이 싼가)?
- 모두 고려했을 때, 사이클에서 현재 우리 포지션은 방어에 중심을 두어야 하는가, 공격에 중심을 두어야 하는가?

이러한 내용은 2017년에 내가 고민했던 지점과 맞닿아 있다. 당시 한국의 주식시장과 부동산시장은 본격적인 상승을 눈앞에 두고 있었지만, 팽배한 비관론으로 시장 참가자들이 갈피를 잡지 못하던 시기였다. 한국 기업들이 사상 최대의 이익을 얻고 있었지만 금융시장은 '이러다 금방 사그라진다'며 냉소적인 목소리가 지배적이었다.

잠깐 오른쪽 그림에 대해 설명하자면 한국을 대표하는 KOSPI 200 종목의 영업이익 추세를 나타낸다. 2016년 134조 원의 영업이익을 기록한 데 이어, 2017년에 178조 원을 기록해 2년 연속 사상 최대치를 경신한 것을 확인할 수 있다.

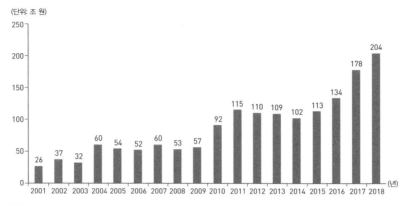

KOSPI 200 기업들의 영업이익 추이

(단위: 조 원)

출처: Fnguide

　　그때 진지하게 '상승 국면의 초입인지 막바지인지'라는 막스의 질문
에 대해 고민했다면 지금과는 다른 결과를 얻은 사람이 많았으리라 생
각한다. 이것은 앞으로도 마찬가지다. 막스의 질문을 기억하고, 또 그
의 책을 통해 질문에 답할 수 있는 통찰력을 키워간다면 앞으로 절호
의 투자 기회를 놓치는 일은 더는 없을 것이다.

훌륭한 투자자들이 알고 있는 것

나는 7년 전 투자자들이 지켜야 할 중요한 원칙에 대한 내용을 담은 《투자에 대한 생각》이라는 책을 썼다. 이 책에서 나는 "가장 중요한 원칙은 사이클에 주의를 기울이는 것."이라고 말했다. 하지만 사실 함께 다뤘던 19개의 다른 원칙들에도 '가장 중요하다'는 말을 붙였었다. 투자에서 가장 중요한 단 하나의 원칙이라는 것은 없기 때문이다. 성공적인 투자자가 되고 싶은 사람들에게 《투자에 대한 생각》에서 다루었던 20개의 원칙은 하나하나가 필수적인 것이다.

미국의 프로 미식축구팀 그린베이 패커스의 전설적인 코치였던 빈스 롬바르디Vince Lombardi는 "이기는 것은 전부가 아니다. 유일한 것이다."라는 유명한 말을 남겼다. 롬바르디가 정확히 무슨 뜻으로 이 말을 했는지는 알 수 없지만, 그가 승리를 가장 중시했다는 점에는 의심할 여지가 없다. 마찬가지로 투자에 있어 사이클cycle에 대한 이해가 전부라거나 유일한 원칙이라고 말할 수는 없다. 다만 이것이 투자의 원칙 중 거의 가장 중요하다는 사실은 틀림없다.

내가 수년간 알고 지낸 훌륭한 투자자들은 사이클이 일반적으로 어떻게 움직이며, 우리가 현재 사이클에서 어디쯤 있는지에 대한 탁월한 감각을 지녔다. 그들은 이런 감각을 가진 덕분에 향후 전개될 일에 대비해 포트폴리오를 잘 포지셔닝할 수 있었다. 우리 회사인 오크트리 캐피털 매니지먼트가 이룬 성공들도 대부분 효과적인 투자 방법과 탁월한 인재 그리고 사이클을 타는 타이밍을 잘 이용한 덕분이었다.

내가《투자에 대한 생각》에 이어 사이클을 탐구하는 책을 써야겠다고 결심한 이유는 다음과 같다. 먼저 사이클의 파동에 대해 아주 흥미로운 사실을 찾았기 때문이다. 다음으로 고객들이 가장 자주 하는 질문 중 하나가 사이클 내의 현재 위치에 대한 것이기 때문이다. 마지막으로 사이클의 본질에 관해 쓴 글이 지극히 적기 때문이다. 이 글이 부디 여러분에게도 쓸모가 있기를 바란다.

—⁂—

우리를 둘러싼 환경에서 어떤 패턴이나 사건은 행동과 삶에 영향을 미치며 규칙적으로 반복된다. 겨울은 여름보다 춥고 눈이 내리며, 낮은 밤보다 밝다. 그래서 겨울에는 스키 여행을, 여름에는 요트 여행을 계획하며, 낮에는 일과 취미 생활을 하고 밤에는 잠을 잔다. 저녁이 가까워지면 불을 켜고 잠자리에 들 때는 끈다. 겨울이 다가오면 따뜻한 코트를 꺼내고 여름이 오면 수영복을 꺼낸다. 물론 기운을 돋우기 위해 겨울 바다에서 수영을 하는 사람도 있고, 낮 시간을 자유롭게 쓰기 위해 야간 근무를 선택하는 사람도 있지만, 대다수는 보통의 생물학적 주기를 따르며 일상생활을 영위한다.

인간은 패턴을 인식하고 이해하는 능력을 이용해 더 쉽게 의사를 결정하고, 이익을 높이며, 고통을 피한다. 중요한 점은 반복되는 패턴에 대해 알면 모든 결정을 맨 처음부터 재고할 필요가 없다는 것이다. 우리는 9월에 허리케인이 올 가능성이 높다는 것을 알고 그 시기에는 카리브해 지역에 가지 않는다. 뉴요커들은 추운 겨울에 따뜻한 날씨의 마이애미나 피닉스에 갈 계획을 세운다. 또 1월 아침마다 따뜻한 옷을 입어야 할지 말지를 고민하지 않는다.

경제, 기업, 시장 역시 패턴에 따라 움직인다. 이런 패턴 중 일부를 흔히 사이클이라고 말한다. 사이클은 자연 발생적 현상들 때문에 생기기도 하지만, 더 중요하게는 인간의 심리 변화와 그에 따른 인간의 행동에서 비롯된다. 인간의 심리와 행동은 시계나 달력의 사이클처럼 규칙적이지는 않아도 특정 행동을 하는 데 더 좋거나 더 나쁜 시기를 일으키는 사이클을 만드는 데 아주 큰 역할을 한다. 때문에 이것은 투자자들에게 지대한 영향을 미칠 수 있다. 하지만 사이클에 주의를 기울인다면, 미리 빠져나올 수 있다. 과거의 사이클을 공부하고, 사이클의 기원과 의미를 이해하며, 다음 사이클에 대해 경계를 게을리하지 않는다면 투자환경을 매번 새로 이해하기 위해 쓸데없이 시간을 낭비하지 않아도 된다. 예상치 못한 사건으로 충격받을 가능성도 작아진다. 우리는 반복되는 패턴을 완전히 이해함으로써 더 나은 투자를 할 수 있다.

결국 내가 말하고 싶은 주요 메시지는 사이클에 유의해야 한다는 것이다. 어쩌면 "사이클을 들어라."Listen to the cycle라고 말해야 하는지도 모르겠다. 딕셔너리닷컴Dictionary.com에는 '듣다'listen라는 단어에 대해 밀접한 관계를 갖지만 뚜렷이 다른 두 가지 정의가 나온다. 첫 번째 정의는 '듣기 위해 바싹 신경 쓰다'이다. 두 번째 정의는 '주의를 기울이다'heed이다. 두 가지 정의 모두 내가 쓰고 있는 내용과 관련이 있다.

주변 환경에서 일어나는 일과 그것이 시장의 미래에 관해 암시하는 바를 이해하고 포트폴리오를 적절히 포지셔닝하려면 고도의 주의 집중력이 필요하다. 갑작스러운 사건 또는 상황 변화는 정해진 환경 안에서 활동하고 있는 모든 사람에게 똑같이 일어난다. 하지만 주의를 기울여서 상황을 파악하고, 변화의 의미를 알아낼 수 있다는 뜻에서 모두가 똑같이 사건 또는 상황 변화를 '듣는' 것은 아니다.

게다가 모두 똑같이 주의를 기울이는 것도 아니다. 내가 말하는 '주의를 기울이다'란 '순종하다, 유념하다, 이끌리거나 마음에 새기다'라는 뜻이다. 다시 말해 '가르침을 흡수하고 그 지시를 따른다'는 말이다. 어쩌면 무시하다, 묵살하다, 무가치한 것으로 치부하다, 거부하다, 간과하다, 도외시하다, 피하다, 깔보다, 거역하다, 듣지 않다, 귀를 기울이지 않다, 부주의하다와 같은 반의어를 제시함으로써 듣다라는 말에 대한 '주의를 기울이다'의 의미를 더 잘 전달할 수 있을 것이다. 사이클에서 자신이 서 있는 위치를 간과하는 투자자는 예외 없이 심각한 결과를 겪게 된다.

이 책을 최대한 활용해서 사이클을 잘 다루려면 투자자는 사이클을 알고 평가하며 사이클이 시사하는 바를 찾아서, 그 지시를 따르는 법을 배워야 한다.

투자자가 이런 측면에서 사이클을 잘 듣는다면 사이클은 큰 파괴를 불러오는 통제 불가능하고 사나운 힘이 아니라 이해할 수 있고 기회로 활용할 수 있는 현상, 즉 기대 이상의 성과를 캐낼 수 있는 광맥이 될 것이다.

—ᴍ—

다음과 같은 몇 가지 필수 요소들을 조합한다면 성공적인 투자 철학을 가질 수 있다.

- 회계, 재무, 경제학에 관한 지식은 투자 철학을 만드는 기초를 제공한다. 그러나 이것은 필요조건이지 충분조건은 아니다.
- 시장의 작동 방식에 대한 자신만의 생각은 중요하다. 투자자는 투자를 시작하기 전에 시장의 작동 방식에 대한 자기 생각을 갖고 있어야 한다. 그리고 이러한 생각을 계속해서 발전시키고, 의심하며, 개선하고, 개조해야 한다.
- 새로운 투자 아이디어는 대개 읽은 것에서 비롯되므로 읽기는 철학을 만드는 기본 요소이다. 지속적인 읽기를 통해 효과적인 아이디어는 수용하고 그렇지 않은 것은 폐기하면서 접근 방법의 효율성을 높일 수 있다. 중요한 점은, 투자라는 분야 너머 경계를 벗어난 읽기가 더 좋다는 사실이다. 전설적인 투자자인 찰리 멍거Charlie Munger는 다른 분야의 역사와 프로세스를 아는 것

이 효과적인 투자 접근법과 의사결정에 큰 도움이 될 수 있다며 광범위한 읽기의 장점에 대해 종종 이야기한다.

- 동료 투자자들과의 아이디어 교환은 매우 귀중한 성장의 원동력이 될 수 있다. 투자의 비과학적인 성격을 고려했을 때 배움의 끝은 없으며, 통찰력에 대해 독점권을 가진 사람도 있을 수 없다. 투자는 혼자 할 수 있지만 홀로 투자하는 사람들은 지적으로나 대인관계에서나 많은 것을 잃는다.

- 마지막으로 경험을 대신할 수 있는 것은 없다. 경험이 쌓일 때마다 나는 투자를 다른 시각으로 볼 수 있었고, 경험한 모든 사이클을 통해 다음 사이클에 대처하는 법을 배울 수 있었다. 오래 일하라. 빨리 그만둘 이유가 없다.

이 자리를 빌려 투자에 대한 통찰력과 투자 인생에 도움을 주었던 사람들에게 감사를 전하고 싶다.

- 피터 번스타인Peter Bernstein, 존 케네스 갤브레이스John Kenneth Galbraith, 나심 니콜라스 탈레브Nassim Nicholas Taleb, 찰리 엘리스Charlie Ellis의 책을 읽으면서 많은 깨달음을 얻었다.

- 세스 클라만Seth Klarman, 찰리 멍거, 워런 버핏Warren Buffett, 브루스 뉴버그Bruce Newberg, 마이클 밀컨Michael Milken, 제이컵 로스차일드Jacob Rothschild, 토드 콤스Todd Combs, 로저 올트먼Roger Altman, 조엘 그린블랫Joel Greenblatt, 피터 코프먼Peter Kaufman, 더그 카스Doug Kass를 비롯해《투자에 대한 생각》에서 언급했던 사람들과 그

밖의 사람들로부터 계속 조언을 얻었다. 2013년 아이들을 따라 아내와 함께 뉴욕으로 이사 온 뒤에는 오스카 셰이퍼Oscar Schafer, 짐 티시Jim Tisch, 아지트 자인Ajit Jain도 운 좋게 함께하게 됐다. 사물을 바라보는 나의 방법에 이들 각각의 방법이 더해졌다.

- 끝으로 가장 중요한 협력자이자 오크트리의 공동창업자인 브루스 카시Bruce Karsh, 셸던 스톤Sheldon Stone, 리처드 마송Richard Masson, 래리 킬Larry Keele에게 감사를 전하고 싶다. 이들은 나의 철학을 오크트리 투자 접근법의 기초로 채택하며 존중해줬다. 그리고 그것을 솜씨 있게 적용하고(그리하여 나의 투자 철학은 인정받았다), 함께해온 30년 이상의 시간 동안 내가 투자 철학을 발전시킬 수 있게 도움을 줬다. 다음에 나오는 내용에서도 보겠지만, 카시와 나는 함께하는 동안 거의 매일 아이디어를 교환하며 서로를 지지해왔다. (특히 가장 어려운 시기에) 그와 나눴던 의견은 이 책의 기초를 이루는, 사이클에 대한 접근 방법을 발전시키는 데 없어서는 안 될 결정적 역할을 했다.

이 책을 쓰는 데 큰 역할을 해준 사람들에게도 감사의 말을 전한다. HMH의 능력 있는 편집자 릭 울프Rick Wolff, 울프를 소개해준 수완 좋은 에이전트 짐 러빈Jim Levine, 더 호소력 있는 책을 만들기 위해 늘 나를 독려해줬던 친구 캐런 맥 골드스미스Karen Mack Goldsmith, 오랫동안 도움을 준 조수 캐럴라인 힐드Caroline Heald에게 고마움을 전한다. 특히 경기 순환과 정부 개입에 대한 내용을 검토해주신 시카고대학교 부스 경영대학원의 랜디 크로즈너Randy Kroszner 교수에게도 감사를 전한다.

지식은 매일매일 새롭게 탄생하고 그래서 무궁무진하다. 우리가 그 것을 전부 알 수는 없기에 나는 앞으로 더 많이 배우고 싶다. 투자에 있어 항상 효과를 발휘하는 것은 없다. 환경은 늘 변하고, 환경에 대응하려는 투자자들의 노력은 환경을 더욱 변화시키기 때문이다. 그러므로 나는 지금 모르는 미래의 것들을 알고 싶고, 아직 나오지 않은 메모와 책들을 통해 그런 생각들을 나누고 싶다.

하워드 막스

1. 《투자에 대한 생각》에서처럼 이 책에서도 때때로 생각을 밝히기 위
해 1990년부터 써온 투자 메모를 인용할 것이다. 첫 번째 책에서 다
룬 내용도 다시 거론될 수 있다. 이미 썼던 주제들에 대해 다시 글을
쓰며 번거롭게 시간을 낭비할 수도 있지만 그러지 않겠다. 대신 생
각을 명확하게 밝히고 있다고 생각되는 이전 메모에서 핵심 구절을
가져올 것이다. 이렇게 한다고 해서 이 책을 구매한 독자들이 책값
에 비해 내용이 부족하다고 느끼지 않기를 바란다.

　이 책의 의도를 살리기 위해 인용한 구절에서 몇 단어를 더하거나
빼기도 하고, 문단을 원본과 다른 순서로 보여주기도 할 것이다. 내
가 쓴 구절이므로 변형할 때마다 알리지 않아도 괜찮을 것 같다. 하
지만 변형하는 것이 더 도움이 되는 경우를 제외하고 원래 의미를

바꾸거나 뒤늦은 깨달음을 이용해 구절을 더 정확하게 고치지 않을 것이다.

2. 《투자에 대한 생각》에서처럼 이 책에서 다룰 주제도 대개 투자가 그렇듯 복합적이며, 서로 겹쳐서 깨끗이 별개의 장으로 분리할 수 없는 요소들로 이루어져 있다. 이런 요소들을 여러 곳에서 언급하고 있기 때문에 독자들은 다른 책에서 가져온 주목할 만한 인용구나 내 책과 메모에서 인용한 구절이 여러 번 반복되는 경우를 발견하게 될 것이다.

3. '투자'에 대해 말할 때 나는 투자자가 특정 자산의 가치가 오를 것을 기대하고 매수 또는 보유하거나, 매수 후 보유하는 '롱 포지션'을 가정한다. 이것은 투자자가 가치 하락을 예상해 보유하지 않는 증권을 빌려서 매도하는 '쇼트 포지션'과 반대이다. 투자자들이 늘 '쇼트 포지션'보다 '롱 포지션'을 취하는 것은 아니지만 대개의 경우는 '롱 포지션'을 취한다. 주식을 공매도하거나 쇼트 포지션의 총 가치가 보유 주식을 넘어서는 '네트 쇼트'net short 포지션을 취하는 사람들의 수는 반대의 경우에 비해 적다. 그러므로 이 책에서는 가치가 떨어질 것을 기대하고 자산을 공매하는 경우가 아닌, 가치 상승을 예상해서 어떤 것을 매수하는 경우에 대해서만 이야기하겠다.

4. 끝으로, 처음 이 책을 쓸 때는 사이클에 관한 내용만 써야겠다고 생각했었지만 글을 쓰면서 자산 선택이나 '떨어지는 칼날을 잡는 것'과 같은 다른 주제들이 많이 떠올랐다. 이런 생각들을 그냥 버리지 않고 모두 이 책에 넣었다. 독자 여러분이 주제에서 벗어났다고 생각하기보다는 보너스라고 여기고 기쁘게 읽어주기를 바란다.

차례

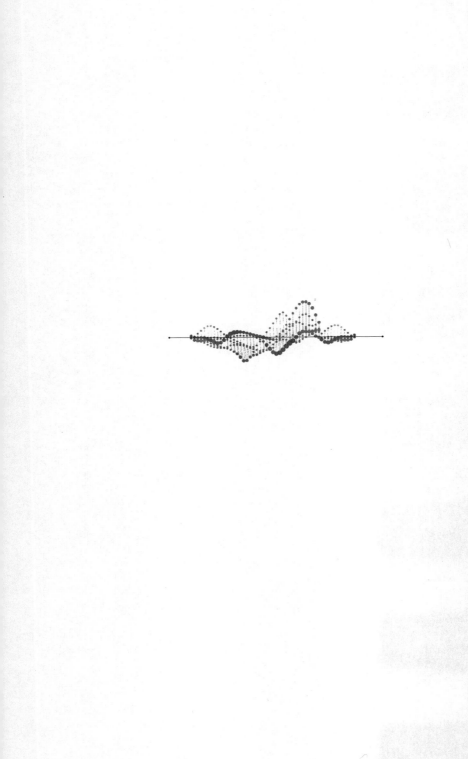

제1장

왜 사이클을 공부해야 하는가

사이클 안의 포지션이 바뀌면 확률도 변한다. 상황 변화에 따라 투자 견해를 바꾸지 않으면 사이클에 수동적으로 대처할 수밖에 없다. 확률을 내 편으로 만들 기회를 놓쳐버리는 것이다. 반면, 사이클에 대한 통찰력이 있으면 확률이 나에게 유리할 때 투자금을 늘려 더 공격적으로 투자할 수 있다. 또 확률이 불리할 때에는 자금을 회수하고 방어력을 높일 수 있다.

투자란 금융시장의 미래에 대비해 미리 준비하고 대응하는 것으로 볼 수 있다. 향후 몇 년 안에 일어날 사건들로 이익을 기대할 수 있는 현재의 포트폴리오를 만드는 것이다.

전문 투자자들에게 성공은 일반 투자자보다 포트폴리오를 더 잘 짜거나 시장 벤치마크(KOSPI나 S&P500처럼 주식 투자의 성과를 측정하는 지수)를 능가하는 수익을 내는 것이다. 하지만 이런 성공은 간단히 이뤄지지 않는다. 평균적인 투자 성과는 쉽게 낼 수 있지만 그 이상의 수익은 달성하기가 꽤 어렵기 때문이다.

나의 투자 철학 가운데 가장 중요한 기본 요소 하나는 경제나 시장, 지정학 같은 분야에서 어떤 일이 일어날지 '거시적 미래'macro future를 결코 알 수 없다는 확신이다. 더 정확하게 말하자면, 다른 사람들보다 거시적 미래에 대해 더 많이 알 수 있는 사람은 거의 없다. 예측은 우리가 다른 사람들보다 더 잘 알 때만(더 좋은 자료를 가지고 있거나, 가지고 있는 자료를 더 잘 해석하거나, 해석을 기반으로 어떤 행동을 취해야 할지 잘 안다거나, 그러한 행동을 취하는 데 필요한 정서적 배짱을 가졌을 때) 뛰어난 성과로 이어진다.

요컨대 똑같은 정보를 다른 사람들과 똑같은 방식으로 분석해서, 같은 결론에 도달하고, 이를 같은 방식으로 실행하면서 그 프로세스가 더 좋은 성과를 거두리라는 기대는 접어야 한다. 게다가 거시적 미래와 같은 영역들에서 남들을 계속 앞서가기란 매우 어렵다.

그러므로 나는 거시적 미래를 예측하려는 행동이 더 뛰어난 투자 성과를 달성하는 데 별 도움이 되지 않는다고 본다. 거시 환경을 예측해서 월등한 성과를 낸다고 알려진 투자자는 거의 없다.

한번은 워런 버핏이 가치 있는 정보를 구분하는 자신의 두 가지 기준에 대해 말해준 적이 있다. 그에게 가치 있는 정보는 중요하고, 알기쉬운 것이다. 최근 거시 환경의 호황이 시장 수익률을 결정짓는 데 지배적 역할을 하고 있는 것이 주지의 사실이다. 그럼에도 불구하고 '매크로 투자자들'은 전체적으로 상당히 밋밋한 결과를 내왔다. 이것은 거시 환경이 중요하지 않다는 말이 아니라 그것을 완벽히 이해할 수 있는 사람이 거의 없다는 뜻이다. 대부분의 투자자에게 거시적인 환경은 알기가 쉽지 않다(혹은 더 훌륭한 성과를 낼 만큼 충분히 잘, 지속적으로 알기 어렵다).

따라서 거시적 예측은 잘 이루어진다면 투자 성과를 높이는 데 결정적 기여를 할 수 있지만, 나를 비롯한 대부분의 투자자는 이게 매우 어렵다고 본다. 그렇다면 결국 무엇이 남는가? 미세한 차이가 있겠지만, 우리는 다음 세 가지 보편적인 영역에서 시간을 가장 유익하게 사용할 수 있을 것이다.

- 내가 '알기 쉬운 정보'라고 부르는 것들, 이를테면 산업, 기업, 주식의 펀더멘털에 대해 다른 이들보다 더 알려고 노력한다.
- 위 펀더멘털에 투자할 때 지불할 적정 가격을 안다.
- 속해 있는 투자환경을 이해하고, 그러한 환경에 대응해 포트폴리오를 전략적으로 포지셔닝할 방법을 정한다.

처음 두 가지 주제에 대한 논의는 많았다. 이 두 가지 주제는 함께 '주식 분석'과 '가치 투자'의 핵심 요소를 이룬다. 미래에 어떤 자산이 발생시킬 기대 수익(보통 이익이나 현금 흐름의 측면)과 그 예상에 따른 자산의 현재 가치에 대해 판단하는 것이다.

가치 투자자들은 어떤 일을 하는가? 그들은 '가격'과 '가치' 사이의 차이를 이용하기 위해 노력한다. 가치 투자자들은 이를 위해 (a) 자산의 내재가, 시간 흐름에 따른 내재가치의 변화를 계량화하고 (b) 자산의 내재가치, 자산의 역사적 가격, 다른 자산의 가격, '이론적으로 공정한' 자산가격과 현재 시장가격을 비교하는 방법을 평가한다.

그다음 포트폴리오를 만들기 위해 이런 정보를 이용한다. 대부분

가치 투자자들에게 직접적인 목표는 가장 효율적인 가치 제안, 즉 가장 높은 상승 잠재력을 가졌거나 하락 위험에 비해 상승의 가능성이 더 높은 자산에 투자하는 것이다. 어쩌면 포트폴리오를 구성하는 일은 단지 가장 높은 가치를 가진 자산과 가치에 비해 가격이 현저히 저평가된 자산을 찾는 것이어야 한다고 주장하는 사람도 있을지 모르겠다. 이들의 말이 일반적, 장기적으로는 사실이겠지만, 그 밖의 다른 요소도 포트폴리오를 구성하는 과정에 유용하게 포함될 수 있다. 앞으로 몇 년 안에 시장에서 발생 가능한 일에 대비해 포트폴리오를 적절히 포지셔닝하는 일처럼 말이다.

정해진 시점에서 포트폴리오의 포지셔닝을 최적화하는 가장 좋은 방법은 공격과 방어 사이에서 유지해야 할 균형을 결정하는 것이다. 공격과 방어의 균형은 여러 요소들이 사이클을 타면서 변화시키는 투자환경에 따라 시간이 흐르면서 조정되어야 한다.

> 키워드는 '조정'이다. 투자금, 다양한 가능성에 대한 자산 배분,
> 보유 리스크는 공격과 방어를 오가며 연속적으로 조정해야 한다.
> … 싸게 샀을 때는 공격적이어야 하지만 비싸게 샀을 때는 후퇴해
> 야 한다. ('또다시?', 2017년 9월 메모)

포트폴리오의 포지션 조정이 이 책에서 주로 다룰 내용이다.

―――――

왜 사이클을 공부해야 하는지 알고자 할 때 필요한 키워드 중 하나

는 '경향'tendency이다.

투자에 영향을 미치는 요소들이 규칙적이고 예측 가능하다면, 예를 들어 거시적 예측이 효과가 있다면, 우리는 '일어날' 일에 대해 이야기할 수 있을 것이다. 하지만 그렇지 않다고 해서 미래를 생각하는 데 있어 속수무책이라는 뜻은 아니다. 오히려 우리는 일어날 수도 있는 일이나 일어나야 하는 일, 일이 발생할 가능성에 대해 논의할 수 있다. 나는 이러한 것들을 '경향'이라고 부른다.

투자의 세계에서는 늘 리스크에 대해 이야기하지만 리스크가 무엇인지, 그것이 투자자의 행동에 어떤 의미를 가져야 하는지 그에 대한 보편적인 동의는 없다. 어떤 이들은 리스크가 돈을 잃을 가능성이라고 생각하고 (다수의 재무학자들을 포함해) 어떤 이들은 리스크가 자산가격 또는 수익의 변동성이라고 생각한다. 그밖에도 여기에서 다 다루기 어려울 만큼 여러 종류의 리스크가 있다. (리스크risk는 업계에서도 흔히 쓰는 용어로 대부분 그대로 사용하되, '위험회피 또는 위험수용'과 같이 다른 명사와 결합해 어떤 행위를 표현할 경우는 '위험'으로 번역한다.—옮긴이)

나는 첫 번째 정의가 훨씬 마음에 든다. 내 생각에 리스크는 주로 자본을 영구적으로 손실할 가능성이다. 한편 잠재적 이익을 놓칠 가능성인 기회 위험opportunity risk도 있다. 두 가지를 합쳐보면 리스크는 우리가 원하는 대로 되지 않을 가능성이다.

리스크의 원인은 무엇인가? 내가 가장 좋아하는 투자 철학가 중 한 명인 고 피터 번스타인Peter Bernstein은 그의 뉴스레터 '경제와 포트폴리오 전략'Economics and Portfolio Strategy에서 '리스크를 숫자로 측정할 수 있는가?'(2007년 6월)라는 제목으로 글을 썼다.

리스크는 기본적으로 어떤 일이 일어날지 알 수 없다는 것이다.
… 우리는 매 순간 미지의 곳을 향해 걸어간다. 일어날 수 있는 결
과의 범위가 있지만 (실제 결과가) 그 범위 내의 무엇이 될지는 모
른다. 때로는 그 범위조차도 잘 알지 못한다.

다음 몇 가지 아이디어들(2015년 6월에 쓴 메모, '리스크가 다시 찾아왔
다'의 전체 내용을 매우 간략히 요약한 것)은 번스타인의 글을 읽고 착안한
것이다. 리스크를 이해하고 다루는 데 도움이 될 것이다.

런던경영대학원의 교수였던 엘로이 딤슨Elroy Dimson은 "리스크는 일
어날 일보다 더 많은 일이 일어날 수 있다는 의미이다."라고 말했다. 경
제, 비즈니스, 시장에서 일어나는 사건에 대해 한 가지 결과만 나올 수
있고 그것을 예측할 수 있다면 불확실성이나 리스크는 당연히 없을 것
이다. 그리고 앞으로 일어날 일에 대한 불확실성이 없다면, 손실을 피
하고 최대의 이익을 얻기 위해 포트폴리오를 어떻게 포지셔닝해야 할
지 정확히 알 수 있을 것이다. 그러나 삶과 투자에는 여러 다른 결과가
있을 수 있고, 그런 이유들 때문에 불확실성과 리스크는 피할 수 없다.

따라서 미래는 일어나도록 정해진, 예측할 수 있는 하나의 고정된
결과가 아니라 다양한 가능성과 (바라건대 각각의 가능성에 대한 통찰력
에 근거한) 확률분포로 봐야 한다. 확률분포는 경향에 대한 투자자의
관점 또는 해석을 반영한다.

투자자는 말할 것도 없고 미래를 잘 다루고 싶은 사람은 누구나 구
체적으로든 약식으로든 확률분포를 만들어야 한다. 확률분포를 잘 만
들면 확률은 적절한 행동 방침을 정하는 데 도움이 된다. 하지만 확률

을 알고 있다고 해서 무슨 일이 일어날지 아는 것은 아니라는 점을 명심해야 한다.

특정 문제에 관한 결과는 장기적으로 확률분포를 따를 수 있겠지만, 단일 사건의 결과에는 큰 불확실성이 존재한다. 결과가 선택되는 과정은 가치뿐만 아니라 무작위성의 영향도 받기 때문에 분포에 포함된 모든 결과는 다양한 확률로 발생할 수 있다. 딤슨의 말을 뒤집으면 여러 가지 일이 일어날 수 있지만, 실제로 일어나는 일은 딱 하나라는 것이다. 우리는 '평균적으로' 어떤 결과를 기대해야 하는지 알지만 그것은 실제로 일어날 일과 아무 관련이 없다.

내 생각에 투자에서 성공은 복권당첨자를 뽑는 것과 비슷하다. 둘 다 볼풀(가능한 결과의 전체 범위)에서 공(결과)을 뽑아서 결정된다. 하나의 결과는 매번 여러 가능성들 사이에서 선택된다.

뛰어난 투자자는 볼풀에 어떤 공들이 있으며, 따라서 추첨에 참여할 가치가 있는지 여부를 판단하는 감각이 좋은 사람이다. 즉 뛰어난 투자자들은 다른 사람들처럼 미래에 무슨 일이 일어날지 정확히 알 수는 없어도 미래의 경향에 대해 평균 이상의 이해를 갖고 있다.

참고로 여기에 조금 더 덧붙이자면, 대부분의 사람들은 확률분포를 통해 어떤 일이 일어날지 판단함으로써 미래에 대처할 수 있다고 생각한다. 하지만 미래에 대처하기 위한 방법에는 사실 하나가 아니라 두 가지 요건이 있다. 앞으로 일어날 일에 대한 판단 외에 판단이 맞을 가능성에 대해서도 생각해봐야 하는 것이다. 아주 자신 있게 예측할 수 있는 일도 있고(예를 들어, 특정한 투자등급 채권에서 예정된 이자를 받을 수 있을 것인가?), 불확실한 일도 있으며(아마존은 10년 후에도 여전히 온라

인 쇼핑의 리더일 것인가?), 전혀 예측 불가능한 일도 있다(다음 달에 주식
시장은 오를 것인가, 내릴 것인가?). 내 말의 요점은 모든 예측의 적중률을
다 같은 가능성으로 놓고 보아서는 안 되며, 따라서 모든 예측을 똑같
이 신뢰해서도 안 된다는 것이다. 대부분의 사람들은 이 사실을 충분
히 알지 못하는 것 같다.

—*—

앞서 설명한 뛰어난 투자자는 경향에 대한 통찰력을 가지고 확률을
내 편으로 만드는 사람이다.
병에 검은색 공과 흰색 공이 총 100개 들어 있다고 해보자. 어떤 색
공이 나오는 데 베팅하겠는가?

- 병 속에 든 내용물에 대해 아무것도 모른다면 베팅은 그저 추측
  의 문제다. 즉 아무 정보가 없이 행하는 투기다. 검은 공 50개와
  흰 공 50개가 들어 있다는 사실을 안다고 해도 상황은 마찬가지
  다. 흰 공이나 검은 공에 베팅할 수 있지만 어느 쪽이나 맞출 수
  있는 확률은 50:50 이상이 될 수 없다. 따라서 최소한 반반의 확
  률을 제시받지 못하거나 게임을 하기 위해 입장료를 지불해야
  한다면(투자의 경우는 수수료나 매매율 차) 베팅은 바보 같은 짓이
  다. 행운이 따르지 않는 한 반반의 승산으로 검은 공이나 흰 공
  에 베팅해봤자 별 이득이 없다. 게다가 행운은 믿을 만한 것도
  아니다. 병 안에 든 내용물에 대해 유리한 정보 없이 하는 베팅
  은 확실히 수익성이 좋지 않다.

- 병 속의 내용물에 대해 특별한 통찰력을 가졌다면 어떨까? 자, 병 속에 검은 공 70개와 흰 공 30개가 있다는 사실을 안다고 해 보자. 이 경우 당신은 틀릴 경우보다 맞출 경우가 더 많을 것이다. 검은 공에 10달러를 걸 수 있다면, 10달러를 벌 확률은 70퍼센트, 10달러를 잃을 확률은 30퍼센트이다. 즉 10번 고르면 40달러의 수익을 기대할 수 있다. (참고: 이러한 결과는 수없이 실행을 했을 때 평균적인 값으로 단기적으로는 무작위성으로 인해 상당한 차이가 있다.)

- 물론 당신의 베팅 상대는 (a) 병 속에 검은 공이 70퍼센트, 흰 공이 30퍼센트 들어 있다는 사실을 모르거나 (b) 당신이 이 정보를 안다는 사실을 모를 때에만 검은 공 베팅에 반반의 확률을 제시할 것이다. 베팅 상대가 병 속의 공에 대해 당신만큼 안다면 검은 공 베팅에 30:70의 확률만 제시할 것이고, 이 베팅은 다시 이익이 없어질 것이다.

- 다시 말해, 이 게임에서 지는 경우보다 이기는 경우를 더 많게 하려면 지식의 우위를 가져야만 한다. 뛰어난 투자자는 바로 이것을 가졌다. 그는 미래의 경향에 대해 다른 사람들보다 많이 안다.

- 하지만 앞서 말했던 것을 잊어서는 안 된다. 설사 확률을 안다고 해도, 즉 경향에 대해 더 뛰어난 통찰력을 가졌다고 해도 진짜 어떤 일이 일어날지는 모른다는 것이다. 병 속에 든 공의 비율이 검은 공 70에 흰 공 30이라도 다음번에 무슨 색 공을 뽑을지 알 수 없다. 흰 공보다 검은 공을 뽑을 확률이 더 높지만 그래도 여전히 30퍼센트의 확률로 흰 공을 뽑을 수 있기 때문이다. 병 안

에 검은 공 외에 흰 공이 들어 있고, 다음 공을 선택할 때 특히 무작위와 외인적 힘이 영향을 미친다면 그 결과는 확실하지 않다.

• 하지만 이 모든 사실에도 불구하고, 결과에 대한 확실성이 있어야만 게임이 참여할 가치가 있는 것은 아니다. 경향에 관해 지식의 우위가 있다면 장기적으로 성공하기에 충분하기 때문이다.

—⁓—

이런 이유로 우리는 사이클을 이해함으로써 이익을 얻을 수 있다. 보통의 투자자는 다음과 같은 사실을 잘 모른다.

• 보통의 투자자는 사이클의 본성과 중요성을 충분히 이해하지 않는다.
• 보통의 투자자는 여러 사이클을 겪어볼 만큼 충분히 오래 투자하지 않았다.
• 보통의 투자자는 금융사金融史를 읽지 않아서 과거의 사이클에서 가르침을 얻지 못했다.
• 보통의 투자자는 반복되는 패턴과 그 이면의 이유에 주목하기보다 주로 분리된 사건의 측면에서 투자환경을 본다.
• 보통의 투자자는 무엇보다도 사이클의 중요성과 사이클이 행동지침에 어떤 가르침을 줄 수 있는지 이해하지 않는다.

뛰어난 투자자는 사이클에 주의를 기울인다. 과거의 패턴이 반복되는 것처럼 보이는지 알아채고, 중요한 여러 사이클에서 자신의 위치를 파악하며, 그러한 것들이 자신의 행동에 영향을 미친다는 사실을 이해한다. 이렇게 그는 사이클과 사이클 내의 위치에 대해 유용한 판단을 할 수 있다. 특히 다음과 같은 점들이다.

- 상승 국면의 초입인가, 막바지인가?
- 특정한 사이클이 한동안 상승해온 경우, 현재 위험한 국면인가?
- 투자자들의 행동이 욕심이나 두려움에 의한 것인가?
- 투자자들은 적절하게 위험을 회피하고 있는가, 아니면 무모하게 위험을 감수하고 있는가?
- 사이클에 따라 일어난 일 때문에 시장이 과열되었는가(가격이 너무 비싼가), 냉각되었는가(그러므로 가격이 싼가)?
- 모두 고려했을 때, 사이클에서 현재 우리 포지션은 방어에 중심을 두어야 하는가, 공격에 중심을 두어야 하는가?

뛰어난 투자자는 이러한 요소들에 주의를 기울여 잃는 것보다 더 자주 이길 수 있는 우위를 얻게 된다. 뛰어난 투자자는 경향이나 확률을 이해한다. 그래서 병 속에 있는 공의 색깔에 대해 다른 사람들이 모르는 것을 알고 있다. 이길 가능성이 질 가능성보다 높은지 알고 있기 때문에 유리할 때는 더 투자하고 불리할 때는 덜 투자할 수 있다. 중요한 점은, 현재 상황을 관찰하고 그것에 기초해서 이 모든 것들을 평가할 수 있다는 것이다. 나중에 보겠지만 이렇게 미래를 예측할 수 없어도 미래를 준비할 수 있다.

다양한 사이클에서 우리가 서 있는 위치는 확률에 강력한 영향을 미

친다는 사실을 명심해야 한다. 앞으로 보겠지만, 예를 들어, 투자에서
수익을 얻을 기회는 다음의 경우 더 높아진다.

- 경제와 기업의 수익이 하락할 가능성보다는 상승할 가능성이
  더 높다.
- 투자심리가 뜨겁지 않고 냉랭하다.
- 투자자들이 리스크에 대해 인식하고 있거나, 더 좋게는 리스크
  에 대해 지나치게 걱정한다.
- 시장가격이 크게 상승하지 않았다.

모든 것에는 사이클이 있고, 사이클에서 나의 위치를 알면 확률을
내 편으로 만드는 데 도움이 된다. 요컨대 사이클의 움직임은 미래 사
건에 대한 확률분포의 위치를 바꾼다. 투자수익에 대해 그림을 그려서
설명하겠다.

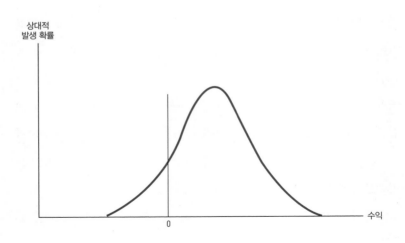

다양한 사이클에서 포지션이 중립인 경우, 수익 전망은 '정규분포'를 보인다.

사이클이 유리한 상황이면 확률분포가 오른쪽으로 이동하여 수익 전망이 우리에게 유리하게 바뀐다. 사이클 내에서 유리한 포지션을 가지면 수익을 얻을 확률은 높아지고 손실을 입을 확률은 낮아진다.

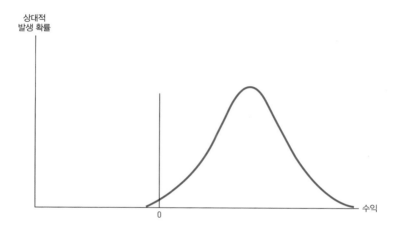

하지만 사이클이 위험한 구간에 있을 때 확률은 우리에게 불리하다. 즉 수익을 얻을 가능성이 덜 높다는 뜻이다. 수익을 얻을 가능성은 낮고 손실을 입을 가능성은 높다(40쪽 그림).

하나의 사이클에서 포지션이 바뀔 때도 마찬가지다. 가령 경제와 기업 수익에 무슨 일이 일어나는지에 상관없이 (즉 학자들이 말하는 세테리스 파리부스ceteris paribus, 다른 말로 다른 모든 조건이 동일하다면) 투자자들이 침체되어 있고, 두려워하고 있다면 (그래서 자산가격이 떨어졌다면) 수익 전망은 좋아질 것이다. 반대로 투자자들이 도취되어 있고, 탐욕스럽다면 (그래서 가격이 올라갔다면) 수익 전망은 나빠질 것이다.

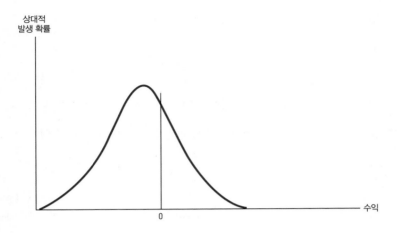

상대적
발생 확률

0

수익

　사이클 안의 포지션이 바뀌면 확률도 변한다. 상황 변화에 따라 투자 견해를 바꾸지 않으면 사이클에 수동적으로 대처할 수밖에 없다. 확률을 내 편으로 만들 기회를 놓쳐버리는 것이다. 반면, 사이클에 대한 통찰력이 있으면 확률이 나에게 유리할 때 투자금을 늘려 더 공격적으로 투자할 수 있다. 또 확률이 불리할 때에는 자금을 회수하고 방어력을 높일 수 있다.

　병 속에 있는 공에 대해 통찰력을 가진 사람이 다음에 무슨 색 공이 나올지 모르는 것처럼 사이클을 연구하는 사람도 다음에 무슨 일이 일어날지 전혀 알지 못한다. 하지만 둘 다 확률에 대한 지식에서 우위를 가지고 있다. 사이클을 연구하는 사람은 사이클에 대한 지식을 가지고 현재 위치를 평가함으로써 뛰어난 결과를 얻고자 하는 투자자에게 필요한 우위를 갖는다. 공을 뽑을 때는 병 속에 공이 70:30의 비율로 들어 있다는 사실을 알고 있는 사람이 유리하다. 투자자 역시 사이클에서 어디쯤 서 있는지 다른 사람들보다 잘 알고 있는 사람이 유리하다.

이 책에서는 여러분이 이런 사람이 될 수 있게 도우려고 한다.

　이러한 관점에서 내가 실제로 목격한 여러 사이클 과정을 설명하겠다. 내 설명에서 사이클은 과장된 것처럼 보일 수도 있고, 사실 진짜 과장됐을 수도 있다. 나의 생각을 증명하기 위해 지난 50년의 내 경험 중에서 뽑아낸 것들이기 때문이다. 언급하는 사건들이 시간에 맞춰 압축되었다는 인상을 줄 수도 있지만, 사실 이것들은 수개월, 수년에 걸쳐 발전한 것들이다. 여기서 설명하는 사이클들은 실재한다. 여러분이 나의 메시지를 명확하게 이해할 수 있기를 바란다.

제2장

사이클의 성격

대부분의 사람들은 사이클을 일련의 사건들로 인식한다. 그리고 일련의 사건은 보통 규칙적으로 서로의 뒤를 따른다고 생각한다. 즉 상승은 하락으로 이어지고, 결국에는 새로운 상승 국면이 시작된다고 보는 것이다. 하지만 사이클을 완전히 이해하려면 이 정도로는 충분하지 않다. 사이클의 주기에서 일어나는 사건들을 볼 때는 단순히 개별 사건 이후 다음 사건이 뒤따라온다고 생각해서는 안 되며, 각각의 사건들이 다음 사건을 야기하는 것으로 보아야 한다.

오크트리 고객들은 나와 만날 때면 항상 세상과 시장에서 일어나는 일들을 이해할 수 있게 도와달라고 부탁한다. 고객들은 특정한 사이클과 그 사이클에서 우리의 위치를 알고 싶어 한다. 그러면 나는 늘 종이 한 장 꺼내서 그림을 그려 설명한다.

　보통 왼쪽 아래에서 오른쪽 위로 이어지는 선을 그린다. 그리고 이 선을 중심으로 오르내리는 또 다른 선을 그린다. 함께 보면 이런 모양이다.

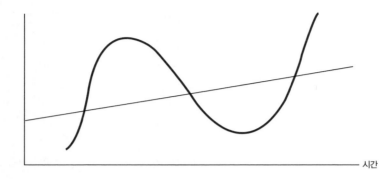

시간

이 책을 쓰려고 준비를 시작했을 때, 오크트리의 서류를 모아두는 가방을 뒤져서 비슷한 그림들을 아주 많이 발견했다. 나는 여러 다른 현상을 설명하는 과정에서 이 그림들을 그렸고, 그림마다 다른 설명을 써놓았다. 각각의 그림은 논의할 가치가 있는 사이클과 관련이 있었다. 이 책의 각 장은 그런 사이클 현상에 대한 내용으로 채워져 있다.

사이클에 대한 논의를 진행하기에 앞서 《투자에 대한 생각》에서 언급했던 내용을 다시 짚어보겠다. 나는 어떤 현상은 사이클이라고 설명하고, 어떤 현상은 (제7장에서 보는 것처럼) 시계추처럼 움직인다고 설명하며(일반적으로 심리와 관련된 것들이다), 논의를 사이클의 등락과 시계추의 좌우 진동으로 번갈아가며 진행할 것이다. 즉 특정한 현상에 대해 어떤 때는 사이클이라고 이야기하다가, 또 어떤 때는 시계추처럼 움직인다고 이야기할 것이다. 하지만 엄밀히 사이클과 시계추를 구별하거나 왜 어떤 현상은 사이클로 설명하고 또 다른 현상은 시계추로 설명했는지 말하기는 어렵다.

나는 어떤 것을 시각적으로 생각하는 경향이 있기 때문에 사이클과 시계추 사이의 관계도 이미지를 이용해 설명하겠다. 한참 후에 이야기하겠지만, 사이클은 중심선(또는 장기 추세)을 기준으로 오르내린다. 마찬가지로 시계추는 중간지점(또는 기준) 위에 매달려서 그곳에서부터 왔다 갔다 한다. 만약 시계추의 매달린 지점을 잡고 옆으로 돌린 다음 진동할 때 왼쪽에서 오른쪽으로 길게 늘이면 어떻게 될까? 바로 사이클이 된다.

정말로 근본적인 차이는 없다. 시계추로 설명하는 현상은 사이클의 특별한 경우에 지나지 않는다고, 특별한 사이클을 말하는 다른 방법일 뿐이라고 인정할 수도 있을 것이다. 하지만 내가 어떤 현상은 사이클로 설명하면서 다른 현상은 시계추로 설명하는 데는 분명한 이유가 있다. 여러분도 그 이유를 알 수 있었으면 좋겠다. 최소한 내가 두 가지 용어를 사용한다고 해서 이 책을 읽는 데 방해가 되지 않기를 바란다.

중요한 점은 투자자들이 살고 있는 세계에서 사이클은 오르내리고 시계추는 좌우로 흔들린다는 사실이다. 사이클과 시계추의 움직임은 다양한 형태로 나타나며 여러 가지 현상과 관련되어 있지만, 움직임이 생기는 근본적인 이유와 움직임이 만들어내는 패턴에는 많은 공통점이 있다. 또 이들은 시간이 지날수록 어느 정도 한결같아지는 경향이 있다. "역사는 그대로 반복되지 않지만, 그 흐름은 반복된다."는 마크 트웨인의 말처럼(그가 진짜로 이런 말을 했는지 증거는 없지만) 말이다.

마크 트웨인이 진짜 했든 안 했든 이 말은 이 책이 담고 있는 내용을 상당 부분 압축해서 보여준다. 사이클은 그 이유와 세부사항, 시기와 규모 면에서 제각기 다르지만, 상승과 하락(그리고 그 이유)은 투자환경에 변화를 만들어내고 그 결과 요구되는 행동에도 변화를 가져오며 영원히 발생할 것이다.

내가 그린 그림에서 사이클은 가운데 선을 중심으로 변동한다. 가운데 선은 기본적인 방향 또는 장기 추세('장기'secular는 웹스터 뉴 칼리지엇 사전Webster's New Collegiate Dictionary에 따르면 '영속적인 기간 중의 긴 시간'을 의미함)를 가지며, 일반적으로 상향한다. 따라서 시간이 지나서 장기적으로 경제는 성장하고, 기업 이익은 증가하며, (주로 이러한 이유로) 시장은 상승하는 경향이 있다. 만약 이러한 발전이 과학적이라거나 완전히 자연적인 물리적 과정이라면 경제, 기업, 시장은 (적어도 당분간은) 일정한 비율을 유지하며 직선으로 나아갈 것이다. 하지만 경제, 기업, 시장의 발전은 과학적이지도 않고 완전히 자연적인 물리적 과정도 아니다. 따라서 일정한 비율을 유지하며 직선으로 움직이지도 않는다.

경제, 기업, 시장의 성과는 단기적으로 다른 무엇보다 사람의 개입에 크게 영향을 받는다. 사람은 꾸준함과 거리가 있다. 오히려 사람은 종종 '심리'라는 광범위한 이름 아래에 함께 묶을 수 있는 것들 때문에 이따금 요동친다. 따라서 사람의 행동은 다양하다. … 이것은 환경이 달라지면 틀림없다. 하지만 가끔 환경의 변화가 없을 때에도 다양한 모습을 보인다.

이 책에서는 주로 가운데 선 또는 장기 추세를 중심으로 한 변동에 대해서 다루려고 한다. 변동은 그것을 이해하지 못하거나, 그것 때문에 놀랐거나, 더 심하게는 변동에 참여하고 기여하는 사람들을 괴롭힌다. 하지만 전에도 말했듯 변동은 종종 사이클 현상을 이해하고, 인지하며, 이용하는 사람들에게 이익의 기회를 제공한다.

내 그림을 몇 초만 보면 사이클 현상이 식별 가능한 여러 단계로 일어난다는 사실을 알 수 있다.

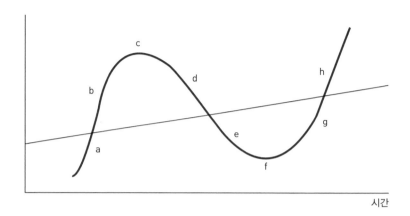

a) 과도하게 침체된 최저점 또는 '저점'에서 중간지점으로 회복함

b) 중간지점을 지나 최고점 또는 '고점'으로 계속 움직임

c) 고점 도달

d) 고점에서 중간지점 또는 평균으로 하향 조정됨

e) 중간지점을 지나 새로운 저점으로 하향 이동 지속

f) 저점 도달

g) 다시 저점에서 중간지점으로 회복함

h) 다시 중간지점을 지나 새로운 고점으로 상향 이동 지속

위에서 하나의 '시작점' 또는 '종료점'을 말할 수 없다는 사실에 주목

해야 한다. 나열된 단계는 전부 사이클의 시작과 끝, 그리고 그 사이의 모든 단계를 나타내는 것으로 볼 수 있다.

단순하게 본다면 사이클의 시작에 대해 쉽게 말할 수 있다고 생각할지 모르겠지만, 조금만 깊게 생각해본다면 그것이 극도로 어렵다는 사실을 알 수 있을 것이다. 아래는 내가 쓴 메모 '이제 모두 나쁜가?'(2007년 9월)에서 이 주제에 대해 썼던 내용이다.

> 내가 TCW에서 일할 때 헨리 키신저Henry Kissinger는 이사회 임원이었고, 나는 운 좋게도 매년 몇 차례씩 세계 정세에 대한 그의 의견을 들을 수 있었다. 누군가 "헨리, 어제 보스니아에서 일어난 사건에 대해 설명해줄 수 있어요?"라고 물으면 그는 이렇게 말하곤 했다. "음, 1722년에…." 여기서 핵심은 연쇄 반응으로 일어나는 사건은 전에 일어났던 일의 맥락 속에서만 이해할 수 있다는 것이다.

만약 누군가 "어떻게 여기까지 왔지?"라거나 "무엇 때문에 이런 고점(혹은 저점)까지 오게 됐지?"라고 물어본다면 그에 대한 설명은 항상 전에 일어났던 일들을 바탕으로 해야 한다. 그렇기는 해도 이야기의 시작점에 도달하기 위해 얼마나 거슬러 올라가야 하는지 알기는 쉽지 않다.

사람들은 종종 "무엇 때문에 사이클이 시작됐나요?" 혹은 "사이클이 끝날 때가 됐나요?"라고 묻는다. 사이클은 시작되지도 끝나지도 않기 때문에 이런 질문은 부적절하다. "무엇 때문에 현재의 상승 구간이 시작됐는가?" 또는 "상승 사이클이 시작된 이후로 얼마나 멀리 왔는가?", "하락 구간의 끝이 가까워졌는가?"와 같은 질문이 더 좋은 질문이 될 것이다. 사이클의 정의를 어느 한 고점에서 다음 고점까지, 또는 어느 한 저점에서 다음 저점까지라고 내린다면 사이클의 끝에 가까이 왔는지 질문할 수도 있을 것이다. 하지만 이러한 정의가 없는 경우, 사이클은 분명한 시작이 없으며 절대 끝나지도 않는다.

―៳៳―

말했던 것처럼 사이클은 가운데 선을 중심으로 진동한다. 사이클의 가운데 선은 일반적으로 장기 추세, 기준, 평균, 보통 또는 '중도'happy medium로 간주되며, '옳고 적절하다'고 여겨진다. 반면 사이클의 극단점은 되돌아가야 할 비정상적 또는 과도한 지점으로 생각되며, 대개의 경우 진짜 그렇다. 사이클은 대개 가운데 선의 위나 아래에 있지만, 결과적으로 평균을 향해 돌아가는 것이 일반적인 원칙이다. 고점 또는 저점에서 중간을 향해 되돌아가는 것은 종종 '평균을 향한 회귀'로 설명된다. 이것은 대부분의 분야에서 볼 수 있는 강력하고 매우 합리적인 움직임이다. 하지만 위에 나열한 사이클의 단계로 돌아가보면, 일반적인 사이클 패턴은 극단에서 중간으로 되돌아가는 움직임(위 그림에서 a, d, g 단계)만큼 합리적인 중간에서 잠재적으로 무분별한 극단을 향해 가는 움직임(b, e, h 단계)으로도 이루어져 있다는 것을 알 수 있다.

일반적으로 합리적인 중간은 극단에서 '정상적인' 방향으로 되돌아오는 일종의 자석 같은 역할을 한다. 하지만 사이클은 가운데 지점에 오래 머무르지 않는다. 사이클의 움직임을 가운데 지점으로 이동시키는 요인들은 항상 영향력을 발휘하고 있고, 그러므로 극단에서 회귀하는 움직임이 중간지점을 통과해 반대쪽 극단을 향해 더 멀리까지 진행되기 때문이다.

사이클의 이러한 패턴이 있음을 믿고 인지하며 받아들이는 것은 중요하다. 움직임의 시기, 지속 기간, 속도, 힘, 이유 등 세부 사항은 다르고, 이 점이 역사는 반복되지 않는다는 마크 트웨인의 말 이면에 숨겨져 있는 뜻일 수도 있다. 그러나 기초 역학은 대개 비슷하다. 특히 고점이나 저점에서 되돌아오는 움직임은 중간지점에서 거의 대부분 멈추지 않는다. … 중간지점이 얼마나 '옳고', '적절한'지는 상관없다. 중간지점을 지나 반대쪽 극단으로 가는 움직임은 계속될 것이다. 예를 들면 시장은 '저평가 상태'에서 '적정 가격'으로 이동해서 거기에서 멈추는 일이 거의 없다. 침체된 시장을 회복시키는 펀더멘털 개선과 낙관론의 확산은 보통 계속 효과가 있어, 사이클이 '적정 가격'을 넘어서 '고평가 상태'로 계속 가게 한다. 꼭 이렇게 될 필요는 없지만 대개 이렇게 된다.

사이클은 중간지점에서 더 멀리 나아갈수록, 즉 더 크게 이탈하거나 지나칠수록 혼란을 일으킬 수 있는 잠재력을 더 많이 가진다. 어느 극단을 향한 움직임이 지나치게 되면, 극단에서 사이클 작용에 의해 조장된 행동이 부적절하다고 판명되면서 되돌림은 더 격렬하게 되고, 더 큰 피해가 일어나게 된다.

다시 말해서 경제와 기업이 '지나치게 잘'하고 주가가 '지나치게 높아'지는 등 중간지점에서 벗어난 움직임이 커지면 혼란의 잠재력도 증가한다. 상승 뒤에는 단순한 조정이 따라오고, 강세 시장 뒤에는 약세 시장이 온다. 하지만 붐과 거품 뒤에는 훨씬 더 해로운 파멸과 폭락, 패닉이 따라온다.

—⁓—

사이클 변동의 중심이 되는 중간지점은 무엇인가? 말했듯이 이것은 장기 추세 위에 있다. 예를 들어, 어떤 경제의 국내총생산이 수십 년 동안 2퍼센트의 장기 연간 성장률을 보인다고 해보자. 하지만 성장이 더 촉진된 해도 있을 것이고, 성장이 둔화되거나 심지어 하락하는 때도 있을 것이다. 일반적으로 각 해의 성과는 기본적인 장기 추세를 중심으로 변동하는 사이클 위에 있다.

중요한 사실은 장기 성장률 역시 사이클의 움직임을 따르지만 더 장기적이고 점진적으로 일어난다는 것이다. 장기 성장률을 확인하려면 더 뒤로 물러나야 한다. 가령 인간사회는 흥망성쇠라는 장기 패턴을 따르는 경향이 있다(로마제국을 생각해보라). 우리가 이야기하는 단기 패턴은 장기 추세를 중심으로 한 등락으로 구성된다(81~92쪽 참고).

산업도 마찬가지이다. 장기 사이클은 분기나 연도보다는 수십 년, 수 세기에 걸쳐 일어나기 때문에 (그래서 기간이 관찰자의 수명을 넘어설 수 있다) 실시간으로 발견하기 어렵고, 의사결정 과정에 반영하기 어려울 수도 있다.

다음은 '장기적인 전망'(2009년 1월)이라는 제목으로 이 주제에 대해 썼던 메모이다.

인도에서 한 무리의 맹인들이 길을 걸어가다 코끼리를 만났다. 맹인들은 각자 코, 다리, 꼬리, 귀 등 코끼리의 서로 다른 부분을 만졌다. 그리고는 자신이 만졌던 일부분만 가지고 무엇을 만났는지 서로 다른 설명을 했다. 우리는 이들 맹인과 같다. 목격한 사건들을 잘 이해한다고 하더라도 사건을 종합하기 위해 필요한 전체적인 시각은 쉽게 갖지 못한다. 전체를 볼 때까지 우리의 지식은 우리가 만져본 부분으로 제한된다. …

… 가장 중요한 가르침은 (a) 과거의 사건을 공부하고 기억하며, (b) 사물의 순환적 특성을 알아야 할 필요가 있다는 것이다. 가까이에서 장님은 코끼리의 다리를 나무로 착각할지도 모른다. 마찬가지로 근시안적인 투자자는 상승세(혹은 하락세)가 영원히 계속될 것이라고 생각할지도 모른다. 그러나 한 걸음 물러나서 역사의 긴 흐름을 본다면 장기 사이클은 반복된다는 사실을 기억하고 그 안에서 우리의 위치를 확인할 수 있을 것이다.

지금이 사이클의 성격에 대해 가장 중요한 점 중 하나를 말하기 좋은 때 같다. 대부분의 사람들은 사이클을 위에 나열된 단계로 이해하고 그들을 일련의 사건들로 인식한다. 그리고 일련의 사건은 보통 규칙적으로 서로의 뒤를 따른다고 생각한다. 즉 상승은 하락으로 이어지고, 결국에는 새로운 상승 국면이 시작된다고 보는 것이다.

하지만 사이클을 완전히 이해하려면 이 정도로는 충분하지 않다. 사이클의 주기에서 일어나는 사건들을 볼 때는 단순히 개별 사건 이후 다음 사건들이 뒤따라온다고 생각해서는 안 되며, 각각의 사건이 다음 사건을 야기하는 것으로 보아야 한다. 예를 들면 다음과 같다.

- 사이클이 어느 한 극단을 향해 움직이면 에너지가 생기고 저장된다. 결국 무게가 증가해 중간지점에서 더 멀리 진전하기 어려워지고, 더 이상 나아갈 수 없는 최고점에 도달한다.
- 결국 사이클은 한 방향으로 움직이던 것을 멈춘다. 그리고 일단 멈추면, 중력이 사이클을 중심 집중 경향이 일어나는 방향, 그러니까 중간지점으로 사이클을 끌어당기고, 그동안 축적된 에너지가 되돌림에 힘을 실어준다.
- 문제의 사이클이 극단에서 중간지점을 향해 움직일 때, 그 움직임은 사이클이 중간지점을 지나 반대쪽 극단을 향해 계속 나아갈 수 있는 추진력을 만들어낸다.

이런 식으로 경제나 투자 세계에서 사이클은 다음 사건을 일으키는 일련의 사건들로 이어진다. 위 세 가지 항목에서 설명한 과정은 중력이나 추진력 같은 힘에 의해 좌우되는 물리적 현상처럼 보인다. 하지만 앞에서도 말했고, 앞으로도 볼 내용처럼 일반적인 추세에서 이탈한 가장 중요한 편차 그리고 이러한 편차의 시기, 속도, 크기의 다양함은 주로 심리 작용의 변동에 의해 만들어진다.

물리적 속성보다 인간의 심리가 에너지나 추진력의 원천이라고 생각한다면 위 세 가지 항목은 투자자들이 다뤄야 할 움직임과 진동을 꽤 잘 설명한다. 앞으로 나올 장에서 가장 중요한 내용은 각 사이클 유형에서 사건들이 어떻게 다음 사건을 발생시키는지에 대한 설명으로 이루어질 것이다.

사이클을 원인이 되는 사건의 연속이라고 보고 나는 앞으로 과거에 일어났던 진행 과정을 몇 단계로 서술하려고 한다. 진행 과정에서 일어난 사건의 원인이 무엇인지, 사건이 진행 과정에서 어떤 의미가 있었는지, 그 이후의 사건에는 어떻게 기여했는지를 설명할 것이다. 이런 이야기가 반복적으로 느껴질 수도 있고, (비록 다른 측면에서 언급하는 것이더라도) 실제로 한 번 이상 다뤄질 때도 있을 것이다. 하지만 이 책에 나오는 실제 사례들을 통해 여러분이 사이클과 그것에 대비한 포지션에 대해 이해할 수 있기를 바란다.

—⁓—

내가 설명하는 사이클은 뒤이은 사건의 원인이 되는 일련의 사건들로 이루어진다. 이런 인과관계를 주목해서 보아야 한다. 한편 마찬가지로 유념해야 할 사실이 있다. 바로 이러한 일련의 사건 때문에 다양한 영역에서 사이클이 발생하고, 어느 한 영역에서 전개된 사이클이 다른 영역의 사이클에도 영향을 미친다는 것이다. 따라서 경제 사이클은 이익 사이클에 영향을 미친다. 이익 사이클에 따라 결정되는 기업 발표는 투자자들의 태도에 영향을 미치고, 투자자의 태도는 시장에 영향을 미친다. 그리고 시장의 발전은 신용 가용성availability of credit 사이클에 영향을 미친다. … 그리고 이것은 경제, 기업, 시장에 영향을 미친다.

사이클을 따르는 사건들은 내생적 사건(먼저 일어난 사이클 위의 사건을 포함)과 외생적 사건(다른 영역에서 일어난 사건)의 영향을 모두 받는다. 전부는 아니지만 외생적 사건 중 다수가 다른 사이클에 속해 있다. 이러한 인과관계를 이해하는 것이 쉽지는 않지만 이것은 투자환경을 이해하고 이에 대처하는 열쇠가 될 것이다.

이 책에서는 사이클을 분리된 별개의 부분으로 설명하겠지만, 이것은 현실과는 전혀 다르다. 나는 여러 유형의 사이클 활동을 따로따로 설명할 것이다. 따라서 각각의 사이클은 그 사이클만의 독립적인 생애가 있는 것처럼 느껴질 수도 있다. 또한 어떤 사이클에서 특정 방향으로의 움직임이 다른 사이클에서 그에 상응하거나 그 결과로 인한 움직임을 시작하기도 전에 끝나버린다는 인상을 줄지도 모르겠다. 즉 여러 사이클이 순차적, 독립적으로 움직인다는 생각이 들 수 있다. 하지만 나는 앞으로 사이클이 실제로는 별개로 작동하지 않는데도 각각의 사이클 유형을 따로 논의할 것이다.

내 설명을 보면 여러 사이클이 서로 독립적이고 자립적인 것처럼 느껴질 수도 있다. A 사이클에서 일어난 일이 B 사이클에 영향을 미치고, C 사이클에 영향을 미쳐서, 다시 A 사이클에 영향을 미치는 것처럼 보일 수 있다는 뜻이다. 게다가 A 사이클은 B 사이클에 영향을 미친 후, B 사이클의 영향이 C 사이클에 미치는 동안 보류 상태에 있는 것 같은 인상을 줄 수도 있다. 하지만 현실에서는 이렇지 않다.

현실에서 다양한 사이클 사이의 연관성은 나의 설명만큼 깔끔하지 못하다. 여러 사이클은 자기 나름대로 움직이면서 또한 서로 지속적인 영향을 미친다. 나는 여러 가지 생각을 정리해서 각기 다루려고 노력할 것이고 이런 식으로 이 책을 체계화할 것이다. 하지만 내가 설명할 얌전하고 고립된 사이클은 분석적인 개념일 뿐이다. 현실에서는 완전히 분리할 수 없는 상호 연관된 현상들의 혼합체다. A는 B(와 C)에 영향을 미치고, B는 A(와 C)에 영향을 미치며, 이들 모두는 D에 영향을 미치고, D는 나머지 모두에 영향을 미친다. 사이클은 모두 서로 얽혀 있지만, 사이클과 그들의 영향을 파악하려면 질서를 가지고 생각해야 하는 것이다.

—⁓—

마지막으로 '잡다한 모음'miscellany이라는 메모를 통해 사이클을 철저히 이해하기 위해 필수적인 사이클의 본질 몇 가지를 더 지적하고 싶다. (2001년 11월 메모, '예측할 수는 없지만 대비할 수는 있다'에서 발췌한 몇 가지 내용으로 시작한다.)

- 사이클은 불가피하다. 가끔씩 상승이나 하락 추세가 장기간 지속되거나 엄청난 극단을 향해 갈 때가 있다. 그러면 사람들은 '이번에는 다르다'고 말하기 시작한다. 그들은 '오래된 규칙'을 쓸모없게 만든 지정학, 제도, 기술, 행동의 변화를 들먹인다. 그리고 최근 추세를 추정하여 투자 결정을 내린다. 하지만 그러고 나면 오래된 규칙이 여전히 적용된다는 사실이 입증되고 사이클은 다시 시작된다. 결국 나무는 하늘 끝까지 자라지 않듯, 계속 상승하는 일도 완전히 0으로 돌아가는 것도 거의 없다. 오히려 대부분의 현상은 사이클을 따르는 것으로 밝혀진다.
- 사이클의 영향력은 투자자들이 과거를 기억하지 못하기 때문

에 높아진다. 존 케네스 갤브레이스John Kenneth Galbraith가 아래와 같이 말했듯이, '금융 기억financial memory의 극단적인 단기성' 때문에 시장 참여자들은 이런 패턴의 반복성을 인지하지 못하고, 그 결과 패턴의 필연성을 깨닫지 못하는 것이다.

불과 몇 년이 지나지 않아 똑같거나 비슷한 상황이 다시 발생하면, 종종 젊고 늘 확신에 차 있는 신세대는 이 상황을 금융계와 더 크게는 경제계에서 엄청나게 혁신적인 발견인 양 맞이한다. 금융계에서처럼 역사가 차지하는 부분이 적은 분야는 거의 없을 것이다. 과거의 경험은 그것이 결국 기억의 일부분이라고 할 수 있는 한, 현재의 놀라운 기적을 평가할 통찰력을 가지지 못한 사람들의 원시적 피난처로 치부된다.(《금융 도취의 짧은 역사》A short history of Financial Euphoria, 1990)

- 사이클은 자기교정적이며, 사이클의 전환이 반드시 외부 사건에 의해 좌우되는 것은 아니다. 사이클이 한 방향으로 영원히 가지 않고 전환하는 이유는 추세가 스스로 전환에 대한 이유를 만들어내기 때문이다. 그래서 나는 성공은 그 안에 실패의 씨앗을 품고 있고, 실패는 성공의 씨앗을 품고 있다고 말하고 싶다.
- 인간의 지각이라는 렌즈를 통해 보았을 때, 사이클은 종종 실제보다 덜 대칭적으로 보인다. 부정적인 가격 변동은 '변동성'

이라고 부르는 반면, 긍정적인 가격 변동은 '이익'이라고 부른다. 시장이 붕괴하면 '패닉을 판다'고 말하는 반면, 가격이 급등하면 이것보다 더 상냥한 설명을 갖다 붙인다. (하지만 나는 오히려 '패닉을 산다'는 표현이 맞는다고 생각한다. 가령 1999년의 기술주를 보라.) 사람들은 마켓 사이클의 바닥에서 '투자자 항복'을 말하지만, 나는 이전의 신중한 투자자들이 패배를 인정하고 매수하는 꼭지에서 항복을 본다.

무시하거나 간과할 수도 있지만, 경험상 금융 사이클은 대개 상당히 대칭적이다. 모든 사이클의 움직임은 '반대쪽'을 가지고 있다. 상승은 늘 하락으로 이어지고, 반대도 마찬가지이다.

'호황과 불황'은 널리 언급되며 일반적으로 이해되는 현상일 뿐만 아니라 사이클의 대칭을 설명하는 좋은 예이다. 대부분의 사람들은 호황 뒤에 불황이 온다는 사실을 안다. 그리고 몇몇 사람들은 불황이 호황에 의해 생긴다는 사실을 안다. (a) 호황 뒤에는 보통 완만하고 점진적이며 고통 없는 조정이 오지 않으며, (b) 호황이 없다면 불황도 없을 것이다.

다만 이런 대칭은 사이클의 방향에만 신뢰할 수 있게 적용될 뿐, 움직임의 정도, 시기, 속도에 반드시 적용되는 것은 아니다. (이것이 닉 트레인Nick Train이 말하는 요점이다. 닉 트레인은 다음 장에서 만나게 된다.) 따라서 상승세는 더 크거나 작은 규모의 하락세로 이어진다. 고점에 도달한 직후 하락세가 시작될 수도 있고, 조정이 시작되기 전까지 오랫동안 고점이 유지될 수도 있다. 무엇보다 중요한 점은 호황은 완성되는 데 몇 년이 걸릴 수도 있지만 뒤따라오는 불황은 고속 화물 열차처럼 보일 수도 있다는 것이다. 나의 오랜 파트너인 셸던 스톤Sheldon Stone은 이렇게 말했다. "풍선의 공기는 들어갈 때보다 빠질 때의 속도가 훨씬 더 빠르다."

마크 트웨인이 했다는 "역사는 그대로 반복되지 않지만, 그 흐름은 반복된다."는 말로 되돌아가보자. 이 개념을 파악하는 것은 사이클을 이해하는 데 절대적으로 중요하다. 그가 정말로 이렇게 말했다면, 이 말을 통해 말하고자 했던 것은 역사의 주어진 범주 안에서 세부사항은 사건마다 다양하지만(선동가의 부상), 기저의 주제와 메커니즘은 한결같다는 것이다.

이것은 금융 사이클은 물론, 금융위기에 있어서도 틀림없는 사실이다. 나중에 보겠지만, 2007~08년의 세계 금융위기는 부실한 서브프라임 모기지를 엄청나게 발행한 데다 낙관주의의 팽배, 위험회피의 결여, 지나치게 관대한 자본시장이 서브프라임 모기지를 둘러싼 위험 행동을 초래해서 발생했다. 따라서 편협한 직역자들은 이렇게 말할 것이다. "이 다음에 또 자격 없는 주택 구매자들이 쉽게 대출받을 수 있는 모기지 금융이 만들어지면 반드시 조심할 것이다." 하지만 세계 금융위기에서 얻은 교훈이 가치를 얻기 위해 이런 위기 양상이 반복될 필요는 없다. 대신 모든 호황과 불황에서 위험 신호를 보내는 보편적인 주제는 있다. 과도한 낙관주의는 위험하며, 위험회피는 안전한 시장을 위한 필수 요소이고, 지나치게 관대한 자본시장은 우둔한 금융으로 이어져 참가자들에게 위험을 초래한다는 것이다.

간단히 말해서, 세부사항은 중요하지도 않고 상관이 없을 수도 있지만 근본적이며 확실하게 반복되는 어떤 경향이 있다. 사이클의 소리를 듣는 데 가장 중요한 요소 중 하나는 이런 경향을 이해하고, 반복되는 것들을 찾아낼 수 있는 능력이다.

마지막으로, 나는 알베르트 아인슈타인이 말한 광기의 정의를 인용하고 싶다. "그것은 항상 똑같은 일을 반복하면서 다른 결과를 기대하는 것이다." 어떤 투자 대상이 결함이 없고 저평가되었다는 사실을 '모르는 사람이 없다'는 이유로, 손실 위험 없이 높은 수익을 얻을 수 있으리라 생각하면서 이미 고점까지 올라간 대상에 투자한다면, 그것은 미친 짓이다. 그러한 믿음들은 매번 거품이 꺼진 뒤 그 여파로 파괴돼왔다. 하지만 그럼에도 불구하고 거품은 뒤이어 폭락한다는 사실을 모르거나, 빨리 부자가 되려는 열망 때문에 위험을 보지 못하는 많은 이들이 그다음 매수자가 된다.

엄청난 가격 상승으로 이익을 본 주식과 시장은 무한정 오르기보다 사이클 조정에 굴복할 가능성이 훨씬 높다. '이번에는 다르다'고 믿는 열성적인 투자자는 그것을 알아야 한다.

―m―

제2장의 분량과 다루었던 다양한 주제들은 사이클의 다면적이고 복잡한 특성을 보여준다. 이런 이유 때문에 사이클은 분석적이면서도 직관적으로 이해해야 한다. 투자의 다른 많은 측면이 그렇듯 분석적인 능력에 더불어 직관적인 능력을 가진 사람이 가장 멀리 나아갈 것이다. 직관적인 접근법을 배울 수 있는가? 어느 정도까지는 그렇다. 그러나 통찰력을 가지고 있는 사람에게는 완벽하게 가능한 일이다. 다시

말해서 즉 어떤 사람들은 그냥 그것('그것'이 무엇이든 간에)을 바로 이해하는 경향이 있는 반면, 어떤 사람들은 그렇지 않은 것이다.

회계, 재무, 주식 분석에 대한 강의들은 투자자에게 성공에 필요한 기술적 지식을 제공하겠지만, 이러한 강의가 충분하다고 생각하지 않는다. 이런 강의에서는 이 책에서 보여주는 사이클 현상과 사이클이 어떻게 발전하는지에 대한 이해가 빠져 있다. 행동경제학과 행동금융학의 새로 정립된 분야에서 몇 가지 단서를 찾을 수 있으므로 관심을 두기 바란다. 심리학은 투자자들에게 매우 중요한 사이클을 이해하기 위한 필수 요소이다.

"경험은 네가 원하는 것을 얻지 못했을 때 얻는 것이다."라는 격언처럼 사이클에 관한 가장 큰 교훈은 경험을 통해 배울 수 있다. 나는 이것을 48년 전 퍼스트 내셔널 시티뱅크First National City Bank에서 젊은 주식 분석가로 일을 시작했을 때보다 오늘날 훨씬 더 많이 깨닫고 있다.

하지만 주요한 사이클은 보통 10년에 한 번 볼 수 있기 때문에 오로지 경험의 축적에만 의존해서 발전하려는 사람은 인내심이 많아야 할 것이다. 이 책이 이해를 높이고 배움을 가속화하는 데 도움이 되기를 바란다.

고대 그리스의 역사가인 투키디데스Thucydides는 《펠로폰네소스 전쟁》History of the Peloponnesian War에서 "나의 글이 과거에 일어났던 일, 그와 상당히 비슷한 방식으로 미래에 반복될 일을 명확하게 알고 싶은 사람들에게 유용하다고 평가받는다면 만족할 것."이라고 말했다. 이 책에서 내가 추구하는 목표도 이와 같다.

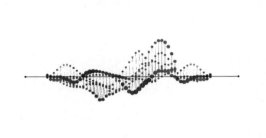

제3장

사이클의 규칙성

패턴을 인식해서 삶을 설명하고 승리의 공식을 찾으려는 노력은 복잡하다. 우리가 사는 세상은 무작위성에 시달리며, 사람들이 똑같이 행동하려고 의도했을 때조차 경우마다 다르게 행동하기 때문이다. 과거 사건들이 대부분 그랬다. 따라서 미래는 완벽하게 예측할 수 없다는 것을 알면 미래를 내다보거나 규칙을 만들거나 안전을 도모하기가 어렵기 때문에 불안해진다.

2013년 가을,《투자에 대한 생각》에 대한 반응으로 런던에 본사를 둔 자산운용사 린드셀 트레인Lindsell Train의 닉 트레인으로부터 이메일을 한 통 받았다. 닉은 내가 이 책에서 논의하고 있는 것과 같은 현상을 설명하면서 '사이클'이라는 용어를 사용하는 것에 대해 이의를 제기했다. 우리는 이 문제에 관해 이메일로 대화를 나누다가 함께 점심식사를 하기로 하고 만났다.

　메인 코스가 도착했을 때쯤 닉 트레인이 내게 메일을 보낸 동기는, 어떤 것을 사이클로 설명하려면 그 시기와 규모가 규칙적이고 예측 가능해야 한다고 확신했기 때문임을 알게 됐다. 예를 들어, 라디오 주파나 사인파가 매번 일정한 진폭과 진동수, 종료점을 갖고 규칙적이고 예측 가능한 패턴으로 등락하는 것처럼 말이다.

딕셔너리닷컴에 따르면 물리학에서의 사이클을 '원래 값과 동일한 최종 값으로 돌아가며 최댓값과 최솟값을 갖는 완전한 변화 현상'이라고 정의 내리며, 수학적 사이클은 '원소들의 원래 순환 순서를 바꾸지 않는 일련의 원소 순열'이라고 정의 내린다. 다시 말해서, 이러한 과학적 및 수학적 사이클은 변동의 타이밍과 경로가 언제나 똑같기 때문에 아주 규칙적인 패턴을 따라서 시작한 곳에서 다시 끝난다. 여기서 닉 트레인이 1점을 가져간다.

하지만 경제, 기업, 시장 그리고 투자자들의 심리와 행동은 이런 식으로 규칙적이지 않다. 나는 점심을 먹으면서 이런 정도의 일관성을 보이지 않아도 사이클이 될 수 있다고 주장했고, 결국에는 트레인도 동의했다고 생각한다. '사이클'이라는 단어의 정의에 관한 문제일 뿐이다.

다음은 이후에 내가 그에게 보낸 답장 중 일부이다.

> 일반적으로 모든 것은 오르내림이 있다는 것이 나의 주장입니다. 대부분의 자연적인 것들은 탄생과 소멸의 사이클이 있고, 투자자 심리도 낙관론(주가 상승)의 등장에 이어 비관론(주가 하락)이 등장하는 아주 뚜렷한 사이클이 있습니다. 당신은 이것이 매우 단순해서 도움이 되지 않는다고 생각할지도 모릅니다. 하지만 중요한 사실 하나는 어떤 것이 상승하면 투자자들은 그것이 절대

떨어지지 않을 거라고 생각하는 경향이 있다는 것입니다(그 반대도 마찬가지입니다). 이런 경향에 맞서 베팅을 하면 매우 높은 수익을 얻을 수 있습니다. …

세상에 기계적인 과정을 적용해서 이익을 얻을 수 있는 규칙적인 것은 거의 없습니다. 투자의 세계에 없는 것은 물론이고요. 하지만 이 말이 상승과 하락의 사이클을 이용할 수 없다는 뜻은 아닙니다. …

나는 변동이 시작한 곳에서 끝나야만 사이클이라고 부를 수 있는 것은 아니라고 생각합니다. 많은 사이클이 시작점보다 높은 지점에서 끝납니다. 즉 기저의 장기적 상향 추세를 중심으로 변동하는 것이죠. 하지만 그렇다고 해서 이것이 사이클이 아니라는 것은 아니며, 내내 포지션을 유지하는 것과는 달리 상승 사이클에 올라타거나 하락 사이클을 피하는 것이 바람직하지 않다는 뜻도 아닙니다.

케임브리지 사전에 따르면, 비기술적인 분야에서 일반적으로 사용하는 사이클에 대한 정의는 '특정한 순서로 발생하는 한 무리의 사건들로 하나의 사건이 다른 사건을 뒤따르며 종종 반복되는 것'이다. 나는 이 정의가 마음에 든다. 이 정의는 투자업계의 사이클과 진동에 대한 나의 생각을 반영한다.

논하는 현상에 불규칙성이 있기 때문에 사이클로 설명하기 적합하지 않다는 닉 트레인의 의견에 동의하지는 않지만, 사이클의 불규칙성에 대해 이해하고 배워야 할 점이 많은 것은 사실이다.

앞 장에서도 말했듯이 여기에서 주목해야 할 가장 중요한 사실은 내가 사이클이라고 부르는 현상들이 기계적, 과학적, 물리적 과정에서 비롯되지 않았다는 점이다. 그 현상들이 기계적, 과학적, 물리적 작용에서 기인했다면 훨씬 더 믿을 수 있고 예측 가능했겠지만, 잠재적 수익성은 훨씬 낮았을 것이다. (큰 이익은 다른 사람들보다 현상을 더 잘 보는 데서 오기 때문이다. 사이클이 완전히 믿을 수 있고 예측 가능하다면 현상을 보는 데 우위 같은 것은 없을 것이다.) 사이클 생성에 있어 기저를 이루는 원리가 있기도 하지만(때로는 없기도 하고), 많은 변화를 야기하는 것은 인간의 역할이다. 사이클을 만드는 과정에서 사람이 개입하면, 감정과 심리 때문에 만들어진 경향이 사이클 현상에 영향을 미칠 수 있다. 우연이나 무작위성 역시 큰 역할을 하기도 하지만, 그들의 존재에도 인간의 행동이 기여한다. 따라서 인간은 사이클이 존재하는 이유에서 큰 부분을 차지하면서 동시에 무작위성과 함께 사이클의 불규칙성, 그에 따른 낮은 신뢰성의 이유가 되기도 한다.

───※───

우리 인간은 현실 세계에서 살아야 한다. 앞서 설명했듯 우리는 더 쉽게 이익을 얻으며 살기 위해서 패턴과 규칙을 찾는다. 이는 아마도 매일의 사이클과 매년의 사이클을 겪었던 초기 인류의 경험에서 시작되었을 것이다. 그들은 어미 사자가 새끼들과 함께 물웅덩이를 찾는 시간에는 그곳에 가는 것이 위험하다는 사실을 어렵게 배웠을지도 모른다. 실험을 통해 가을보다 봄에 심었을 때 더 잘 자라는 작물이 있다는 것을 배웠을 것이다. 규칙이 절대적일수록 삶은 더 쉬워진다. 이제 패턴을 찾는 행동은 인간의 뇌에 뿌리 깊게 박힌 것처럼 보인다.

패턴을 인식해서 삶을 설명하고 승리의 공식을 찾으려는 노력은 복잡하다. 우리가 사는 세상은 무작위성에 시달리며, 사람들이 똑같이 행동하려고 의도했을 때조차 경우마다 다르게 행동하기 때문이다. 과거 사건들이 대부분 그랬다. 따라서 미래는 완벽하게 예측할 수 없다는 것을 알면 미래를 내다보거나 규칙을 만들거나 안전을 도모하기가 어렵기 때문에 불안해진다. 그러므로 사람들은 사건을 이해할 수 있는 설명을 찾는다. … 종종 적절한 수준을 넘어서는 정도까지 찾는다. 이것은 인생의 다른 측면에서와 마찬가지로 투자에서도 그러하다.

나는 캘리포니아공과대학교 교수인 레너드 플로디노프Leonard Mlodinow가 2008년 무작위성에 대해 쓴《춤추는 술고래의 수학 이야기》Drunkard's Walk에서 이 주제에 관한 흥미로운 글을 찾았다. 다음은 이 책의 머리말에서 인용한 것이다.

직관의 흐름을 거슬러서 분석한다는 것은 어려운 일이다. 우리 마음은 사건의 원인을 분명히 파악하려 하기 때문에 상관없거나 무작위적인 요인의 영향을 인정하기가 쉽지 않기 때문이다. 따라서 경제학자인 아르멘 알치안Armen Alchian이 이야기했던 것처럼 성공이나 실패가 훌륭한 기술이나 엄청난 무능 때문에 발생하는 것이 아니라, '확률적 상황'에서 발생한다는 사실을 깨닫는 것이 첫걸음이 된다. 무작위적인 과정은 자연에서 기본적인 것이고 우리의 일상생활에서도 아주 흔한 것이다. 그러나 대부분의 사람들은 이런 과정을 이해하지도 못하며, 깊이 생각하지도 않는다.

플로디노프는 영화 산업에서 성공의 예측 불가능성과 불규칙성을 다룬 장에서, 이 주제에 대한 프로듀서 윌리엄 골드먼William Goldman의 견해를 이야기한다.

골드먼은 영화의 흥행 성적에는 근거가 있다는 사실을 부정하지 않았다. 그러나 그런 근거는 매우 복잡할 뿐만 아니라, 제작 승인에서 영화 개봉까지의 과정이 예상할 수 없고, 통제할 수도 없는 영향에 너무 취약하기 때문에 아직 만들어지지 않은 영화의 가능성에 대해 경험에 따른 추측을 하는 것은 동전 던지기보다 더 나을 것이 없다고 말했다.

플로디노프는 무작위적인 요소들이 야구의 타자에게 어떻게 적용되는지도 이야기한다.

물론 선수가 타석에 섰을 때(즉, 성공의 기회)의 결과는 선수의 능력에 달려있다. 그러나 선수의 건강 상태, 바람, 태양이나 경기장의 조명, 상대 투수의 실력, 경기 상황, 투수의 공을 얼마나 정확히 예측하는지, 스윙을 할 때 손과 눈의 조화가 완벽한지, 술집에서 만났던 흑갈색 머리의 여성과 너무 늦게까지 어울렸던 것은 아닌지, 아침에 먹은 칠리치즈 핫도그 때문에 속이 불편한 건 아닌지 등 수많은 요인들도 복합적으로 영향을 미친다. 예측할 수 없는 요인들이 없다면, 선수는 늘 홈런을 치거나 (늘) 치지 못할 것이다.

우리는 모든 분야의 결과에는 다양한 요인들이 영향을 미치며, 그중 많은 부분이 무작위적이거나 예측할 수 없다는 사실을 알고 있다. 이 것은 분명히 경제와 투자 부문에서 사건을 일으킨다. 수입이 안정적이 라 하더라도 날씨, 전쟁, 월드컵 우승 국가(그리고 이것은 결국 공이 수비수의 정강이에 어떻게 튀기느냐에 따른다) 등에 따라 개인의 소비 성향은 달라질 수 있다. 기업은 양호한 실적을 발표할 수 있지만 결과적으로 주가의 등락은 기업의 경쟁자들이 어떻게 하는지, 중앙은행이 그 주에 금리를 인상할 것인지, 실적 발표가 나오는 주의 시장 분위기는 어떤지에 영향을 받는다. 이러한 다양성을 고려했을 때, 내가 중요하게 생각하는 사이클은 규칙적이지 않다. 신뢰할 수 있는 의사결정 규칙이 될 수도 없다.

하이일드 채권(고수익·고위험 채권—옮긴이)의 예를 들어보겠다. 꽤 나 짜증 나는 것이다. 한때 채권은 발행 후 약 2년째에 디폴트 나기 쉽다는 견해가 생겨나기 시작했다. 이것이 사실이라면 아주 유용한 지식이 될 것이었다. 디폴트를 피하려면 발행 2주년이 가까워졌을 때 채권을 전부 매도하고 살아남은 것들만 다시 매수하면 되는 것이다(물론 이방법은 모든 참가자들이 발행 후 2년에 가까운 채권이 위험하다는 것을 아는 상황에서 매도인이 그 위험한 채권을 얼마에 매도할 수 있을지, 그리고 위험이 제거된 채권을 다시 매수하려면 얼마를 지불해야 할 것인지에 대한 문제는 무시한다).

　아마도 이러한 생각이 인기를 얻었을 때 즈음 발행 2주년 채권의 디폴트 클러스터가 일어났다. 하지만 우연은 인과관계와는 매우 다르다. 이 현상은 신뢰할 만한가? 현상이 일어난 이유는 무엇인가? 이런 일이 반복될까? 이런 일이 생기면 돈을 걸어야 하는가? 당시 하이일드 채권의 역사는 고작 20년 정도밖에 되지 않았기 때문에 나는 경험과 표본의 크기가 그러한 관측에 대한 신뢰를 정당화하기에 충분한지 의문이 들었다. 발행 후 2년 정도의 채권이 디폴트되기 쉽다는 법칙은 엄격한 분석보다는 단순하고 유용한 규칙을 찾고자 하는 사람들의 갈망과 아무 실질적 근거 없이 추론하려는 과도한 경향에서 비롯된 것이다.

　야구 타자의 성공이나 실패가 여러 원인에서 기인하듯 채권의 디폴트도 다양한 영향에 대한 반응으로 인지하는 편이 나을 것이다. 그리고 대부분의 디폴트는 채권 발행 후 경과한 시간과는 분명 아무 상관이 없다. 마크 트웨인이 했다고 하는 말을 뒤집어보면, 역사는 흐름이지만 정확히 반복되는 경우는 드문 것이다.

―ᲳᲳᲳ―

　나는 시장이 계속 등락할 것이라고 확신하며, (a) 왜 그리고 (b) 무엇이 이러한 움직임을 다소 긴박하게 만드는지 알고 있다. 하지만 움직임이 언제 생기고 약해질지, 얼마나 멀리 갈지, 얼마나 빨리 움직이고, 언제 중간지점으로 회귀할지, 반대편으로 얼마나 멀리 갈 것인지는 결코 알 수 없다. 이렇게 불확실성을 인정할 것이 많다.

　사이클의 타이밍에 대해 내가 아는 약간의 지식 덕분에 나는 사이클에 대한 이해가 얕고, 사이클에 주의를 기울이지 않으며, 적절한 행동이 무엇인지 사이클이 보내는 암시에 신경 쓰지 않는 대부분의 투자자들에 비해 큰 장점을 가질 수 있게 되었다. 여기서 말하는 우위는 아마 누구나 가질 수 있다. 하지만 나는 이것만 가지고도 충분히 성공할 수 있었다. 이것은 나와 오크트리의 동료들이 지난 22년간 누려왔던 중요한 우위의 원천이었다. 그리고 내가 이 책에서 전달하고 싶은 주요 내용이다.

경제 사이클

한 경제의 생산량은 노동 시간과 시간당 생산량의 산물이다. 그러므로 경제의 장기적 성장은 출산율과 생산성 증가율 같은 기본적인 요소에 의해 주로 결정된다(물론 사회와 환경의 다른 변화도 영향을 미친다). 이러한 요인들은 연도별로는 거의 변하지 않으며 10년을 단위로 서서히 변한다. 따라서 경제의 평균 성장률은 장기간에 걸쳐 상당히 안정적이다.

기본적인 장기 경제가 비교적 안정적으로 성장한다는 사실을 고려한다면, 경제의 성과가 매년 한결같으리라고 기대할 수도 있겠다. 하지만 많은 요인들이 변동하므로 경제 성장은 평균적으로 기본 추세선을 따름에도 불구하고 연간 변동성을 보이게 된다.

경제 사이클economic cycle(대개 과거에는 '경기순환'business cycle이라고 했다)은 업계와 시장에서 일어나는 주기적인 사건에 대한 기초를 상당 부분 제공한다. 경제가 성장할수록 기업들의 이익은 늘어나고 증시는 상승할 가능성이 커진다. 이 장에서는 경제 사이클에 영향을 미치는 요인들에 대해 간단히 짚고 가겠다. 하지만 그러기에 앞서, 경제학에 대해 논의할 때마다 고백하고 싶은 것이 있다(혹은 자랑스러운 선언인가?). 나는 경제학자가 아니다.

학부와 대학원생 시절 경제학 강의를 들었다. 그리고 경제학에 대해 고민하고, 전문 투자자로서 경제학을 다뤄왔다. 나는 스스로를 비용과 수익, 위험과 잠재적 투자수익 사이의 관계를 고려해서 논리적인 이유를 가지고 대부분의 의사결정을 내리는, 대체적으로 '경제적인 인간'이라고 생각한다. 하지만 경제학에 대해 내가 가진 생각은 주로 상식과 경험에 기반을 두고 있으며, 내가 여기에 쓸 내용에 대해 많은 경제학자들이 동의하지 않을 것이라고 확신한다. (물론 경제학자들끼리도 서로 의견이 맞지 않는다. 경제학은 매우 불분명하고 모호한 학문이며, 따라서 '우울한 과학'이라고 불리는 것도 이해가 간다.)

한 경제의 생산량을 측정하는 주요 지표로는 국내총생산GDP이 있다. 이것은 한 경제에서 최종 판매를 위해 생산된 모든 재화와 용역의 총 가치이다. 이것은 총 노동 시간에 시간당 생산량의 가치를 곱한 결과로 볼 수 있다. (내가 일을 시작하던 초기에는 국민총생산GNP이라고 말했지만, 이 용어는 구식이 되어버렸다. 국내총생산과 국민총생산의 차이는 특정한 나라에서 활동하는 외국 국적 생산자를 어떻게 보느냐에 있다. 국내총생산은 외국 국적 생산자가 생산한 생산량을 계산에 포함하는 반면 국민총생산은 제외한다.)

대부분의 사람들과 투자자들이 경제와 관련해 관심을 두는 주된 질문은 특정한 해에 성장할 것인가 아니면 침체를 겪을 것인가, 그 변화율은 얼마나 될 것인가라는 문제다. 이 두 가지 모두 내가 말하는 단기 경제 사이클의 구성 요소이다. (다른 고려사항들은 잠시 후에 소개하겠다.)

어떤 해의 미국 GDP 성장에 대해 생각할 때, 우리는 보통 2~3퍼센트 정도의 범위에서 추정을 시작해 구체적인 상황을 감안해 더하거나 뺀다. 그러나 매년 GDP 성장을 추정할 때 출발점은 늘 양수이다. 예를 들어, 작년 초 GDP 성장률에 대해 많은 논의가 있었다. 낙관론자들은 대략 3퍼센트일 것이라고 생각했고, 비관론자들은 2퍼센트에도 미치지 못하리라 생각했다. 하지만 거의 모든 사람들이 플러스 성장을 예상했다. 경기 후퇴에 대한 공식적인 정의는 2분기 연속 마이너스 성장으로, 극소수의 사람들만이 작년이나 그 직후에 GDP 성장이 마이너스 영역으로 떨어질 것이라고 생각했다.

장기 경제 추세

많은 투자자들이 높든 낮든, 긍정적이든 부정적이든 매년 경제 성장에 대해 관심을 가진다. 투자자들이 묻는 성장은 단기적 문제이다. 이것은 중요하지만 전부는 아니다. 결국 단기적 문제의 중요성은 점점 희미해지고 장기적 문제들이 더 큰 의미를 가지게 된다.

앞서 이야기했듯이, 투자자들의 관심을 끄는 대부분의 사이클은 장기 추세를 중심으로 진동한다. 즉 중심 집중 경향을 보인다. 이러한 진동은 단기적으로 기업과 시장에 큰 영향을 미친다. 하지만 근본적인 추세선 자체와 관련된 변화는 전체적으로 훨씬 더 큰 의미를 갖는다. 추세를 중심으로 한 진동은 장기적으로 상쇄되겠지만(인정하건대, 여러 해 동안 수많은 기쁨이나 고통을 유발한 후에) 근본적인 추세 변화는 우리의 장기적인 경험에 가장 큰 변화를 가져올 것이다.

2009년 1월, 나는 이 주제에 초점을 맞춰 '장기적인 전망'이라는 제목으로 메모를 썼다. 여기서 이 메모를 광범위하게 인용하고자 한다.

먼저, 지난 수십 년간 주식시장이 겪어왔던 여러 '건강한 장기 추세'
에 대해 설명했다. 아래에 이 추세들을 나열하겠지만 메모에서 썼던
설명은 생략하겠다.

- 거시 환경
- 기업 성장
- 대출 심리the borrowing mentality
- 투자 대중화
- 투자심리

위에 열거한 성장은 지난 수십 년 동안 경제와 시장의 뒤에서
불어오는 강한 순풍이었고, 오랫동안 장기적인 상향 추세를 만들
어왔다.

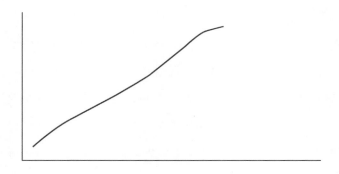

하지만 기본적인 상승 추세에도 불구하고 그 모양이 직선은
아니었다. 경제와 시장은 단기 변동의 주기적인 침체로 몇 년마
다 쉬어가야 했다. 추세선을 중심으로 한 사이클은 빈번한 등락

을 만들었다. 대부분은 비교적 약하고 짧았지만, 1970년대에 시작된 경제 침체 때는 인플레이션이 16퍼센트에 달했고, 평균적인 주가는 2년 만에 거의 절반이나 하락했다. 이에 대해 《비즈니스 위크》는 '주식의 죽음'을 알리는 커버스토리를 실기도 했다(1979년 8월 13일). 그렇다. 주식시장에서 보낸 나의 40년이 모두 다 장밋빛이었던 것은 아니다.

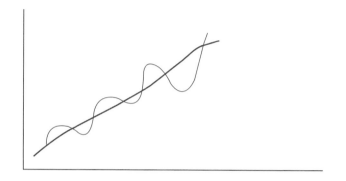

우리는 때로 더 나쁜 경제와 더 나은 경제, 침체와 번영, 불황과 회복을 경험했다. 시장 역시 상승하고 하락했다. 이러한 변동은 일반적인 경제 사이클과 외생적 사건(1973년의 석유 통상금지령과 1998년의 이머징 마켓 위기 등)에 기인한다. S&P500지수는 1975년부터 1999년까지 몇 차례 하락한 해가 있었지만 7.5퍼센트 이상 하락한 적은 없었다. 하지만 25년 중 16년은 15퍼센트 이상의 수익률을 보였고, 7번은 연간 상승률이 30퍼센트를 넘었다.

상승과 하락에도 불구하고 투자자들은 대체로 이익을 보았고, 투자는 국가적으로 지향할 일이 되었으며, 미국에서 가장 부유한 사람 중 한 명인 워런 버핏은 보통주와 회사를 매수해서 부를 이루었다. 대세 상승 추세가 진행되었고, 2007년에 천장에 도달했다. …

2007년 중반까지 투자자로서 나의 39년의 경험은 장기적인 이야기의 일부분일 뿐이었다. 어쩌면 장기적인 상승 추세라고 생각했던 것은 상승 외 하락도 포함하는 장기 사이클의 긍정적인 한 부분으로 보았어야 했다. 뒤로 물러섰을 때에만 전체적인 모습을 판단할 수 있는 것이다.

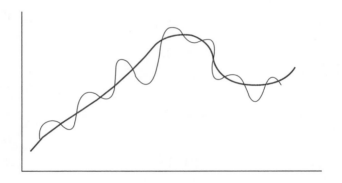

여기서 내가 말하고 싶은 요점은 장기 추세를 중심으로 변동하는 단기 사이클 외에 장기 추세에도 사이클이 있다는 사실과 우리가 지금까지 어떤 큰 흐름 중에 긍정적인 국면을 지나왔다는 사실이다.

대부분의 투자자들이 염려하는 단기 경제 사이클에 대해 논의를 진행하기에 앞서, 장기 사이클의 형성 요소와 최근 전망 등 장기 경제 사이클을 설명하는 데 좀 더 많은 시간을 할애하겠다. 그런 다음 단기 경제 사이클에 관한 문제로 넘어갈 것이다.

나는 한 해의 경제 생산량을 결정하는 주된 요인 중 하나가 노동 시간이라고 말했었다. 노동 시간 증가의 가장 근본적인 요소는 인구 증가이다. 인구 증가는 매년 제품을 만들고 판매하기 위해 일하는 사람들이 더 많아진다는 것(또한 더 많은 사람들이 제품을 사고, 소비하며 생산을 장려한다는 것)을 의미한다. 생산량 증가는 GDP 상승과 같은 말이다. 인구가 증가하면 노동 시간도 증가하고 GDP도 증가한다. 따라서 출산은 경제 성장이 양의 값을 가질 것이라는 일반적 가정의 주된 근거 중 하나이다. 반면 인구가 감소하고 있다면 GDP 성장은 상당한 역풍을 맞는다.

인구 증가는 매년 크게 다르지 않다. 가임기 인구는 단기적으로 크게 변하지 않으며 아이를 갖는 경향도 크게 변하지 않는다. 하지만 이러한 요소들은 수십 년 혹은 그 이상에 걸쳐 변하기 때문에 장기적인 인구수에 변화를 일으킨다.

한 국가의 출산율(부부당 평균 자녀 수)을 바꿀 수 있는 요인으로는 어떤 것들이 있을까?

- 다년간 지속되었으나 최근 개정된 중국의 한 자녀 정책 등 규제
- 전쟁(가령, 제2차 세계 대전은 출산율을 낮추었으나 종전 후 베이비붐을 일으킴)
- 자녀를 부양할 여유가 있는지 사람들의 생각에 영향을 미치는 경제적 상황

- 가족 형성을 늦추는 미국 젊은이들의 최근 경향과 같은 사회적 관습

　출생률의 변화는 일반적으로 오랜 기간에 걸쳐 일어나며, 변화하면 GDP 성장에 영향을 미치는 데 수년이 걸린다. 예를 들어 중국의 한 자녀 정책을 보자. 변화가 갑자기 일어났다고 말할지도 모르겠다. 한 자녀 정책은 2015년의 어느 날까지 엄연히 존재했으나, 다음날 폐지가 발표되었다. 변화가 갑자기 일어났다는 것은 어느 정도는 사실이다. 다만 그 새로운 날에 이미 자식이 하나 있는 사람들이 둘째를 만드느라 바빴다 해도, 그 두 번째 아이가 노동자가 되어 중국의 경제 생산에 기여할 수 있게 되려면 어림잡아도 20년은 걸릴 것으로 보아야 한다. 결론적으로 출산율의 변화는 GDP의 연간 변화에 크게 영향을 미치지 않을 것이다.

　GDP 방정식의 또 다른 주요 요소인 노동 시간당 생산량의 가치는 '생산성'에 의해 결정된다. 생산성의 변화는 장기적인 GDP 성장에 영향을 미치는 근본적인 결정 요인이다. 인구 증가율이 어떻든 간에 생산성이 증가하면 GDP는 더 빨리 성장할 것이고, 생산성이 감소하면 GDP는 더 느리게 성장할 것이다. 그리고 2차 도함수를 보면 GDP 성장률은 생산성 증가율이 높아질 때 가속화되고, 하락할 때 감속할 것이다. 단순한 수학이다.

　출생률의 변화처럼 생산성의 변화도 완만한 정도로 서서히 일어나며, 효력을 발휘하려면 오랜 시간이 필요하다. 생산성의 변화는 주로 생산 과정이 발전하면서 생겨난다. 첫 번째 큰 진보는 약 1760년에서

1830년 사이, 산업혁명 중에 일어났다. 이 시기에 증기력과 수력으로 움직이는 기계가 사람의 노동력을 대체했고, 큰 공장들이 작은 가게나 집에서 비효율적으로 해왔던 일을 대신하게 됐다. 두 번째 주요 진보는 19세기 후반에서 20세기 초에 일어났다. 이 시기에는 전기와 자동차 부분에서 오래되고 덜 효율적인 형태의 동력과 운송이 대체되었다. 세 번째 주요한 변화는 20세기 후반에 일어났는데, 컴퓨터와 다른 형태의 자동화된 제어 장치가 생산 기계에 지시를 내리는 인간을 대신하기 시작했다. 물론 네 번째 물결도 현재 진행 중이다. 정보화 시대에 정보 수집, 저장, 응용 분야와 메타데이터 및 인공지능 분야 등에서의 엄청난 발전으로 과거에는 꿈에도 생각하지 못했던 작업들을 수행할 수 있게 되었다.

명심하라. 이러한 변화들은 수십 년에 걸쳐 점진적으로 일어났다. 이런 변화들로 GDP에는 엄청난 차이가 생겨났지만 그럼에도 불구하고 해마다 성장에 심각한 가속이나 감속은 일어나지 않았다. 생산성 증가율은 수년간 비교적 안정적인 경향이 있으며, 경기 침체와 회복의 단기 사이클은 분명 이런 변화 때문이 아니다.

노동 시간의 추세와 시간당 생산량의 추세가 결합하여 장기적인 국가 생산량 추세를 결정하는 것은 분명하다. 하지만 노동 시간과 시간당 생산량에 변화를 일으키는 요인은 무엇일까? 다음은 부분적인 예이다.

- **인구 통계학적 이동** - 수백만 명의 중국인들이 농장에서 도시로 이동하는 현상은 인구 통계학적 이동의 한 예이다. 중국은 인구

이동 덕분에 노동자 가용성이 높아져 저비용 제조 공장으로서 부상할 수 있었고, 소비자 계층도 확대될 수 있었다. 또 다른 예는 라틴 아메리카에서 미국으로의 이민이다. 다른 선진국들과 마찬가지로 미국도 출산율 감소를 겪고 있다. 국경 남쪽에서 계속되는 이민은 때로 불법적인 것도 있지만, 미국의 노동력 공급과 소비율 확대라는 측면에 영향을 미쳐 감소하는 출산의 역할을 대신하고 있다.

- **투입 시간의 결정 요인** – 노동 시간은 근로자 수와 다를 수 있고, 근로 의사가 있는 인구수와도 분명히 다를 수 있다.

  - '경제활동인구'는 고용 상태에 있거나 일할 의사가 있는 생산 가능인구의 비율을 나타낸다.
  - 실업률(경제활동인구에 속하나 직업이 없는 사람들의 비율)은 소비자 지출과 기업 지출이 변함에 따라(그리고 그 결과 재화에 대한 수요와 재화를 생산할 노동자에 대한 수요가 변화함에 따라) 증가하고 감소한다.
  - 개별 근로자의 노동 시간 또한 경제 상황에 따라 달라진다. 기업들은 재화에 대한 수요가 적을 때는 주당 노동 시간을 단축하고, 수요가 많을 때는 초과 근무를 허가한다(수요가 신규 채용이나 또 다른 교대 조를 필요로 할 만큼 충분히 커질 때까지).

- **열망** – 이윤 동기와 더 나은 삶을 위한 욕구는 근로자들을(따라서 사회를) 더 열심히 일하게 하고 더 많이 생산하게 하는 힘이다.

이러한 것들을 당연한 것으로 생각하기 쉽지만, 그렇지 않다. 예를 들어 소비에트 경제 체제에서 이윤 동기는 상당 부분 배제되었고, 그 밖의 다른 경제 체제에서는 더 많이 일하려는 의지를 제한하기도 한다(더 정확히 말해서, 유럽 은행의 직원들이 퇴근 시간을 기록하는 것을 본 적이 있다. 미국에서 그러는 것처럼 5시까지 일했다는 것을 증명하기 위해서가 아니라, 5시에 퇴근해서 주당 35시간을 넘지 않았다는 것을 증명하기 위해서였다).

- **교육** – 미국 공교육의 저하는 소비할 수 있는 수입을 창출할 국민 개인의 능력은 물론 향후 경제에 기여할 노동자들의 능력에도 부정적인 영향을 미칠 수 있다. 이런 부정적 추세는 이민자 유입으로 인한 긍정적 효과에 반대로 작용할 수 있다.

- **기술** – 혁신은 새로운 비즈니스의 탄생을 유도하지만 오래된 비즈니스의 종말을 초래하기도 한다. 혁신은 일자리를 창출하고 또 없앤다. 이것은 경제 발전의 진화론적 성격을 보여주는 극단적인 예다. 혁신은 승자와 패자를 만들어낸다. 새로운 기술은 기존의 기술뿐만 아니라 인간의 노력마저 앞지른다. 하지만 새로운 기술이라고 무조건 '안전한' 것은 아니다. 이들도 대체될 수 있고, 요즘 말로 '파괴'될 수도 있기 때문이다. 기술은 상승과 하락, 삶과 죽음, 그리고 부활의 패턴을 전형적으로 보여준다.

- **자동화** – 인간의 노동력을 기계로 대체할 수 있다는 것은 특히 흥미로운 요소이다. 자동화는 생산성을 높이거나 노동 시간당 생산량의 총량을 증가시키기 때문에 경제 사이클의 첨가제라고 생각할 수 있다. 가령 농업의 기계화로 더 적은 농부들이 그 어

느 때보다도 저렴한 비용으로 훨씬 더 많은 식량을 생산할 수 있게 되었다. 한편 자동화는 생산에 투입되는 노동 시간을 줄여준다. 오늘날 우리는 30년 전만 해도 100명은 있어야 했을 공장들이 몇 명 안 되는 노동자들에 의해 돌아가는 것을 볼 수 있다. 따라서 자동화가 GDP에 미치는 순수한 영향은 중립적이거나 긍정적일 수 있다. 다만 자동화는 일자리를 없앨 수 있기 때문에 고용을 감소시키고, 따라서 소득과 소비까지 감소시킬 수 있다.

- **세계화** – 여러 국가들이 세계 경제로 통합되면 세계 경제의 총생산량을 증가시킬 수 있다. 그 이유 중 하나는 분업화가 이루어지기 때문이다. 그렇지 않다면 제로섬이거나 네거티브섬이 될 것이다. 세계화는 개별 국가의 경제에 분명히 다른 영향을 미친다(그리고 개별 국가 안에서 승자와 패자를 만들어낸다). 중국은 앞서 설명한 것처럼 공장 노동자가 크게 증가함에 따라 세계의 주요 수출국이 되어 지난 30년간 경제 성장의 속도를 높여왔다. 하지만 똑같은 상황 때문에 선진국들은 원래는 스스로 생산했을 재화를 중국으로부터 엄청나게 수입하게 됐고, 그 결과 자국의 GDP가 감소했다. 미국 경제에 미치는 전체적인 영향을 추정하려면 중국으로부터 저가 제품을 수입하는 것의 이점을 계산에 넣어야 하지만, 2000년 이후 중국에 빼앗긴 것으로 추정되는 몇백만 개의 제조업 일자리는 분명히 미국의 경제 성장을 다른 때보다 둔화시켰다.

미국은 제2차 세계 대전에서 인프라가 하나도 손상되지 않았고, 전후 베이비붐에서 큰 이익을 얻어 경제가 엄청나게 성장했다. 미국 제품들은 종종 세계 최고였고, 미국 기업들은 엄청난 성공을 이루었다. 세계화 시대 전까지 미국의 노동자들은 최고의 보수를 받으며 다른 곳에서 더 싸게 생산된 재화와의 경쟁에서도 안전할 수 있었다. 경영 기법의 개선과 생산성의 급격한 증가 역시 미국의 경제 성장을 부추겼다. 따라서 미국의 장기 경제는 소비를 진작시키고, 많은 혜택을 얻는 선순환을 만들어내며 빠르게 성장했다. 그러나 이것은 변하지 않고 계속되리라 믿을 수 있는 것이 아니었다.

더 최근에는 미국(뿐만 아니라 다른 국가들도)의 경제 성장이 둔화되는 것처럼 보인다. 이것은 기본적인 장기 추세와 관련된 단기적인 사이클 변화인가, 아니면 장기 추세 자체의 변화인가? 우리가 확실하게 알기까지는 수년이 걸릴 것이다. 하지만 이것을 '장기적인 침체'secular stagnation, 즉 장기 추세의 근본적인 둔화라고 생각하는 학파가 생겨났다.

다른 선진국들과 마찬가지로 미국에서도 인구 및 생산성 증가가 둔화됐다. 이 두 가지 사실을 종합해보면, 미국의 GDP는 제2차 세계 대전 이후 몇 년간 그랬던 것보다 향후 몇 년간 더 느리게 성장하리라는 사실을 알 수 있다. 가까운 과거에 일어났던 주요한 생산성 진보는 미래에는 반복되지 않을 것으로 보인다. 게다가 다른 국가의 훨씬 싼 노동력을 이용할 수 있기 때문에 미국이 필요한 제조품을 생산하기 위해 가격 경쟁을 할 가능성은 희박하다. 이것은 숙련도와 교육 수준이 낮은 미국인들의 고용과 소득 불평등, 다른 나라에 비한 생활수준에 분명히 부정적인 영향을 미친다. 물론 이러한 이슈들은 2016년 대통령 선거에서 분명한 역할을 했다.

인구 성장 및 생산성 증가의 변화는 효과가 나타나는 데 수십 년이 걸릴 수 있지만 국가의 경제 성장률에 분명한 영향을 미칠 수 있다. 20세기에 미국은 경제력으로 유럽을 뛰어넘었다. 그 후 1970~80년대에는 일본이 세계를 장악하겠다고 위협하며 앞으로 질주하는 것처럼 보였지만 1980년대 말 미약한 성장을 보이며 퇴보해버렸다. 신흥 시장, 특히 중국은 지난 수십 년간 급속한 성장을 이루었다. 현재 그 속도는 둔화되었지만, 향후 몇십 년 안에 선진국들보다 더 성장할 수 있다. 인도는 효율성을 높이고 부패를 줄인다면 빠른 경제 성장을 이룰 수 있는 인적 자원을 가지고 있다. 나이지리아와 방글라데시와 같은 저개발 국가frontier nations들은 빠르게 성장할 다음 순서를 기다리며 신흥 국가들 뒤에 서 있다.

사회는 상승하고 하락하며, 경제 성장의 측면에서 서로 상대적으로 빨라지고 또 느려진다. 이러한 성장의 기본적인 추세는 장기적인 사이클을 따르는 것이 분명하다. 비록 장기 추세를 중심으로 변동하는 단기 상승과 하락을 더 잘 식별할 수 있고 따라서 더 쉽게 논의할 수 있지만 말이다.

단기 경제 사이클

앞서 말했듯이, 경제를 예측하는 사람들과 그들이 내놓은 예측 결과를 소비하는 사람들은 보통 향후 1~2년의 GDP 성장률에 사로잡혀 있다. 다시 말해 그들은 단기적인 경제 사이클의 상승세에서 나타난 성장률과 그 지속 기간에 대해 걱정한다. 또한 성장률이 하락세에서 2 사분기 연속 마이너스가 될 것인지, 따라서 침체라고 불리게 될지 걱정한다. 이러한 것들은 몇 페이지 앞에서 보았듯이, 장기 성장 추세를 중심으로 진동하는 단기 변동에 해당한다. 장기적인 추세를 만들어내는 요인들은 분기마다 또는 해마다 거의 변하지 않는데 왜 단기적인 변화에 큰 관심을 쏟아야 하는가? 사실 단기적인 변화는 왜 일어나야 하는가? 왜 매년 평균적인 성장률(가령 2퍼센트)로 성장하지 않는 걸까?

이 책의 키워드인 심리, 감정, 의사결정 과정은 이런 질문들에 답하기 위한 것이다. 출산율과 생산성은 종종 독립적이고 거의 기계적인 변수로 간주되는 경향이 있다. 출산은 생식 활동으로 발생하며, 그 이유와 발생 속도는 대개 시간이 지나도 상당히 안정적이다. 마찬가지로 생산성 수준(단위노동당 생산량)의 변화율도 기술 개선과 그 보급에 의해 주로 좌우되는 것으로 생각된다. 바꿔 말하면, 경제를 구성하는 것은 사람이지만 경제의 성장 수준은 그것을 구성하는 사람들의 기복을 잘 반영하는 것처럼 보이지 않는 것이다.

하지만 사실 경제 성장은 사람의 기복을 반영한다. 장기적인 추세가 잠재적인 경제 성장률을 결정하는 반면, 개별 연도의 실제 GDP 수준은 추세가 가리키는 것과 다르다. 주로 사람이 개입하기 때문이다.

출생률은 노동 시간의 장기 추세를 결정할 수는 있지만 단기적 변화를 일으키기는 어렵다. 반면 다른 요인들은 단기적인 변화를 일으킬 수 있다. 일하려는 의욕은 일정하지 않다. 앞서 언급한 바와 같이 상황 때문에 일자리 찾기를 단념해야 할 때가 있을 수도 있고, 전 세계적인 사건이 일어나 소비 수준이 달라질 때도 있을 수 있다.

가장 분명한 예는 세계적인 사건이 경제 활동을 저해하는 공포를 만들어낼 수 있다는 것이다. 2008년 9월 리먼 브라더스 파산으로 정점을 찍은 서브프라임 모기지 위기와 금융기관 붕괴로 소비자들이 소비를 하지 못하게 되었고, 투자자들은 자본을 투자하지 못하게 되었으며, 기업들은 공장을 짓거나, 노동력을 확대하지 못하게 되었다. 감축은 일자리를 잃거나 주택을 압류당하거나 포트폴리오 가치의 하락을 겪지 않은 사람들 사이에서도 일어났다. 이 사건은 전체 경제에 빠르게 영향을 미쳤고, 그 결과는 2007년 12월부터 2009년 6월까지 지속된 심각한 경기 침체였다.

노동자의 수와 그들의 소득이 비교적 일정하다면 소비에 쓰는 돈도 비슷하게 일정할 것으로 예상할 수 있다. 하지만 그렇지 않다. 소비는 추가로 발생한 소득 중에서 소비되는 금액의 비율을 의미하는 '한계 소비 성향'marginal propensity to consume의 변화 때문에 고용과 소득보다 더 크게 변동한다. 이러한 성향은 단기적으로 변동이 심하기 때문에 소비는 소득과 독립적으로 달라질 수 있다.

소득자들은 다음과 같은 이유가 있을 때 소득 중 더 높은 비율을 소비에 쓰기로 한다.

- 매일의 주요 뉴스들이 긍정적이다.
- 선거 결과로 인해 경제와 수입이 좋아지고 세금은 줄어들 것이라 생각한다.

- 소비자 신용을 더 쉽게 이용할 수 있다.
- 자산가치가 상승하여 더 부자가 됐다고 느낀다.
- 응원하는 팀이 월드 시리즈에서 우승했다.

위의 이유들 중 네 번째는 일명 '부의 효과'wealth effect로 특히 주목할 만하다. 자산 소유자는 (a) 주식이나 집을 팔아 소비에 쓸 가능성이 높지 않고, (b) 자산가격의 상승은 일시적일 수 있으므로 자산가격의 상승이 소비 패턴을 바꾸는 합리적인 이유가 아니라는 사실을 알아야 한다. 그러나 자산가격의 상승은 지출을 높이는 경향이 있다.

이 현상은 심리가 인간 행동에 미치는 영향과 그 행동이 단기 경제 변화에 미치는 영향을 보여준다.

이런 맥락에서 경제적 기대가 어느 정도까지 자기충족적일 수 있는지를 주목해야 한다. 사람들과 기업들이 미래가 밝다고 생각한다면 더 많이 소비하고 투자할 것이며 미래는 진짜 밝을 것이다. 반대도 마찬가지이다. 내가 보기에 대부분의 기업들은 2008년 위기 이후 지난 몇 번의 불황에서 규칙처럼 나타났던 V자 형태의 경기 회복이 뒤따르지 않을 것이라고 결론지었던 것 같다. 따라서 공장이나 고용 확장을 줄였고, 그 결과 미국(그리고 훨씬 더 무기력한 다른 곳에서도)에서는 완만하고 점진적인 회복이 이루어졌다.

단기 변동의 또 다른 이유는 재고와 관련이 있다. 기업들은 일정 기간의 제품 수요를 과대평가해서 판매 가능한 양을 초과하는 정도까지 생산량을 늘릴 수 있다. 또는 생산량은 일정하게 유지했지만 의외로 저조한 수요에 직면할 수도 있다. 어떤 경우든 판매량보다 재화의 생산량이 더 많을 것이다. 초과분은 재고로 쌓인다. 결국 이것은 이후 기간에 재고가 원하는 수준으로 회복될 때까지 생산을 하향 조정하는 결과를 초래할 것이다. 이런 식으로 재고의 증가와 감소는 종종 경제 생산량의 단기 상승과 하락으로 이어진다.

위의 요인들은 특정 분기나 연도의 경제 생산량이 출산율 및 생산성 향상에 의한 잠재적 생산량 증가와 차이를 보이게 하는 몇 가지 예에 불과하다. 이들은 사실상 '기계적'이지도 않고, 신뢰할 수도 없는 요소들이 빚어낸 결과이다. 상당수는 인간의 행동에서 기인하며 따라서 불확실하고 예측할 수 없다.

—ᴍ—

이러한 점 때문에 경제 예측에 대해 몇 마디 더 하고 싶다. 많은 투자자들이 스스로 예측했거나 경제학자, 은행, 미디어에서 얻은 전망을 투자 행동의 기초로 삼는다. 그렇다 하더라도 나는 그러한 예측들이 가치를 더하고 투자 성공으로 이어질 가능성 있는 정보를 담고 있는지 의심스럽다('우리가 모르는 것'에 대한 보다 더 광범위한 논의는《투자에 대한 생각》의 제14장을 참조하라).

내가 이 문제를 살펴보는 기본 방법은 다음과 같다.

- 평균적인 투자자의 수익률이나 시장 벤치마크와 동일한 투자 성과는 달성하기 쉽다.
- 평균적인 수익률은 달성이 쉽기 때문에 진정으로 성공적인 투자란 다른 투자자들 및 평균보다 높은 성과를 내는 것이다. 성공적

인 투자는 상대적 성과에 기초하여 평가되는 상대적 개념이다.

- 모든 사람들이 똑같은 생각을 해서 결국 모두 똑같이 맞았다면, 다가올 사건을 제대로 예측한 것만으로는 상대적으로 더 뛰어난 성과를 보장할 수 없다. 따라서 성공은 잘한 것이 아니라 다른 사람들보다 더 잘한 것이다.
- 마찬가지로, 성공하기 위해서 반드시 맞아야 할 필요는 없다. 그저 다른 사람들보다 덜 틀리면 된다.
- 성공은 정확한 예측이 아니라 더 뛰어난 예측에서 비롯된다. 그런 예측을 할 수 있겠는가?

대부분의 경제 전망은 현재 수준과 장기 추세의 추정으로 이루어진다. 그리고 경제는 대개 그러한 수준과 추세에서 크게 벗어나지 않기 때문에, 대부분의 추정 전망은 정확한 것으로 밝혀진다. 다만 이러한 추정 전망은 흔히 공유되어 이미 자산의 시장가격에 반영되어 있고, 따라서 더 뛰어난 성과를 만들어내지 않는다. 설사 전망이 실현되더라도 말이다. 노벨 경제학상 수상자인 밀턴 프리드먼Milton Friedman은 이렇게 말했다.

모든 사람들이 같은 데이터를 보고, 같은 자료를 읽고, 서로가
무슨 말을 할지 추측하면서 시간을 보냅니다. 그들의 전망은 늘
적당히 맞을 거예요. 그리고 거의 쓸모가 없을 것입니다.

어쩌면 가치 있는 전망이란 장기 추세와 최근 수준에서 떨어진 이탈

을 정확히 예측하는 것이다. 만약 예측가가 결과적으로는 옳지만 보통과 다르고, 비추정적인 예측을 한다면 다른 시장 참가자들은 그 결과에 깜짝 놀랄 것이다. 다른 시장 참가자들이 예측을 반영하기 위해 보유 자산을 조정하려 할 때, 그 결과는 정확하게 예측했던 소수의 사람들에게 이익이 될 것이다. 단 한 가지 문제점이 있다. 추세에서 벗어난 주요한 이탈은 (a) 자주 발생하지 않고, (b) 정확한 예측이 어려우며, 대부분 비관습적이고 틀리는 경우가 많은 비추정적 전망이다. 이것을 근거로 투자하는 사람은 일반적으로 평균 이하의 성과를 얻을 가능성이 높다.

따라서 다음은 내가 보는 경제적 전망과 관련한 가능성들이다.

- 대부분의 경제 전망은 단순 추정이다. 추정은 보통 정확하지만 가치가 없다.
- 추세에서 떨어진 중대한 이탈을 예측한 색다른 전망이 옳다면 가치가 높겠지만, 대개는 그렇지 않다. 그러므로 이탈에 대한 대부분의 전망은 부정확하며 무가치하다.
- 중요한 이탈에 대한 몇 가지 전망들은 정확하고 유익한 것으로 밝혀지고, 이 전망을 내놓은 저자들은 그 감각을 칭송받는다. 하지만 어떤 예측이 몇 안 되는 옳은 예측인지 미리 알기는 어렵다. 기존과 다른 전망은 전반적인 타율이 낮기 때문에 모든 것을 고려했을 때 가치가 낮다. 한 번의 극적이고 정확한 판단으로 유명해진 예측가들이 있지만, 그들이 한 전망 대부분은 따를 가치가 없었다.

종합해보면, 경제 예측에 관한 위 세 가지 결론은 그다지 고무적이지 않다. 따라서 존 케네스 갤브레이스가 "세상에는 두 부류의 예측가가 있다. 모르는 사람들과 자신이 모른다는 사실조차 모르는 사람들이다."라고 말한 데에도 충분한 이유가 있다.

장기 경제 사이클의 장기적인 변화는 예측하기가 어렵고, 그러한 변화에 대한 예측의 정확성은 평가하기가 어렵다. 단기 경제 사이클의 오르내림 역시 어느 한 개인이 다른 사람들보다 지속적으로 더 잘 예측하기는 어렵다. 특히 정확한 예측에 대한 대가가 이론적으로 상당할 수 있기 때문에 경제 예측에 따라 행동하는 것은 솔깃한 일이다. 하지만 정확하고 일관성 있는 예측의 어려움을 과소평가해서는 안 된다.

다음은 내가 경제 사이클의 핵심이라고 믿는 것이다.

- 한 경제의 생산량은 노동 시간과 시간당 생산량의 산물이다. 그러므로 경제의 장기적 성장은 출산율과 생산성 증가율 같은 기본적인 요소에 의해 주로 결정된다(물론 사회와 환경의 다른 변화도 영향을 미친다). 이러한 요인들은 연도별로는 거의 변하지 않으며 10년을 단위로 서서히 변할 뿐이다. 따라서 경제의 평균 성장률은 장기간에 걸쳐 상당히 안정적이다. 장기적인 경제 성장률은 아주 긴 시간 프레임 안에서만 의미 있게 빨라지거나 느려진다.
- 기본적인 장기 경제가 비교적 안정적으로 성장한다는 사실을

고려한다면, 경제의 성과가 매년 한결같으리라고 기대할 수도 있겠다. 하지만 많은 요인들이 변동하므로 경제 성장은 평균적으로 기본 추세선을 따름에도 불구하고 연간 변동성을 보이게 된다. 변동하는 요소들은 다음과 같은 것들이다.

- **내생적 요소** - 경제 주체의 의사결정이 변하면 연간 경제 성장에 영향을 미칠 수 있다. 예를 들어, 소비자는 지출과 저축 사이에서, 기업은 사업 확장과 축소 사이에서, 혹은 재고 비축(생산 증가 요구)과 재고 판매(기존에 비해 생산 감축) 사이에서 결정을 내린다. 이러한 결정은 소비자나 기업 경영자와 같은 경제 행위자들의 심리 상태에 의해 종종 영향을 받는다.
- **외생적 요소** - 연간 경제 성장은 (a) 전쟁 발생, 세율 변경이나 무역 장벽 조정과 같은 정부의 결정, 카르텔에 의한 상품 가격 변화처럼 엄밀히 따져서 경제적 사건은 아니지만 사람에 의한 사건, 또는 (b) 가뭄, 허리케인, 지진과 같이 사람의 개입 없이 발생하는 자연 현상의 영향을 받을 수 있다.

- 장기적인 경제 성장은 오랜 기간 일정하지만 장기 사이클에 의해 바뀔 수 있다.
- 단기 경제 성장은 평균적으로 장기 추세를 따르지만 매년 추세선을 중심으로 진동한다.
- 사람들은 잠재적인 투자수익의 원천으로서 연간 변화를 예측하려고 노력한다. 그들은 평균적으로 대부분 진실에 가까이 간다.

하지만 예측을 지속적으로 정확하게 하는 사람은 거의 없다. 예측을 다른 사람들보다 훨씬 더 잘 하는 이도 거의 없다. 또 추세로부터의 주요한 이탈을 정확하게 예측하는 사람도 마찬가지로 거의 없다.

———※———

종종 쓰고 있던 글을 마무리 지으려 할 때 실제 생활이나 읽고 있던 글에서 완벽한 사례가 기적적으로 불쑥 나타날 때가 있다. 2016년 6월 23일도 그랬다. 이 장의 초안을 완성하고 있을 때, 영국 유권자 대다수가 영국이 유럽연합을 탈퇴할 것을 선택했다는 보도가 나왔다.

이 결정은 일반적으로 예상치 못한 것이었다. 영국 파운드와 런던 증시는 투표일을 앞두고 며칠간 강세를 보였고, 런던의 도박인들은 브렉시트가 부결된다에 내기를 걸었다. 예측에 대해서는 이쯤 하자.

이 결정은 영국과 유럽뿐만 아니라 전 세계에 경제적, 사회적, 정치적으로 중대한 결과를 가져올 수 있다. 소비자, 투자자, 사업가들의 심리에 미치는 부정적인 영향은 가까운 미래에 경제 성장을 둔화시킬 수 있다. 따라서 무역 장벽이 커지고 세계 전체의 효율성이 감소할 수도 있다.

게다가 이 사건(그리고 영국으로부터 스코틀랜드와 북아일랜드의 독립 가능성과 같은 사건들)은 직접적으로 관련된 국가들을 비롯해 그 밖의 다른 국가들의 장기적인 성장에도 변화를 일으킬 가능성이 있다. 이 사건은 지금으로부터 50년 후에 세계 경제의 주요 부분, 나아가 전체의 성장 궤도를 바꾸고 장기적인 사이클의 방향을 바꾸는 데 기여한 사례로 인용될지도 모른다.

　분명히 향후 경제 환경은 브렉시트에 대한 찬반 투표가 다른 방향으로 진행되었을 경우와 달리 변할 가능성이 높다. 즉 브렉시트는 영국의 장기 경제 사이클에 변화를 가져올 것이다. 우리는 그것이 다른 경제에 어떻게, 얼마만큼, 혹은 어떤 연쇄적인 영향을 미칠지 확신할 수 없다.

제5장

경제 사이클과 정부 개입

극단적인 경제 사이클은 바람직하지 않은 것으로 여겨진다. 힘이 지나치게 강하면 인플레이션을 부추길 수 있고 경제를 너무 높이 끌어올려 경기 후퇴가 불가피해진다. 반면 힘이 너무 약하면 기업 이익이 떨어지고 사람들이 일자리를 잃을 수 있다. 따라서 중앙은행과 재무부 공무원들은 사이클을 관리해야 한다.

사이클은 자칫 과도한 상승과 하락을 만들어내기 때문에 이를 다루는 도구는 경기조정적counter-cyclical이며, 이상적으로는 경제 사이클과 반대인 그 자체의 사이클로 적용된다. 사이클과 관련된 다른 모든 문제들처럼, 사이클을 관리하는 문제도 결코 쉽지 않다. 간단히 다룰 수 있는 것이었다면 우리는 사이클의 극단을 한 번도 보지 못했을 것이다.

자본주의와 자유 시장 경제는 오늘날 세계 대부분의 나라에서 자원을 배분하고 경제 생산을 촉진하는 최상의 제도로 여겨진다. 여러 국가들이 사회주의와 공산주의 등 다른 제도를 시도해왔지만, 대부분의 경우 결국 제도를 대대적으로 바꾸거나 자유 시장 경제를 일부분 채택했다.

자유 시장 체제가 널리 받아들여지고 있음에도 불구하고 시장이 완전히 자유로운 경우는 드물다. 정부의 개입은 법률 및 규칙의 제정과 시행에서부터 미국의 주택담보대출기관 같은 독립체를 통한 직접적인 경제 참여에 이르기까지 다양한 형태를 취한다. 하지만 무엇보다 가장 중요한 형태의 정부 개입은 경제 사이클의 상승과 하락을 통제하고 그에 대한 영향을 미치기 위해 중앙은행과 재무부가 기울이는 노력일 것이다.

중앙은행

미연방준비은행과 같은 중앙은행은 수 세기에 걸쳐 상당한 권력과 책임을 가져왔다. 과거 그들의 주된 역할은 통화를 발행하고, 요구에 따라 통화를 금이나 은으로 교환하는 업무였지만, 오늘날 중앙은행들은 주로 경제 사이클을 관리하는 데 관심을 가진다.

초기에는 많은 중앙은행들이 통화를 발행했다. 시간이 지나고 중앙은행이 경제 사이클을 책임지게 되자, 그들의 주된 관심사는 인플레이션이 되었다. 특히 세계는 제1차 세계 대전 이후의 독일 바이마르 공화국처럼 인플레이션이 매년 수백 퍼센트씩 진행되는 초인플레이션을 겪었다. 중앙은행은 인플레이션을 관리하는 쪽으로 방향을 돌렸다. 목표는 인플레이션을 없애는 것이 아니었다. 인플레이션은 (a) 여러 유익한 측면이 있고, (b) 통제하는 방법 외에 대체로 피할 수 없다고 인식됐기 때문이다.

인플레이션의 이유는 다소 분명치 않으며, 이 책에서 설명하는 다른 과정들처럼 신뢰하기 어렵고 산발적이다. 주어진 상황들이 인플레이션을 초래하는 때도 있겠지만, 같은 상황임에도 더 심각한 인플레이션이 유발되는 때도 있고 또는 더 약한 인플레이션이 발생되기도, 거의 발생되지 않을 때도 있을 것이다. 다만 일반적으로 인플레이션은 경제 사이클에서 강한 상승 움직임이 일어나면 생기는 결과로 여겨진다.

- 공급에 비해 상품 수요가 늘어나면 '수요 견인'demand-pull 인플레이션이 발생할 수 있다.
- 노동 및 원자재 등 투입된 생산요소의 비용이 상승하면, '비용 상승'cost-push 인플레이션이 발생할 수 있다.
- 마지막으로, 수입 국가의 통화 가치가 수출 국가의 통화 가치에 비해 떨어질 때 수입국에서 수출국 상품가격이 오를 수 있다.

이런 이유로 상품가격이 상승할 수 있다. 이것이 인플레이션이다. 하지만 방금 전 이야기한 것처럼, 때로는 이런 현상들이 있어도 인플레이션이 증가하지 않을 때가 있다. 반대로 이런 현상들이 없어도 인플레이션이 증가할 때도 있다. 심리적 요소가 이 모든 것에 영향을 미친다.

인플레이션은 경제력이 원인이기 때문에 이를 통제하려는 중앙은행들은 경제에서 열기를 조금 식히려고 노력한다. 그 방법으로 중앙은행은 통화 공급을 줄이고, 금리를 올리며, 유가 증권을 팔 수 있다. 민간 부문이 중앙은행으로부터 증권을 매입하면 시중 자금이 흡수된다. 이런 방법은 상품에 대한 수요를 줄이고 인플레이션을 억제한다. 중앙은행의 구성원들 중 인플레이션을 통제하는 데 주력하는 이들을 '매파'hawks라고 부른다. 매파는 위에 열거한 활동들을 더 빨리 그리고 더 넓은 범위까지 실행하려는 경향이 있다.

문제는 이런 종류의 조치들이 경기 활성화와 반대된다는 것이다. 매파는 인플레이션을 안정시킨다는 목표를 달성할 수 있지만 경제 성장을 억제할 수 있고, 그 효과는 이롭지 않을 수 있다.

이 문제는 지난 수십 년간 여러 중앙은행들에게 두 번째 책임이 부여되면서 한결 복잡해졌다. 인플레이션을 통제하는 것 외에도, 중앙은행에는 고용 지원에 대한 책임이 생겼다. 물론 고용은 경제가 활성화됐을 때 개선된다. 따라서 중앙은행은 최근 시행했던 '양적 완화' 프로그램처럼 통화량을 늘리고, 금리를 낮추고, 유가 증권을 사들여 경제에 유동성을 주입하는 등 부양 조치를 통해 고용을 촉진한다. 중앙은행의 구성원들 중 고용에 중점을 두고 이러한 조치에 치중하는 이들을 '비둘기파'doves라고 부른다.

요점은 대부분 중앙은행에는 두 가지 책임이 있다는 것이다. 하나는 인플레이션을 통제할 책임으로 경제 성장을 억눌러야 하고, 또 다른 하나는 고용을 지원할 책임으로 경제 성장을 촉진할 필요가 있다. 다시 말해서 중앙은행의 이중적인 책임은 서로 상반된 것이라서 미묘한 균형 잡기가 요구된다.

지금까지 우리는 경제가 주기적으로 순환하며 강하게 성장하는 때도 있고, 약하게 성장하는(또는 수축) 때도 있다는 이야기를 해왔다. 경제 성장은 고용을 촉진하지만 인플레이션을 가속시킬 수 있다. 반면 경기 침체 또는 위축은 인플레이션을 억제하지만 고용을 줄일 수 있다. 따라서 중앙은행은 경제 사이클과 반대로 적절한 행동을 취해야 한다. 즉 사이클의 정도를 제한하기 위해 번영의 시기에는 경제 성장속도를 둔화시켜 인플레이션을 억제하고, 경제 침체 시기에는 고용을 촉진하기 위해 경제를 부양하는 것이다.

하지만 투자자가 사이클에 대해 제한적이고 불확실한 통찰력을 갖는 것처럼 중앙은행 역시 마찬가지다. 경제를 부양하고 또 억제해야 하는 중앙은행의 두 가지 과제는 분명히 동시에 이루어질 수 없다. 부양해야 할 때인가, 억제해야 할 때인가? 어떤 것을 선택하든 얼마나 손대야 하는가? 금리는 낮지만(세계 금융위기 이후로 경기 부양을 위해 그래왔듯이) 경제 성장이 미약하다면(이것 역시 금융위기 이후 그래왔다), 금리를 인상해 경제의 미온적인 성장을 저해하지 않고도 인플레이션 증가를 미연에 방지할 수 있을까? 투자자들이 사이클을 이해하고 예측하기 어렵다면, 중앙은행도 이것을 다루는 일이 쉽지 않을 것이다.

정부

정부는 중앙은행보다 훨씬 더 다양한 책임을 지고 있는데 그 중에서 경제 문제와 관련된 부분은 극히 일부분이다. 중앙은행과 마찬가지로 정부도 비록 직접적으로 인플레이션을 통제하는 것은 아니지만 적절할 때 경제를 부양해야 할 책임이 있다. 경제와 관련하여 재무부에서는 너무 빠르지도, 너무 느리지도 않게 사이클을 조절하려고 한다.

경제 사이클을 관리하기 위한 정부의 주요 도구는 주로 세금 및 지출과 관련된 재정이다. 그러므로 정부가 자국의 경제를 부양하고자 하면 감세 정책을 시행하고, 정부 지출을 늘리며, 경기 부양 수표stimulus check(납세자들에게 미국 정부가 경기 부양을 위해 보내는 수표—옮긴이)를 나누어주어 더 많은 돈이 소비와 투자에 사용될 수 있게 한다. 반면 과열이 우려될 만큼 경제가 빠르게 성장하고 있다고 생각될 때는 세금을 올리거나 지출을 줄여 자국 경제에 대한 수요를 줄이고 결과적으로 성장 속도를 둔화시킬 수 있는 상황을 조성해 경제 활동을 늦출 수 있다.

여기서 궁극적으로 다루고자 하는 주제는 적자 재정이다. 먼 과거에는 대부분의 정부가 균형 재정을 운용했다. 다시 말해서, 세금으로 거둬들인 수입보다 더 많이 지출할 수 없었다. 하지만 국가 부채의 개념이 생겨났고, 부채를 만들어낼 수 있는 능력이 적자의 가능성을 불러일으켰다. 즉 정부의 수입보다 지출이 더 많아질 수 있게 된 것이다.

내가 젊었을 때는 국가 부채의 타당성에 대해 활발한 논쟁이 있었던 것으로 기억하지만 더 이상 이 문제에 대해 크게 거부하는 사람은 없다. 국가가 돈을 빚질 수 있다는 사실은 일반적으로 인정되지만, 어느 정도의 부채가 분별 있는 수준인지에 대한 의문은 때때로 제기된다. 그리고 대개 이 의문에 대한 대답은 '현재 우리가 가지고 있는 것보다 너무 많지 않게'인 것 같다.

1930년대 존 메이너드 케인스John Maynard Keynes가 제기한 경제 이론은 사이클에 대한 정부의 역할을 심도 있게 고찰했다. 이전의 접근법이 GDP 수준을 결정하는 데 있어서 재화의 공급적인 측면을 강조한 데 반해 케인스 경제학은 총수요의 역할에 초점을 맞춘다. 케인스는 정부가 수요에 영향을 미쳐서 경제 사이클을 관리해야 한다고 말했다. 결국 케인스가 말한 이것은 재정 적자를 포함한 재정적 방법을 통해 달성할 수 있다.

케인스는 정부가 재정 적자를 운용해 수요를 자극함으로써 취약한 경제를 지원할 것을 촉구했다. 정부 지출이 수입(주로 세금에서 얻은)을 초과할 경우, 정부는 경제에 자금을 투입하게 된다. 이는 소비와 투자를 장려한다. 케인스는 재정 적자가 경제를 활성화하기 때문에 침체된 경제를 해결하는 데 유용하다고 생각했다.

반면 경제가 활성화됐을 때는 정부가 수입보다 지출을 적게 하면서 흑자 재정을 운영해야 한다고 말했다. 시중 자금을 흡수해서 소비와 투자를 억제시키는 것이다. 흑자 재정은 긴축 정책이고 호황기에 적절한 반응이다. 하지만 요즘에는 호황을 식히기 위해 흑자 재정을 운영하는 경우를 거의 볼 수 없다. 파티가 한창일 때 찬물을 끼얹는 이가 되고 싶은 사람은 아무도 없기 때문이다. 또한 수입보다 지출이 적으면 관대한 지출 프로그램을 펼칠 때보다 표심을 끌어모을 수 없다. 그래서 흑자 재정은 자동차 안테나만큼이나 드물게 되었다.

―――ᴡᴡ―――

극단적인 경제 사이클은 바람직하지 않은 것으로 여겨진다. 힘이 지나치게 강하면 인플레이션을 부추길 수 있고 경제를 너무 높이 끌어올려 경기 후퇴가 불가피해진다. 반면 힘이 너무 약하면 기업 이익이 떨어지고 사람들이 일자리를 잃을 수 있다.

따라서 위에서 말한 방법들로 중앙은행과 재무부 공무원들은 사이클을 관리해야 한다. 사이클은 자칫 과도한 상승과 하락을 만들어내기 때문에 사이클을 다루는 도구는 경기조정적counter-cyclical이며 이상적으로는 경제 사이클과 반대인 그 자체의 사이클로 적용된다.

하지만 사이클에서 현재 위치를 파악하고, 어떻게 해야 할지를 아는 등 사이클과 관련된 다른 모든 문제들처럼, 사이클을 관리하는 문제도 결코 쉽지 않다. 간단히 다룰 수 있는 것이었다면 우리는 사이클의 극단을 한 번도 보지 못했을 것이다.

제6장

이익 사이클

기업의 이익을 결정하는 과정은 복잡하며 여러 변수가 있다. 경제 사이클에 따라 매출이 큰 영향을 받는 기업이 있는가 하면 그렇지 않은 기업도 있다. 매출 변화율은 주로 영업 레버리지와 재무 레버리지의 차이 때문에 일부 회사에서 이익에 훨씬 더 큰 영향을 미친다.

앞서 말했듯이, 최근 일반적인 미국의 GDP 성장률은 연 2~3퍼센트 정도이다. 부진한 해에는 1퍼센트 수준이 되기도 하고, 호황기(혹은 침체기에서 회복하는 중)에는 4~5퍼센트를 기록하기도 한다. 어려운 시기에 연간 성장률은 2~3퍼센트 정도 하락할 수 있으며, 2분기 연속 마이너스를 유지한다면 경기 후퇴라고 부른다. 변동은 있지만, 그 정도는 심하지 않다. 미국의 연간 GDP 성장률은 거의 항상 5퍼센트에서 마이너스 2퍼센트 사이이며, 이런 극단적인 수치도 기껏해야 10년에 한 번 정도 볼 수 있다.

그렇다면 이것이 회사의 수익도 매년 안정적이라는 의미인가? 전혀 그렇지 않다. 이익은 좋은 시기에는 5퍼센트 이상 증가할 수 있고, 나쁜 시기에는 2퍼센트 이상 감소할 수 있다. 회사의 이익도 사이클을 따른다. 이것은 경제 사이클의 영향을 받지만 전체적으로 경제보다 훨씬 더 심하게 상승하고 하락한다. 따라서 이익은 GDP보다 더 심하게 변동한다. 왜 그럴까? 무엇 때문에 이익 사이클은 경제 사이클과 다르게 나타나는 것일까?

첫째, 기업 이익의 증감을 결정하는 데 있어서 경제의 상승과 하락은 매우 중요하다. 무엇보다 GDP가 높아졌다는 것은 더 많은 소비가 일어나고 따라서 재화에 대한 수요가 더 많아졌다는 의미이다. 결국 이것은 판매량의 증가와 판매 가격의 상승, 더 많은 일자리와 높은 임금, 그리고 더 많은 소비를 뜻한다. 이 모든 것들이 함께 기업의 수익 증가를 의미하는 것이다.

정의에 따르면, 모든 기업의 매출 총합은 GDP와 동일하며, 동일한 변화율을 보인다. 하지만 그렇다고 해서 모든 회사가 같은 패턴을 따르는 것은 아니다.

일부 업종의 매출은 경제 사이클에 민감하게 반응하지만 다른 업종에서는 그렇지 않을 수 있다. 또 반응이 큰 기업이 있는 반면, 반응이 작은 기업도 있다.

- 산업 원자재 및 부품 매출은 경제 사이클에 직접적으로 반응한다. 기업들이 총생산을 늘릴 때, 즉 GDP가 팽창할 때는 더 많은 화학 물질, 금속, 플라스틱, 에너지, 전선, 반도체 등이 필요하고

그 반대도 마찬가지이다.

- 반면에 식품, 음료, 의약품과 같은 생활필수품은 경제 사이클에 크게 반응하지 않는다. 사람들은 보통 경제 상황과 관계없이 그 것들을 소비한다. (하지만 수요가 절대적으로 일정한 것은 아니다. 사 람들은 불경기에 소비를 줄인다. 즉 더 싼 음식을 사고 외식보다는 집에 서 식사를 한다. 그리고 호황기에는 더 비싼 것을 구입한다. 안타깝게도 재정적으로 어려움을 겪고 있는 사람들은 음식, 의약품, 집세 중 하나를 선택해야 할 때 '생필품' 소비마저 줄일 수도 있다.)

- 저가의 소비성 품목(매일 입는 옷, 신문, 디지털 다운로드와 같은)에 대한 수요는 그다지 변동이 심하지 않으나, 사치품과 휴가 여행 에 대한 수요는 변동이 심할 수 있다.

- 개인의 자동차나 집, 기업의 트럭이나 공장 장비처럼 고가의 '내 구재' 구매는 경제 사이클에 매우 민감하게 반응한다. 첫째, 내구 성이 있다는 것은 오랫동안 사용할 수 있다는 의미이므로 경제 침체기에는 교체를 미룰 수 있다. 둘째, 이런 것들은 돈이 많이 들기 때문에 나쁜 시기에는 구매할 여유가 없고 좋은 시기에는 여유가 있다. 셋째, 일반적으로 기업은 사업이 잘될 때는 내구재 가 더 많이 필요하고, 사업이 힘들 때는 덜 필요하다. 이러한 이 유들 때문에 내구재에 대한 수요는 경제 사이클에 매우 민감하 게 반응한다.

- 일상적인 서비스에 대한 수요는 일반적으로 변동이 심하지 않 다. 이것이 출퇴근 시 교통수단처럼 반드시 필요하고 이발 서비 스처럼 저렴하다면, 이에 대한 수요는 경제 변화에 그다지 민감

하지 않을 것이다. 더군다나 이와 같은 서비스는 저장도 불가능하다. 따라서 지속적으로 구매해야 한다. 하지만 여전히 수요는 경제 상황에 따라 달라질 수 있다. 예를 들어 3주에 한 번씩 이발하던 것을 5주 간격으로 바꿀 수 있다.

게다가 일부 제품의 매출은 경제 사이클 이외의 사이클에도 반응한다. 내구재는 비싸고, 긴 사용기간 동안 비용을 나눠서 지불할 수 있기 때문에 이에 대한 수요는 (다른 모든 조건이 동일한 경우) 신용 사이클의 변화가 자금 조달을 더 쉽게, 혹은 어렵게 만드는지에 따라 증감할 수 있다. 한편 어떤 것들은 비주기적인 사건의 영향을 받는다. 가령 새로운 휴대전화와 노트북에 대한 수요는 가격 인하와 신제품 출시, 기술 향상의 영향을 받는다.

그러나 대부분의 경우 경제 성장은 매출이 결정되는 과정에 가장 큰 영향을 미친다. 일반적으로 매출은 GDP 성장률이 높을 때 크게 증가하고, 성장률이 낮을 때는 증가폭이 작거나 감소한다.

―ᴍ―

그러나 경제 성장과 이익 증가 사이의 관계는 매우 불완전하다. 그 이유는 (방금 보여준 것처럼) 경제 사이클의 변동 외에 매출에 영향을 미치는 요인이 더 있으며, 매출 변화가 반드시 그에 상응한 이익 변화를 야기하지도 않기 때문이다. 후자의 주된 이유 중 하나는 대부분의 기업이 두 가지 유형의 레버리지를 특징으로 한다는 것이다. 이 두 가지 레버리지는 매출 변화에 따라 이익의 변화를 확대시키는 요인이다.

'레버리지'의 의미는 이것에 해당하는 영국식 용어가 기어링gearing(타인의 자본을 이용하여 자금 조달 효과를 가져오는 것 —옮긴이)이라는 데서 더 직접적으로 알 수 있다.

먼저 기업은 영업 레버리지operating leverage의 영향을 받는다. 이익은 수익에서 비용(혹은 지출)을 차감한 값이다. 수익은 매출의 결과이며, 매출은 다양한 이유로 변동한다. 비용도 그렇다. 다양한 종류의 비용이 특히 매출 변화에 따라 다양한 방식으로 변동한다.

대부분 기업의 비용은 고정비, 준고정비, 변동비로 이루어져 있다. 예를 들어 택시 회사를 생각해보자.

- 어느 빌딩에 본사가 있지만 승객 수가 조금 늘어난다고 해서 사무실 공간을 더 늘릴 필요는 없다. 이것이 고정비다.
- 택시 회사에는 택시가 여러 대 있다. 현재는 승객 수가 완만히 증가하면 수용할 수 있는 수준이지만 운행이 더 증가한다면 택시를 추가로 구입해야 할 수도 있다. 따라서 택시에 대한 비용은 준고정비다.
- 택시는 휘발유로 움직인다. 만약 사업이 확장돼 택시들이 x퍼센트 더 주행하게 되면, 휘발유 소비도 x퍼센트 증가할 것이다. 택시 회사에게 휘발유 가격은 변동비이다.

위 내용을 정리해보면, 회사의 승객 수(및 이에 따른 수익)가 20퍼센트 증가하더라도 사무실 시설에 대한 지출은 증가하지 않는다. 택시에 대한 지출은 초기에는 증가하지 않겠지만, 나중에는 증가할 수도 있다. 그리고 휘발유에 대한 지출은 즉각 비례해서 증가할 것이다. 따라서 택시 회사의 총비용은 승객 수가 증가함에 따라 증가하기는 하겠지만, 대개의 경우 수익이 증가되는 것보다는 적다. 이로 인해 이익률이 높아진다. 즉 영업이익의 증가가 매출 증가보다 훨씬 더 클 것이다. 이것이 영업 레버리지이다. 일반적으로 영업 레버리지는 고정비 비중이 큰 기업에서 더 높고, 변동비 비중이 큰 기업에서는 더 낮다.

영업 레버리지는 경제가 잘 굴러가고 매출이 높을 때는 좋다. 하지만 반대의 상황이 발생하면 이익이 매출보다 더 많이 떨어질 수 있고, 상황이 더 좋지 않으면 이익이 손실로 바뀔 수도 있다. 다만 기업들은 매출 감소가 이익에 미치는 영향을 제한하기 위해 조치를 취한다. 여기에는 직원 해고와 폐점이 포함된다. 그러나 (a) 경제적 조치들은 대개 효과가 나타나려면 시간이 걸린다. 또 (b) 퇴직금을 지불해야 하는 경우처럼 단기적으로 비용이 증가할 수도 있다. (c) 일반적으로 부정적인 효과를 제한할 수는 있지만 아예 제거할 수는 없다. (d) 계획대로 좀처럼 효과를 잘 발휘하지도 않는다.

대부분의 기업에 영향을 미치는 두 번째 형태의 레버리지는 재무 레버리지financial leverage이다. 어떤 회사의 영업이익이 3,000달러에서 2,000달러로 1,000달러(또는 33퍼센트) 감소한다고 가정해 보자. 이 회사의 필요 자본량이 3만 달러이고 이를 주식으로 전액 조달했다면, 즉 자본금을 전혀 빌려오지 않아서 이자를 지불할 필요가 없다면, 영업이익의 감소는 그 회사의 순이익, 즉 기업 수익 보고서의 '맨 아랫줄'에 바로 영향을 미쳐 순이익 역시 33퍼센트 감소할 것이다.

하지만 대부분 기업은 주식과 부채를 섞어서 자금을 조달한다. 채권자들은 '가장 먼저 손해를 보는' 주식투자자들에 비해 선순위를 갖는다. 즉 주주들은 주식이 종잇조각이 되어 추가 손실이 채권자에게 돌아갈 때까지 이익의 모든 감소를 겪고, 그다음 모든 손실을 겪는다. 회사에 자기자본이 있는 한 채권자들이 얻는 결과는 변하지 않는다. 그들은 약속된 이자를 받을 뿐이다(이 때문에 채권을 '확정이자부 증권'fixed income securities이라고 부르는 것이다. 결과가 고정되어 있다).

이 회사의 자본 구조가 부채 1만 5,000달러(연이자 1,500달러)와 주식 1만 5,000달러로 이루어져 있다고 가정해보자. 이는 영업이익이 1,000달러 감소하면 순이익은 1,500달러(이자 지급 전 영업이익 3,000달러에서 이자 1,500달러 차감)에서 500달러(2,000달러에서 1,500달러 차감)로 감소한다는 의미이다. 다시 말해서, 영업이익이 33퍼센트 감소하면(3,000달러에서 2,000달러로) 이 회사의 순이익은 67퍼센트 감소한다(1,500달러에서 500달러로). 영업이익의 감소가 순이익에 확대된 영향을 미치는 현상은 기업에서 재무 레버리지가 어떻게 작동하는지를 분명히 보여준다.

---※---

기업의 이익을 결정하는 과정은 복잡하며 여러 변수가 있다. 경제 사이클에 따라 매출이 큰 영향을 받는 기업이 있는가 하면 그렇지 않은 기업도 있다. 매출 변화율은 주로 영업 레버리지와 재무 레버리지의 차이 때문에 일부 회사에서 이익에 훨씬 더 큰 영향을 미친다.

물론 특이한 사건들이 이익에 매우 중대한 영향을 미칠 수도 있다. 여기에는 재고, 생산 수준, 자본 투자에 관한 경영진의 결정과 기술 발전(한 기업 내, 업계 경쟁자들, 경쟁 산업 기업들의 발전을 포함한다. 아래를 참조하라), 규제 및 세제의 변화, 날씨, 전쟁, 유행과 같은 업계 또는 경제계 바깥의 사건 등이 포함될 수 있다. 경제 사이클은 기업의 매출 및 이익 변화의 배경이 될 수 있지만 사이클에 기초한 예상에서 편차가 생길 가능성이 크다. 색다른 사건이 그 주된 이유이다.

기술에 대한 이야기를 (별도의 장을 할애하기보다는) 여기에서 잠깐 다루겠다. '파괴'disrupt라는 말이 요즘 유행이다. 전통적인 산업을 파괴시킬 수 있는 신기술은 새로운 경쟁을 유발하고 기존의 이익률을 무너뜨린다. 예를 들어 신문 산업을 보자. 1990년대까지만 해도 신문 사업은 다음과 같았다.

- 신문은 필수적인 정보원으로 여겨졌다.
- 대부분의 사람들은 매일 신문을 1부씩 사 보았고, 출근길에 하나, 퇴근길에 하나 2부씩 사서 읽기도 했다. 비용은 별로 들지 않았다.
- 월요일에 신문을 구입했더라도 화요일에 다른 신문을 구입해야 했다. 신문에 '저장성'이나 장기적인 유용성은 없었다.
- 신문은 영화관이나 중고차업자와 같은 지역 사업자가 고객에게 닿을 수 있는 몇 안 되는 방법 중 하나였으며, 일반적으로 한 도시에서 발행되는 신문은 다른 도시의 지역 광고를 싣기 위해 경쟁할 필요가 없었다.
- 주로 다른 신문, 텔레비전, 라디오와 경쟁했다. 그러나 일단 한 신문이 어떤 도시에서 확실히 자리를 잡으면 대체하기가 어려

웠다. 따라서 신문은 튼튼한 '해자'가 있는 사업으로 여겨졌다.

이런 요인들 덕분에 신문사의 지위는 난공불락처럼 보였고, 신문사의 주식은 안정적인 수익과 이익에 기댈 수 있는 '방어적인' 종목으로 여겨졌다.

인터넷과 기타 형태의 온라인 커뮤니케이션이 20년도 채 되지 않아 신문의 운명에 큰 영향을 미칠 것이라고 누가 생각이나 했을까? 오늘날 많은 기업들이 소비자에게 직접 정보를 제공하기 위해 경쟁한다. 신문사의 비즈니스 모델을 완전히 무너뜨리며 '무료'가 디지털 세상의 큰 특징을 이루게 되면서 신문사들은 시장점유율과 수익성을 유지하기 위해 고군분투하고 있다.

신문은 경제 및 전통적인 이익 사이클과는 완전히 별개로 기업의 매출과 이익에 영향을 미치는 특이 요소의 훌륭한 예를 제공한다. 하지만 기술 자체가 사이클을 타지 않는가? 기술은 탄생하고 발전하며, 그다음 더 새로운 기술로 대체된다. 몇 년 전의 혁신은 오늘날 그 어느 때보다 빠르게 대체될 수 있고, 파괴의 영향을 받지 않는다고 생각했던 산업은 매일 줄어들고 있는 것 같다.

30~40년 전만 해도 세상은 비교적 변함없는 삶의 배경을 제공하는 안정된 곳이었고, 사이클을 비롯한 경제 발전은 그 변하지 않는 배경을 바탕으로 일어나는 것처럼 보였다. 오늘날은 주로 기술적 발전(또한 사회 문화적 발전) 때문에 변하지 않는 것이 없는 것 같다. 사실 많은 것들이 대다수 우리가 따라잡기에 너무 빨리 변하는 것처럼 보인다.

투자자 심리의 시계추

비즈니스, 금융, 마켓 사이클의 상승세에서 나타나는 대부분의 과도한 움직임과 필연적인 하락 반응에서 나타나기 쉬운 오버슈팅은 모두 심리라는 시계추가 과장되게 움직인 결과이다. 따라서 과도한 움직임을 이해하고 경계를 늦추지 않는 것은 사이클의 극단에서 피해를 피하고, 바라건대 이익을 얻기 위한 초보적인 요건이다.

지금까지 우리는 경제 사이클, 경제 사이클에 영향을 미치려는 정부의 노력, 이익 사이클에 대해 논의해왔다. 이러한 것들은 대부분 투자의 배경이나 환경을 제공한다. 이들이 투자의 외생적인 요소, 즉 스스로 움직이는 독립적인 프로세스처럼 여겨질 수도 있을 것이다. 하지만 이런 것들이 '기계적'으로 작동하며, 투자 결과를 완전히 통제한다고 생각한다면 내가 감정이라고 바꿔 말하기도 하는 심리의 역할을 과소평가하는 것이다. (심리와 감정은 확연히 다른 요소이지만, 투자환경에 미치는 영향 측면에서 그 둘을 구별 지을 수 있는 의미 있는 방법을 찾지 못했다.)

첫째, 감정 또는 심리의 변화는 앞서 적은 것처럼 경제 및 기업 이익의 사이클에 강한 영향을 미친다. 둘째, 이들은 투자업계에서 특히 단기적으로 상승과 하락을 초래하는 매우 중요한 역할을 한다.

제1장에서 언급했듯이, 사이클과 시계추의 움직임 사이에 근본적인 차이는 없다. 사실 이 장의 제목을 '심리 사이클'이라고 짓고, 이 명칭에 맞춰 현상을 설명하면 우리 모두 편해질 수도 있었다. 하지만 고객들에게 보낸 두 번째 메모, '1사분기 실적'(1991년 4월)에서 불특정한 몇 가지 이유로 처음으로 감정/심리의 '시계추' 개념을 소개했다. 그리고 그 이후로 26년 동안 이 개념을 멀리할 이유를 찾지 못했기 때문에 이곳에서도 계속 사용할 것이다.

시계추 개념을 소개하기 위해, 1991년에 쓴 메모를 인용하겠다.

주식시장의 심리적 변동은 시계추의 움직임과 비슷하다. 시계추가 움직이며 그리는 아치의 중간지점은 시계추의 위치를 '평균적으로' 가장 잘 설명하지만, 실제로 시계추가 그곳에 머무는 시간은 아주 짧다. 시계추는 늘 아치의 극단을 향해 움직이거나 극단으로부터 멀어진다. 다만 극단에 가까워질 때마다, 머지않아 다시 중간지점으로 되돌아올 수밖에 없게 된다. 사실 되돌림에 필요한 에너지를 공급하는 것은 한쪽 극단을 향한 움직임 그 자체이다.

투자시장도 다음의 범위에서 시계추 같은 동일한 움직임을 만들어낸다.

- 도취감euphoria과 침체depression 사이
- 긍정적인 발전을 축하하는 것과 부정적인 것에 집착하는 것 사이, 그러므로
- 너무 비싸지는 것과 너무 싸지는 것 사이

이러한 움직임은 투자 세계에서 가장 신뢰할 수 있는 특징 중 하나이며, 투자자의 심리는 '중도'보다 양극단에서 훨씬 많은 시간을 보내는 것 같다.

나는 '문제가 없다'(2007년 7월)라는 메모에서 이 주제에 대해 또다시 썼다. 새로운 관찰을 계속 하기 전에, 시계추의 움직임이 나타나는 여섯 가지 추가적인 요소들을 정리했다.

- 탐욕과 공포 사이
- 낙관론과 비관론 사이
- 위험수용과 위험회피 사이
- 신뢰와 회의 사이
- 미래 가치에 대한 믿음과 현재의 명확한 가치에 대한 주장 사이
- 매수하려는 조급함과 매도하려는 패닉 사이

위에서 말한 양극성이 서로 연관되어 있는 정도가 특히 흥미롭다. 시장이 한동안 강하게 상승할 경우, 우리는 항상 위에 나열한

요소 중 앞의 것을 모두 확인할 수 있다. 반면 시장이 하락하고 있을 때는 두 번째로 나열한 모든 요소들을 볼 수 있다. 각각의 구성 요소들이 다음 사건을 발생시키며 인과관계를 가지고 연관되어 있다는 점을 고려하면 두 세트가 조합된 모습을 보기란 매우 힘들다.

당시 내가 시계추에 관해 쓴 내용 중 많은 부분이 제1장에서 사이클에 관해 쓴 내용과 바로 일치한다. 사이클은 어느 극단을 향해 움직이다, 넘어설 수 없는 극단에 도달한 뒤, 모멘텀의 역전에 힘입어 다시 중간지점을 향해 되돌아간다. 시계추 또한 평균 또는 중간지점을 향해 회귀하는 경향이 있다고 말할 수 있지만, 대부분의 사이클처럼 대개 오버슈팅하고, 온 곳의 반대쪽 극단을 향해 계속 움직인다.

시계추의 움직임은 왜 중요한가? 본질적으로 이 책에서 다루고 있는 사이클의 지나친 상승 및 하락의 움직임은 주로 심리적 과도한 반응에서 비롯된다.

- 경제 생산량 및 기업 이익 증가율이 완만한 추세를 이루며, 참가자들의 경기순응적pro-cyclical인 결정으로 (침체에서 회복하는 시기 외에) 성장이 비정상적으로 빨라진다면, 이것은 대개 하락이 뒤따르는 지나친 낙관주의적 팽창이 일어나고 있는 것이다.
- 주식은 장기적으로 배당금에 기업 이익의 성장 추세를 더한 수

준 또는 한 자릿수 중후반대의 수익률을 제공하는 것이 합리적이다. 얼마 동안 수익률이 이 수준보다 훨씬 높다면, 수익률이 지나쳤다는 것, 미래에서 수익률을 빌려와 주식이 위험한 상태가 되었다는 사실을 증명하고 있을 가능성이 높다. 즉 하향 조정이 알맞은 시기라는 의미이다.

비즈니스, 금융, 마켓 사이클의 상승세에서 나타나는 대부분의 과도한 움직임과 필연적인 하락 반응에서 나타나기 쉬운 오버슈팅은 모두 심리라는 시계추가 과장되게 움직인 결과이다. 따라서 과도한 움직임을 이해하고 경계를 늦추지 않는 것은 사이클의 극단에서 피해를 피하고, 바라건대 이익을 얻기 위한 초보적인 요건이다.

성장과 가치 상승의 측면에서 정상이란 어떤 의미에서 '옳다', '건강하다'는 것이다. 시장 참가자들이 더 많은 수익을 얻으리라는 헛된 기대를 품고 결국 하락이 일어날 상황을 만드는 대신 정상을 기준으로 행동한다면 세상은 더 안정적이고, 덜 격렬하며, 오류 발생이 적은 곳이 될 것이다. 하지만 세상은 그런 식으로 움직이지 않는다.

나는 '중도'라는 메모에서 기준의 적용 불가능성에 대해 썼다(2004년 7월, 현재는 2016년까지 최신 자료가 수집됐다).

종합해보면 사고방식과 행동의 변화가 합쳐져 주식시장을 궁극의 시계추로 만든다. 1970년부터 시작해서 내가 투자업계에 몸담은 47년 동안 S&P500지수의 연간 수익률은 플러스 37퍼센트에서 마이너스 37퍼센트까지 흔들렸다. 좋은 해와 나쁜 해를 평균

내보면 장기 수익률은 보통 10퍼센트 정도였다. 모두가 그 일반적인 성과에 만족해왔고 비슷한 성과를 내도 좋아했을 것이다.

하지만 흔들리는 시계추는 '평균적으로'는 중간지점에 있지만 실제로는 그곳에 거의 머물러 있지 않는다. 금융시장의 성과도 마찬가지다. 여기 재미있는 질문이 있다(그리고 좋은 예시이기도 하다). 1970년부터 2016년까지 47년 동안 S&P500의 연간 수익률이 '정상'의 2퍼센트 내외였던 적, 즉 8퍼센트에서 12퍼센트 사이였던 적이 얼마나 있었을까?

'그리 많지 않다'가 답일 거라고 예상은 했지만 실제로 딱 3번뿐이었다는 것을 알고 깜짝 놀랐다! 전체 기간의 4분의 1 이상, 즉 47년 중 13년에서 수익률은 '정상'에서 20퍼센트 포인트 이상 떨어져 30퍼센트 이상 올랐거나 10퍼센트 이상 떨어졌다. 따라서 주식시장의 성과에 대해 전적으로 확신을 가지고 말할 수 있는 한 가지는 평균이 확실한 기준이 아니라는 사실이다. 이런 수준의 시장 변동은 기업, 산업, 경제의 운이 변했다는 것만으로는 완전히 설명되지 않는다. 투자자들의 분위기 변화에 크게 기인하는 것이다.

마지막으로, 수익률이 극단적일 때는 여러 해에 무작위로 분산되어 있지 않다. 오히려 투자자들의 심리적 움직임이 얼마간 지속되는 경향이 있기 때문에 군집해서 일어난다. 허브 스타인Herb Stein의 말을 환언하면, 멈출 때까지 계속되는 것이다. 13번의 지나친 상승 또는 하락은 대부분 같은 방향에서 이와 비슷한 지나친 성과가 나타난 후 1~2년 내에 나타났다.

움직이는 시계추의 예를 드는 건 어떨까?

유명한 시장 격언 중 "시장은 탐욕과 공포 사이에서 움직인다."는 말이 있다. 여기에는 근본적인 이유가 있다. 바로 사람들이 탐욕과 공포 사이에서 흔들리기 때문이다. 다시 말해서, 사람들이 긍정적인 기분을 갖고 좋은 일들을 기대하는 때가 있다. 이런 경우 사람들은 탐욕스럽게 변해 돈 버는 것에 집중한다. 탐욕은 투자 경쟁을 유발하며 사람들은 호가를 불러 시장을 상승시키고, 자산가격을 높인다.

하지만 또 다른 때에는 사람들의 기분도 좋지 않고 기대는 부정적으로 변한다. 이런 경우 두려움이 자리를 채운다. 돈을 버는 것에 열광하기보다는 돈을 잃을까봐 걱정한다. 이로 인해 구매가 위축되고, 자산 가격 아래로 상승 추진력이 사라지며, 가격을 낮춰서 매도할 수도 있다. '공포 모드'에 있을 때, 사람들의 감정은 시장의 매도자에게 부정적인 영향을 미친다.

다음은 '중도'(2004년 7월)에서 탐욕과 공포 사이를 오가는 움직임에 대해 논의한 내용 중 일부이다.

> 내가 신참 분석가였을 때, 우리는 늘 "주식시장은 탐욕과 공포에 의해 좌우된다."는 말을 들었다. 시장 환경이 건전한 균형을 이루고 있을 때, 돈을 벌려고 하는 낙관론자들과 손실을 피하려는 비관론자들 사이에 줄다리기가 벌어진다. 전자는 어제 종가보다 약간 높은 가격을 지불하더라도 주식을 사고 싶어 하고, 후자는 전날 종가보다 싼 가격이라도 주식을 팔고 싶어 한다.
>
> 시장이 특별히 변하지 않을 때는 이 줄다리기의 이면에 있는

정서가 고르게 나뉘어 있고, 밧줄 양 끝에 있는 사람들 혹은 그들의 감정이 거의 비슷한 무게로 밧줄을 당긴다. 잠시 동안은 낙관론자들이 이길 수 있겠지만, 호가가 올라 주가가 더 높아지면 비관론자들이 동요해 주식을 매도한다. …

하지만 얼마 되지 않아 나는 시장이 종종 탐욕이나 공포에 의해 움직인다는 것을 깨닫게 되었다. 진짜 중요한 시기가 오면 많은 사람들이 밧줄의 한쪽 끝을 떠나 다른 쪽으로 간다. 탐욕 때문이든 공포 때문이든 그들은 시장을 극적으로 움직인다. 예를 들어 탐욕만 있고 두려움이 없다면 모두가 사고만 싶어 하지, 팔고 싶어 하는 사람은 없을 것이다. 가격이 오르면 안 되는 이유에 대해 생각할 수 있는 사람도 거의 없을 것이다. 그래서 그들은 종종 분명한 속도 조절기도 없이 이렇게 한다.

이것이 1999년 기술주에서 일어났던 일이다. 탐욕이 시장의 지배적인 특징이었다. 참가하지 않는 사람들은 다른 이들이 부자가 되는 모습을 지켜봐야만 했다. 이런 '신중한 투자자'들은 그저 바보가 된 기분을 맛봐야 했다. 반면 시장을 움직이는 매수자들은 두려움을 느끼지 않았다. "새로운 패러다임이다. 배를 놓치기 전에 올라타라. 시장은 언제나 효율적이기 때문에 내가 산 가격이 정도를 넘어섰을 리가 없다."는 것이 슬로건이었다. 모든 이들이 기술주가 끝없이 계속 상승할 거라고 생각했다.

하지만 결국 무엇인가가 바뀐다. 장애물이 나타나거나, 유명한 회사가 문제를 보고하거나, 외생적 요인이 끼어든다. 가격 또한 스스로의 무게 때문에 또는 뚜렷한 이유 없는 심리적 하락 때문에 떨어질 수 있다. 내가 아는 그 누구도 2000년에 기술주 거품을 터뜨린 것이 정확히 무엇이었는지 말하지 못한다. 하지만 어쨌든 탐욕은 사라지고 두려움이 엄습해왔다. "놓치기 전에 사라."는 말은 "0이 되기 전에 팔라."는 말로 바뀌었다.

두려움이 지배력을 행사하게 된다. 사람들은 이제 기회를 놓칠까봐 걱정하지 않는다. 돈을 잃을까봐 걱정한다. 비이성적인 풍요는 지나친 경계심으로 대체된다. 1999년에는 허황된 꿈 같은 10년 전망들이 열렬히 받아들여졌지만, 2002년에 기업 스캔들로 혼이 난 투자자들은 "다시는 경영진을 믿지 않겠다."며, "어떤 재무제표가 정확한지 어떻게 확신할 수 있겠느냐?"고 말했다. 따라서 아무도 스캔들 의혹을 받는 회사의 채권을 사고 싶어 하지 않았고, 이 채권들은 헐값으로 떨어졌다. 2003년 부실채권이 보여준 바와 같이 가장 큰 투자수익은 공포와 탐욕으로 이루어진 사이클의 극단에서 생긴다.

'탐욕과 공포'는 투자자들이 따라 움직이는 가장 명백한 심리적 또는 감정적 흐름이며, 많은 면에서 현상을 가장 잘 설명한다. 다른 중요한 감정적 혹은 심리적 변화는 무엇인가? 다른 감정의 변화도 대부분 탐욕과 공포의 시계추와 어느 정도 비슷한 방식으로 작동하며 이것은 우연이 아니다. 다양한 매개 변수들은 서로 연관되어 있다. 여기 몇 가지 사례가 있다.

탐욕과 공포를 오가는 움직임의 기저를 이루는 것은 도취감과 침체 사이의 움직임이다. 예를 들어, 앞서 설명했듯이 긍정적인 사건이 탐욕을 야기하는 것은 그리 단순한 과정이 아닐 수도 있다. 긍정적인 사건들은 도취감을 조장하고 탐욕을 부추긴다(부정적인 사건도 침체와 공포에 있어서 마찬가지이다). 도취감과 침체는 그에 뒤따르는 행동을 유발시킨다.

도취된 투자자들은 현재의 사건들과 미래에 일어날 일들에 대해 흥분해서 이익에 대한 집착과 기대를 부풀리게 된다. 반면에, 침체된 투자자들은 탐욕을 가질 만큼 긍정적으로 느끼지 않을 것이다. 이런 점을 생각해본다면 도취감은 공포와 모순되며, 침체감은 탐욕과 모순된다.

비슷한 맥락에서 투자자들은 낙관론과 비관론 사이를 오간다. 일반적으로 긍정적인 사건은 더 많은 긍정적인 사건과 긍정적인 결과에 대한 기대를 불러일으킨다. 낙관론이라고 더 잘 알려진 상태이다. 낙관론은 탐욕의 기저를 이룬다. 사람들의 기대가 부정적일 때 탐욕스럽게 투자를 추진하리라고 생각하는 것은 이치에 맞지 않는다. 분명 낙관론과 비관론은 다른 감정들을 조장하며 행동에 영향을 미친다.

—⁓—

내가 다루고 싶은 다음 현상은 신뢰와 회의, 미래의 이익 가능성에 대한 도취와 현재의 자산가치에 대한 고집 사이에서 변동하는 투자자들의 경향이다.

전 세계가 문제없이 잘 굴러가고 자산가격이 상승할 때 투자자들은 미래 사건에 대한 호의적인 이야기들을 기꺼이 받아들이고, 가격이 오른 자산을 매수하며, 높아진 위험을 짊어진다. 그러나 상황이 나빠지면 합리적인 예측조차 거절하고, 매수를 줄일 가능성이 더 높아진다.

가격이 떨어졌기 때문이다(비록 자산이 싸질 가능성이 높아진다 해도).

　　당해 수익과 이후 성장을 계량화하기 위해 열심히 노력하는 투자자들이 있다. 어떤 투자자들은 부동산, 지적 재산권 및 사업상 우위를 평가하기 위해 애쓴다(그리고 다른 사람들이 이런 것들에 대해 얼마를 지불할지 예측한다). 또 다른 투자자들은 합병과 인수, 대차대조표 재구성, 주식공개 상장에 함축된 가치를 추정하려고 한다. 이런 점에서, 투자업계에 종사하는 사람들은 미래를 예측하고 가치를 평가하는 일을 한다.

　　한 가지 예를 들어보겠다. 2000~01년에 우리 회사의 부실채권 펀드는 파산한 여러 통신 회사에 몇억 달러를 투자했다. 각각의 경우에 매수 가격은 개폐장치나 광섬유 케이블과 같은 유형 자산에 투자된 금액의 일부분에 해당하는 가치를 내포하고 있었다. 만약 우리가 지불했던 것보다 더 높은 가격으로 장비를 재판매할 수 있다면 투자는 수익을 낼 것이었다.

　　1차 판매는 잘 되었고, 우리는 투자금의 50퍼센트를 빠르게 회수했다. 하지만 얼마 지나지 않아 사람들이 더 이상 자산 입찰에 참여하지 않았다. 우리가 첫 번째 회사를 매각한 당사자는 싸게 거래했다고 생각했지만, 이후의 잠재 구매자들은 자산이 심각한 공급 과잉 상태라는 것이 밝혀지면서 입찰을 피했다. 그리고 이것이 나의 요점이다. 1999년에 투자자들은 통신회사들의 미래에 대한 장밋빛 예측을 액면 그대로 받아들였고, 그 가능성에 기꺼이 돈을 지불하려 했다. 하지만 2001년이 되자 투자자들은 그

가능성이 대체로 공허한 것임을 확인하고 한 푼도 지불하려고 하지 않았다. 업계의 생산능력이 현재 수요를 엄청나게 초과했으며, 그 초과분이 그들의 살아생전에 흡수될 거라고 아무도 생각하지 않았기 때문이다. 미래의 가치를 생각하는 투자자들 태도의 사이클은 존재하는 가장 강력한 사이클 중 하나이다.

나는 부동산과 관련된 간단한 비유를 통해 이 현상을 이해할 수 있었다. 빈 건물이 무슨 가치가 있을까? 빈 건물은 (a) 물론 대체 가치가 있지만 (b) 수익도 없고, (c) 세금, 보험, 최소한의 유지보수비, 이자 지급, 기회비용의 형태로 소유에 돈이 든다. 다시 말해서, 현금이 유출된다. 투자자들이 비관적이고 몇 년 이상을 내다볼 수 없을 때, 그들에게는 부정적인 현금 흐름만 떠오를 뿐 건물을 임대해서 수익을 낼 수 있을 거라고 상상하지 못한다. 그러나 분위기가 상승세로 돌아서고 미래의 잠재력에 대한 관심이 높아지면 투자자들은 건물이 세입자들로 가득 차서 막대한 현금을 쏟아낼 것을 상상하고, 비싼 가격에도 매수하려는 수요가 있을 것이다.

가능한 미래의 사건에 가치를 부여하려는 투자자들의 의지 변화는 사이클에 변화를 가져온다. 그 움직임은 엄청나게 강력하며 과소평가해서는 안 될 것이다. ('중도' 2004년 7월)

─〰〰─

뛰어난 투자자는 성숙하고, 합리적이며, 분석적이고, 객관적이며, 감정적이지 않다. 따라서 그는 투자 펀더멘털과 환경을 철저히 분석한다.

그는 잠재적 투자자산 각각의 내재가치를 계산한다. 그래서 현재 가격이 내재가치보다 싸고, 미래에 내재가치가 증가할 가능성이 있을 때 매수한다. 이 두 가지 조건이 함께 현재 가격에서 매수하는 것이 현명하다는 신호를 보낸다.

뛰어난 투자자는 이상의 현명한 행동을 하기 위해 공포(위험회피, 손실회피, 불확실성과 무작위성 중시의 약칭)와 탐욕(열망, 공격성, 욕심으로 알려짐) 사이의 적절한 균형을 맞춘다. 모든 사람들이 감정을 느끼지만, 뛰어난 투자자는 이렇게 상충하는 요소들 사이에 균형을 유지한다. 상쇄되는 두 힘은 책임감 있고 현명하며 안정적인 행동으로 이어진다.

다음은 중요한 요점이다.

- 항상 안정적이고 냉정한 사람은 거의 없다.
- 이런 이유로 어떤 긍정적인 사건이 발생했을 때 탐욕과 공포가 균형을 이루는 중간 입장을 취하고 그곳에 머무를 수 있는 투자자는 드물다.
- 반대로 대부분의 투자자들은 낙관적일 때는 탐욕스럽고, 비관적일 때는 공포심에 사로잡혀 그 사이를 오간다.
- 대부분은 잘못된 시기에 위치를 이동한다. 긍정적인 사건이 발생해서 가격이 오른 이후 더 탐욕을 가지고, 부정적인 사건이 가격을 떨어뜨린 이후 공포를 키운다.

다음은 '소파에서'(2016년 1월)라는 메모에서 심리적 움직임에 대해 쓴 내용이다.

비객관적이고, 비합리적 별난 일들이 흔히 행동에 여러 가지 영향을 미친다. 2015년 5월 15일, 리처드 탈러Richard Thaler 교수의 책《똑똑한 사람들의 멍청한 선택》Misbehaving: The Making of Behavioral Economics(2015)에 대해 〈월스트리트 저널 리뷰〉에서 캐럴 태브리스Carol Tavris는 이렇게 지적했다.

> 사회 심리학자로서 나는 오랫동안 경제학자들과 '합리적인 인간'에 대한 그들의 이상하고 망상적인 생각에 흥미를 느껴왔다. 합리적인 인간? 대체 이 사람들은 어디에 살고 있는가? 심지어 50년 전에도, 실험적인 연구들은 사람들이 잘못된 결정을 바꾸기보다 명백히 틀린 결정을 그대로 유지하고, 이미 많은 돈을 낭비한 데다 돈을 더 쓰며, 실패한 예측을 틀렸다고 인정하지 않고 오히려 정당화하며, 자신의 믿음을 반박하는 정보를 부정하거나 왜곡하고, 또는 적극적으로 거부한다는 사실을 입증해왔다.

사건과 사건의 중요성, 잠재적인 영향을 이해하기 어려운 이유는 투자자들의 정신적 불완전함에서 비롯된다. 이것은 투자자 반응의 원인이 되고, 반응을 악화시키기도 한다. 따라서 투자자들은 균형 있고 객관적인 접근법을 취하기보다 단순히 긍정적인 것들이나 부정적인 것들을 훨씬 더 자주 강조하는 경향이 있다. 그리고 긍정적으로 해석되는 좋은 소식이 가격을 상승시켰을 때 낙관적으로 되기 쉽고, 매수를 열망하는 경향이 있다. … 그 반대도 마찬가지이다. 이 모든 것은 (특히 되돌아서 생각해보면) 분명하다. 그러므로 이런 현상을 이해하고 잘 다룬다면 결과를 향상시킬 수 있는 방법을 찾을 수 있을 것이다.

심리는 변하고, 대부분 사람들의 행동도 심리 변화와 함께 달라진다는 것이 기본적인 핵심이다. 탐욕과 공포 사이의 변화는 심리라는 시계추의 전형적인 움직임이다. 사실 이것은 투자자 대부분의 행동만이 아니라 전체 시장의 움직임을 설명한다. 사건이 긍정적이고 기대가 커지면 시장은 상승하고, 사건이 부정적이고 공포가 확산되면 하락한다.

시계추는 그것이 그리는 아치의 중간지점에서 아주 짧은 시간만 머문다. 그리고 오히려 어느 극단을 향해 움직인다. 먼저 한쪽의 심리적 극단(지나치게 높은 곳일 수도 있고, 너무 낮은 곳일 수도 있다)에서 회복하고, 그다음 다른 쪽 극단을 향해 계속 움직인다.

뛰어난 투자자는 심리적 과도한 반응에 부정적이기 때문에 이러한 변동에 참여하지 않는다. 내가 알고 있는 다수의 아주 뛰어난 투자자들은 천성이 감정적이지 않다. 사실 나는 그들의 냉정한 본성이 그들이 성공할 수 있었던 큰 이유 중 하나라고 믿는다.

뛰어난 투자자의 본성은 내가 가장 집요하게 관찰해온 문제 가운데 하나이고, 이와 관련해서 가장 자주 듣는 질문은 냉정함을 배울 수 있느냐는 것이다. 나의 대답은 '그렇기도 하고 아니기도 하다'이다. 나는 사람들이 가능한 한 감정의 영향을 세심하게 살피고 그 영향을 억누를 수 있다고 생각한다. 물론 선천적으로 감정에 휘둘리지 않는 사람들이 훨씬 더 쉽게 이렇게 할 수 있을 것이다. 감정의 절제는 재능이다(투자에서는 말이다. 결혼생활과 같은 다른 영역에서는 아닐 수도 있다). 감정적인 사람들이 좋은 투자자가 될 수 없다는 말은 아니지만, 그들에게는 상당한 자기 인식과 자제력이 필요할 것이다.

—\\\\\—

지금까지 설명한 다양한 감정 변화의 상호 관련성 외에 이러한 현상들의 인과적 성격에도 주목해야 한다. 긍정적인 사건이 도취감을 낳고, 도취감이 낙관주의를 낳으며, 낙관주의는 탐욕을 높이고, 이러한 모든 요소들은 투자자들의 상황 인식을 장밋빛과 흙빛 사이에서 오가게 한다. 사건에 대한 투자자들의 인식은 다양한 감정적, 심리적 궤적을 따르는 그들의 움직임에 의해 채색된다. 그리고 이렇게 채색된 인식은 더 많은 도취감, 낙관주의, 탐욕을 만들며 피드백을 일으킨다.

다음은 '소파에서'(2016년 1월)라는 메모에 쓴 내용이다.

투자자들이 적절한 결론에 도달하지 못하는 가장 중요한 요인 중 하나는 객관성보다 감정의 흐름으로 세상을 평가하는 경향 때문이다. 실패는 선택적 인식과 편향된 이해라는 두 가지 주요한 형태로 나타난다. 투자자들은 긍정적인 사건만 주목하고 부정적인 사건은 아예 무시하기도 하며 그 반대의 경우도 있다. 또 사건을 긍정적인 시각으로 보는 때가 있는가 하면, 부정적인 시각으로 보는 때도 있다. 그들의 인식과 이해가 균형을 이루고 중립적인 경우는 드물다.

2015년 8월, 중국에서 일어난 사건 이후로, 나는 반복적으로 내 파일에서 가장 오래됐지만 여전히 가장 훌륭한 만화 하나를 떠올린다.

"어제 시장에 좋았던 모든 것들이 오늘은 그렇지 않다."

결론은 투자자 심리가 긍정적인 사건과 부정적인 사건 모두에 똑같은 비중을 두는 경우가 거의 없다는 것이다. 마찬가지로 사건에 대한 투자자의 해석은 보통 그 순간 일어나고 있는 일에 대한 그들의 감정적 반응에 의해 편향된다. 대부분의 사건은 유익한 측면과 해로운 측면을 모두 가지고 있다. 하지만 보통 투자자들은 둘 다를 고려하기보다 둘 중 하나에 집착한다. 그리고 이것은 또 다른 고전 만화를 생각나게 한다.

"오늘 월스트리트에서는 금리 인하 소식이 주식시장을 상승시켰지만, 금리 인하로 인플레이션이 발생하리라는 예상이 나와 시장은 다시 하락했습니다. 그러나 금리 인하로 부진한 경기가 살아날 수도 있다는 인식이 다시 시장을 상승시켰고, 이에 경제가 과열되어 금리를 더 높일 수도 있다는 우려가 제기돼 시장은 결국 하락했습니다." BobMankoff.com

투자자들이 객관적이고, 합리적이며, 중립적이고, 안정적인 포지션을 유지하는 경우는 거의 없는 것 같다. 그들은 높은 수준의 낙관주의, 탐욕, 위험수용, 신뢰를 보이며, 결과적으로 자산가격을 상승시키고, 잠재수익률을 하락시키며, 리스크를 높인다. 하지만 이후에 어떤 이유로, 아마도 티핑 포인트에 도달하게 되면 투자자들의 심리는 비관주의, 공포, 위험회피, 회의주의로 바뀌어 결국 자산가격을 떨어뜨리고, 잠재수익률을 높이며, 리스크를 줄인다. 특히 일련의 현상들은 동시에 일어나는 경향이 있고, 한쪽 극단에서 다른 극단으로의 움직임은 종종 필요 이상으로 나아간다.

이것은 정상이 아니다. 현실 세계에서 일반적인 일들은 보통 '꽤 좋은 것'과 '그렇게 좋지는 않은 것' 사이에서 변동한다. 하지만 투자의 세계에서 인식은 종종 '결함 없는 것'에서 '희망 없는 것'으로 움직인다. 시계추는 한쪽 극단에서 다른 쪽 극단으로 달리고, '중도'에 머무르는 일이 거의 없다. 더 정확히 말하자면 합리성의 범위 안에 머무르는 일이 거의 없다. 처음에는 부정하고, 그다음에는 항복한다.

세상은 긍정적이고 부정적인 사건들로 가득하고, 대부분의 날에 우리는 그 각각의 사건들을 본다. 발생하는 사건들 중 일부는 장점과 단점이 모두 있어 긍정적인 해석과 부정적인 해석이 가능해 모호하다.

두 번째 만화의 예를 들어 보자. 낮은 이자율은 사업 활동을 촉진하고 미래 현금 흐름의 할인된 현재 가치를 증가시키기 때문에 긍정적이다. 하지만 한편으로는 낮은 이자율 때문에 사업 활동이 더 왕성해져 인플레이션이 일어날 수 있고 따라서 중앙은행에 금리를 올려야 한다는 신호를 보내 경제의 활력을 없애므로 부정적이다. 물론 사건에 대한 해석이 이 만화에서처럼 하루에 몇 번씩 극단 사이를 움직이지는 않을 것이다. 하지만 과도하게 변동하며 급회전할 수도 있다.

몇 년 전 내 친구 존 브룩스는 투자업계에서의 왜곡된 해석을 보여주는 훌륭한 실례를 알려줬다. 다음은 투자자들이 삶에 만족할 때(일반적으로 시장이 상승해왔을 때) 사건에 반응하는 방식이다.

- **강력한 지표**: 경제 강화 — 주가 반등
- **저조한 지표**: 연방준비제도이사회가 완화시킬 가능성이 높음 — 주가 반등

- 예상과 같은 지표: 낮은 변동성 — 주가 반등

- 은행들이 40억 달러를 벌었다: 사업 여건이 우호적 — 주가 반등
- 은행이 40억 달러를 잃었다: 나쁜 뉴스가 제거됨 — 주가 반등

- 석유 가격 급등: 수요에 기여하며 세계 경제 성장 — 주가 반등
- 석유 가격 하락: 소비자의 구매력 증가 — 주가 반등

- 달러 가치 급락: 수출업자에게 긍정적 — 주가 반등
- 달러 가치 상승: 해외 수입업체에 긍정적 — 주가 반등

- 인플레이션 급등: 자산가치 상승 초래 — 주가 반등
- 인플레이션 하락: 수익의 질 향상 — 주가 반등

물론 같은 행동은 반대 방향으로도 적용된다. 심리가 부정적이고 시장이 한동안 하락해왔을 때, 모든 것은 부정적으로 해석될 수 있다. 강력한 경제 지표는 연방준비제도이사회가 금리 인상을 통해 경제의 활력을 제거할 가능성이 높아 보이며, 저조한 지표는 기업들이 수익 전망을 충족시키는 데 문제가 있을 것으로 해석할 수 있다. 다시 말하자면 지표나 사건이 문제가 아니다. 해석이 문제다. 그리고 해석은 심리 변화에 따라 변한다.

시계추 같은 움직임의 최극단에서 심리 변화의 과정은 선순환이나 악순환의 모습으로 진행되기도 한다. 대체로 긍정적인 사건들이 일어

나고 심리가 장밋빛일 때, 부정적인 사건은 간과되는 경향이 있으며, 모든 것이 유리하게 해석되고, 상황은 나빠질 리 없다고 생각된다. 향후 발전에 대한 기대를 뒷받침하는 논리는 거부할 수 없어 보인다. 과거의 제약과 규범은 무시되거나 합리화되며, 긍정적인 미래에 한계가 있다고 생각하는 사람은 상상력이 부족한 늙은 세대로 치부된다. 이익에 대한 가능성이 무한하다고 여겨진다. 더 많은 낙관론을 조장하며 자산가격이 상승한다.

한편 몇 달 혹은 몇 년 동안 상황이 악화되어왔고 심리는 매우 부정적일 경우, 개선에 대한 가능성은 잊힐 수 있다. 불쾌한 사건들이 강조되고 긍정적인 사건들은 무시된다. 악화된 상황은 견고해 보이고, 그것이 틀렸을지도 모른다는 생각은 할 수 없으며, 이제는 하락세가 끝날 것 같아 보이지 않는다. 가격이 떨어져 비관론이 더욱 심화된다.

선순환과 악순환은 모두 비현실적으로 과장됐다. 사람들은 과거에도 여러 차례 선순환과 악순환에 대해 생각해왔지만 증명할 수 없었다. 하지만 그렇다고 해서 낙관론이나 비관론이 걷잡을 수 없이 퍼져 있을 때 대부분의 사람들이 이에 저항할 수 있는 것은 아니다.

다시 말해 외부 영향에 흔들리지 않고, 감정적으로 균형을 유지하며, 합리적으로 행동하는 우수한 투자자는 긍정적인 사건과 부정적인 사건을 모두 인식하고 사건을 객관적으로 저울질하고 냉정하게 분석한다. 그러나 도취감과 낙관주의는 때로 대부분의 투자자들이 사건을 타당한 것 이상으로 긍정적으로 보게 하고, 침체와 비관주의는 사람들이 사건을 나쁘게만 보며 부정적인 자세로 해석하게 한다. 그렇게 하지 않는 것이 성공적인 투자의 비결 중 하나이다.

상승세가 세력을 떨치기 위해서는 탐욕, 낙관주의, 윤택함, 자신감, 신뢰, 대담함, 위험수용, 공격성이 투자환경의 특징을 이루어야 한다. 그러나 이러한 특성들이 시장을 영원히 지배하는 것은 아니다. 이들은 결국 공포, 비관주의, 신중함, 불확실성, 회의주의, 경계, 위험회피, 조심스러움으로 바뀔 것이다.… 불황은 호황의 산물이고, 나는 특정한 사건이 조정을 일으킨다기보다는 앞선 호황의 과도함 때문에 불황이 생긴다고 보는 편이 더 정확하다고 확신한다. ('이번엔 또 뭐지?', 2008년 1월)

보통 어떤 한 극단의 특징이 우세할 때, 그 사실은 쉽게 관찰할 수 있으며, 따라서 객관적 관찰자들은 그것이 투자자들에게 미치는 영향을 분명히 알 수 있을 것이다. 물론 어느 극단에서 다른 극단으로의 시계추 같은 시장 움직임은 대부분 시장 참가자들의 심리가 맹목적으로 무리를 따라가는 성향을 가지고 같은 방향으로 움직인다는 단순한 이유로 일어난다.

관련된 사람들 중 실제로 객관적인 사람은 거의 없다. 메모 '모두 알고 있다'(2007년 4월)의 맥락을 이어가기 위해 시장이 열광하는 동안 광범위한 임상 관찰을 기대하는 것은 '모든 사람들이 시장이 너무 지나쳤다는 것을 알고 있다'고 말하는 것만큼 말이 안 된다. 만약 많은 사람들이 너무 지나쳤다는 사실을 인식했다면 이런 상황까지 오지도 않았을 것이다.('만사형통' 2007년 7월)

제8장

위험에 대한 태도의 사이클

합리적인 투자자는 언제나 부지런하고 회의론적이며 적절하게 리스크를 회피함과 동시에 리스크를 상쇄시킬 만큼 잠재수익을 얻을 수 있는 기회를 찾는 사람이다. 이상적인 경우다. 하지만 시장이 좋을 때 대부분의 사람들은 이렇게 말한다. "리스크? 무슨 리스크요? 그렇게 잘못될 일은 없는 것 같은데요. 얼마나 일이 잘 진행됐는지 보세요. 어쨌든 리스크는 우리의 친구죠. 리스크를 더 많이 감수할수록 더 많은 돈을 벌 수 있답니다."

반면 상황이 좋지 않을 때는 이렇게 말한다. "시장에서 돈을 못 벌어도 상관없어요. 더 이상 잃고 싶지 않아요. 여기서 내보내줘!"

지금까지 우리는 사이클에 대해 개괄적으로 살펴보았다. 이제는 투자 업계에서 이야기하는 사이클의 작용에 대해 논의할 것이고, 그에 앞서 뒤따를 논의의 기초를 세우기 위해 투자의 본질에 관해 간단하게 이야기하고자 한다.

투자란 무엇인가? 투자란, 이익을 얻기 위해 리스크를 감수하는 것이라고 보는 견해가 있다. 투자자들은 미래의 사건에서 손해가 아니라 이익을 얻기 위해 포트폴리오를 포지셔닝한다. 뛰어난 투자자는 다른 사람들보다 이를 더 잘하는 사람일 뿐이다.

미래에 무슨 일이 일어날지 알 수 있을까? 어떤 투자자들은 자신이 미래에 일어날 일을 안다고 생각하거나 혹은 아는 것처럼 행동해야 한다고 생각한다. 그렇지 않으면 직장과 고객을 잃을 수 있기 때문이다. 혹은 오랫동안 예측을 통해 이익을 내왔기 때문에 미래에 대한 예측이 맞을 수 있다고 스스로를 세뇌시켰을 수 있다(그리고 과거의 저조한 성공률은 무시하도록 길들여졌다). (내 생각에) 더 똑똑하고 자신을 잘 아는 투자자들은 미래를 확실하게 알 수 없다는 사실을 이해한다. 그들은 미래의 일에 대해 의견을 갖기는 하겠지만 그 의견이 맞으리라고 크게 확신하지 않을 것이다.

(a) 투자는 미래를 다루는 것이지만 (b) 미래를 알 수 없기에 리스크가 발생한다. 미래를 예측할 수 있다면 투자는 쉬워질 것이고 이익은 확실해질 것이다(이 경우 리스크가 거의 없기 때문에 일반적인 수익률은 낮을 것이다. 이 주제는 나중에 다룰 것이다). 하지만 미래는 예측할 수 없고, 이로 인해 리스크가 생긴다. 미래에 실제로 일어나는 일은 예측과 다를 수 있고, 그 일에 대한 투자자의 반응도 기대했던 것과 다를 수 있으며, 포트폴리오는 그 일에 대해 잘못 포지셔닝됐을 수도 있다.

리스크(즉, 불확실한 미래와 좋지 않은 결과의 가능성)는 투자에서 주요한 문제의 원천이므로 리스크를 이해하고 평가하며 처리하는 능력은 뛰어난 투자자의 특징이며, 투자의 성공을 위한 필수(정말 필수라고 말하고 싶다) 요소이다.

투자환경은 시간에 따라 변하지만, 특정 시점은 우리에게 이미 주어진 것이라는 사실을 꼭 기억해야 한다. 우리는 환경을 있는 그대로 받아들여 투자할 수도 있고 또 환경을 받아들이지 않고 멀찌감치 떨어져서 바라볼 수도 있다. 그러나 "현재 환경이 마음에 안 든다. 다른 환경을 달라."고 말하며 제3의 의견을 가질 수는 없다. 좀 더 정확히 말하면 다른 환경을 요구할 수는 있지만 당연히 그런 환경은 오지 않을 것이라는 의미다.

리스크가 투자의 중요한 가변요소라는 관점은 어떤 환경에서 투자자들이 리스크에 대해 어떤 행동을 취하는지가 우리가 속한 투자환경을 형성하는 데 아주 중요하다는 결론으로 이어진다. 그리고 투자환경의 현재 상태는 그 시점에서 리스크에 어떻게 대응해야 하는지를 결정짓는 중요한 열쇠가 된다. 이번 장에서는 리스크에 대한 태도가 사이클의 어디쯤 있는지 가늠해보는 것에 대해 이야기할 것이다. 어쩌면 이 책에서 가장 중요한 부분일지도 모른다.

—⁓—

1967~69년에 시카고경영대학원(부스Booth경영대학원의 이름이 바뀌었다)에 입학할 기회를 얻은 것은 내 평생 가장 큰 행운 중 하나였다. 당시 나는 다른 많은 사람들이 그랬던 것처럼 학부를 졸업하고 대학원에 진학했다. 성공을 향한 가장 효율적인 길이기도 했지만, 베트남 전쟁과 그에 따른 징병을 피할 수 있다는 추가적인 이점도 있었다.

학부 4년 동안 나는 와튼스쿨에서 금융에 관한 실용적이고 실제적이며 양질의 기본 교육을 받았다. 1960년대 초, 시카고경영대학원에서는 그곳에서 발전한 금융과 투자에 대한 새로운 이론을 이제 막 가르치고 있었는데 나는 운 좋게도 바로 그 시기에 공부할 수 있었다. 비이론적이면서도 실용적이었던 와튼스쿨에서의 공부와 완전히 다르게 학문적이고 이론적이었던 대학원 공부는 좋은 짝을 이루었다.

시카고에 도착하자마자 새로운 투자 이론의 기본을 알려주는 그래프를 봤고, 이후 그것은 내 이론의 시작점이 되었다.

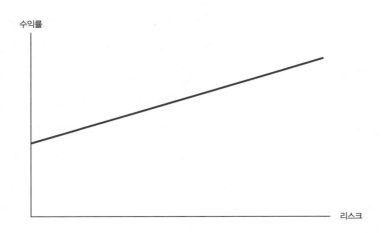

50년 전에 처음 본 이 그래프는 이제는 투자업계에서 아주 흔한 그림이 되었다. 이 그림의 본질은 증가하는 선형관계를 나타낸다는 것, 리스크와 수익률 사이에는 긍정적인 관계가 있다는 것이다. 내 생각에 이 그래프는 대개 '위험한 자산일수록 더 높은 수익률을 낼 수 있다', 그러므로 '돈을 더 많이 벌고 싶다면 더 많은 위험을 감수하는 것이 답이다'라고 잘못 해석되는 것 같다. 그러나 이런 해석은 틀렸다. 더 위험한 자산이 더 높은 수익률을 가져온다고 확신할 수 있다면, 이 자산은 처음부터 더 위험하지 않은 것이기 때문이다.

위 그래프에 제시된 리스크와 수익률 사이의 관계는 모든 위험수준에는 수익률의 잠재적 결과 범위가 있다는 사실을 무시하며, 관계의 신뢰도를 과장한다. 그래서 사람들은 더 위험한 투자가 더 높은 수익률을 낸다고 말하는 것이다. 나는 이 그래프를 '더 위험해 보이는 투자는 더 높은 수익률을 약속하는 것처럼 보여야 한다. 그렇지 않으면 아무도 거기에 투자하지 않을 것이다'라고 해석해야 한다고 생각한다. '보인다'seem, appear는 말을 사용하는 까닭은 리스크와 잠재수익률은 오직 추정이 가능할 뿐이기 때문이다. 투자의 세계는 기계처럼 작동하지 않는다. 이 말은 투자에 대해 논의할 때 아주 적절하게 사용할 수 있다.

리스크 및 리스크/수익률과 같은 개념을 즉각적으로 '받아들이는' 사람들은 대개 뛰어난 투자자가 되는 데 필요한 직관을 지니고 있다. 여러분이 앞의 그래프에 대한 내 해석의 이유들을 즉각적으로 그리고 분명히 알 수 있기를 바란다.

어느 논리적 투자자가 두 가지 투자를 제안받았다고 해보자. 기대수익률은 두 가지 다 동일한데, 하나는 수익률이 거의 확실하고 다른 하나는 매우 불확실하다. 대부분 사람들은 불확실성보다는 확실성을 선호하기 때문에 우리는 논리적 투자자가 수익률이 확실한 것을 선택할 것이라고 예상할 수 있다. 예를 들어 장기 국채와 첨단기술 관련 스타트업이 둘 다 7퍼센트의 수익률을 올릴 것으로 보인다면 대다수 사람들은 국채를 선택할 것이다. 높은 리스크가 따르는 경우 높은 수익이 예상되지 않는다면 스타트업을 선택할 이유가 있을까?

이것이 핵심이다. 대부분의 사람들은 불확실한 7퍼센트보다 확실한 7퍼센트를 좋아한다. 다시 말해서, 사람들은 대부분 위험을 회피한다. 이것이 '시카고학파'의 기본이 되는 필수 가정이다.

위험회피를 설명하기 위해 나는 대부분의 사람들이 안전을 선호하고 prefer 위험을 비非선호한다고 이야기한다. 사전에서 '비선호한다'disprefer라는 단어를 본 적은 없지만 말이다(이 단어의 타당성을 비판하는 언어학적 의견이 있지만, 나는 이것이 훌륭한 단어라고 생각한다. 존재하지 않지만, 존재해야 한다).

사람들은 일반적으로 리스크를 싫어하고, 그렇기 때문에 높은 리스크를 감수해야 한다면 높은 수익률을 얻어야 한다고 생각한다. 그래서 장기 국채가 단기 국채보다 수익률이 더 높고, 하이일드high yield fund 채권이 투자등급 채권보다 더 높은 수익률을 약속하며, 주식이 보통 채권보다 더 높은 수익률을 돌려줄 것이라 기대하고, 벤처캐피털 투자가 상장주식보다 더 좋은 수익률을 줄 것이라 예상하는 것이다. 나는 여기에서 '일어날 일'이나 '분명히 일어날 것'에 대해서가 아니라 '기대'와 '약속' 또는 '일어날 수 있는 일'이나 '일어나야 할 일'에 대해 말하고 있다. 사람들이 자발적으로 추가적인 위험을 감수하려면 일반적으로 위험이 커지는 것을 감수하는 대신 그만큼 수익률이 높아질 것이라는 기대가 있어야 한다.

위험에 대한 자연스러운 비선호dispreference가 있기 때문에 투자자들이 위험을 감내한다. 더 높은 보상을 받을 수 있다는 가능성 때문이라고 예상하는 것이 합리적이다. 위험회피자들은 넉넉한 보상이 기대될 때만 위험이 따르는 투자를 할 것이다.

위험회피는 투자에서 필수적인 요소이다. 사람들은 손실을 회피하기 때문에 시장을 주시한다. 다음은 사람들이 위험을 싫어하기 때문에 하는 행동이다.

- 투자에 신중하게 접근한다.
- 투자, 특히 위험한 투자를 고려할 때 주의 깊게 분석한다.
- 보수적인 가정을 하고, 일정 부분 회의론적인 시각으로 분석한다.
- 분석 오류와 투자 실패로 인한 불쾌한 경험을 하지 않기 위해 위험한 투자에 대해 더 큰 안전마진margins of safety을 요구한다.
- 위험한 투자를 할 것이라면 건전한 리스크 프리미엄, 즉 더 높은 수익에 대한 기대를 요구한다.
- 이해할 수 없는 거래에 대한 투자를 거부한다.

이상의 행동들은 모두 투자 과정에서 필수적인 부분이다. 위험을 회피하는 투자자들이 이렇게 행동하기 때문에 투자는 합리적인 조건이 제공되는 이성적인 분야라고 할 수 있다. 즉 위험회피는 시장을 안전하고 이성적으로 유지시키는 중요한 요소다.

다만 이것은 어떻게 행동해야 하는지 적어놓은 규범적인 설명일 뿐이다. 뛰어난 투자자는 위와 같이 행동하고, 투자자라면 모두 이렇게 행동해야 한다. 하지만 중요한 사실은 모든 사람들이 이렇게 행동하는 것은 아니며, 모든 투자자들이 항상 위와 같은 행동을 하는 것도 아니라는 것이다.

위험에 대한 태도가 변한다는 것은 확실한 사실 중 하나이고, 바로 그 때문에 투자자들은 투자환경을 바꾸게 된다.

―~―

투자환경은 어떻게 형성되는가? 요컨대 투자환경은 시장에서 일어난 논의의 결과이다. 이러한 논의는 개별 투자자의 의식 안에서 일어나기도 하고 여러 투자자들 사이에서 일어나기도 하며 말이나 행동을 통해 만들어지기도 한다. 다음은 2004년 10월 '오늘날의 리스크와 수익'이라는 글에서 투자환경 조성에 대해 설명한 내용이다.

몇 년 전에 '흔히 볼 수 있었던' 시장을 거론하며 현실에서 투자의 의사결정이 어떻게 진행되는지 알려주겠다. 30일 만기국채의 이자율은 4퍼센트였다. 한 투자자가 이렇게 말한다. "5년물에 투자한다면 4퍼센트는 받아야 한다. 국채 10년물을 산다면 6퍼센트는 받아야 한다." 그는 잔존 만기가 길수록 증가되는 구매력 리스크가 높아질 것을 우려해 만기 정도에 따라 더 높은 금리를 요구한다. 이것이 실제로 자본시장선이 이루는 수익률 곡선이 일반적으로 만기가 길어질수록 함께 상승하는 이유이다.

이제 신용위험을 따져보자. 우리의 가상 투자자는 "국채 10년물 금리가 6퍼센트인데, 10년 만기 A등급 회사채가 7퍼센트를 주지 않는다면 투자하지 않겠다."고 말한다. 이것이 신용 스프레드의 개념이다. 투자자는 '국채'에서 '회사채'로 바꾸려면 회사채의 금리가 1퍼센트는 더 높아야 한다고 생각한다. 투자자들이 이에 동의한다면 스프레드는 이렇게 될 것이다.

투자등급 채권이 아닌 경우는 어떨까? 가상의 투자자는 이렇게 말할 것이다. "비슷한 만기국채보다 6퍼센트 이상 더 받지 못한다면 하이일드 채권에는 손도 대지 않겠어." 따라서 하이일드 채권이 투자자들을 끌어들이려면 국채에 대해 6퍼센트의 스프레드를 갖는 12퍼센트의 이자율을 제공해야 한다.

이제 채권은 여기까지 하자. 어디에서도 주식만큼의 투자수익률을 내는 상품을 찾기 어렵다는 사실을 알면 상황은 더 어려워진다(간단히 말해, 주식의 수익률은 '확정'되어 있지 않고 불확정적이기 때문이다). 하지만 투자자들은 이런 문제에 대해서도 나름의 답이 있다. "역사적으로 S&P 주식들은 10퍼센트의 수익률을 기록했으니, 나는 계속 이 수준을 유지할 것이라고 생각될 때에만 매수하겠다." 따라서 이론적으로 보통의 주식투자자는 주당 순이익, 실적 증가율, 배당 성향을 알아내서 이 값들을 가치평가 모델에 넣고 S&P 주식이 10퍼센트 수익률을 돌려줄 가격을 찾는다(이 과정이 실제로 그렇게 체계적인지는 잘 모르겠지만). "그리고 더 위험한 주식일수록 수익률이 높아야 한다. 13퍼센트의 수익률을 얻기 힘들다면 나스닥 주식에는 투자하지 않겠다."고 이야기한다.

여기에서부터 앞으로 원하는 수익률이 계속 증가한다. "주식으로 10퍼센트 수익을 얻을 수 있다면, 부동산이 가진 비유동성과 불확실성을 감수하는 데는 15퍼센트가 필요하다. 바이아웃buyout(부실기업을 인수한 후 기업 가치를 높인 뒤 되팔아 수익을 챙기는 것—옮긴이)에 뛰어든다면 25퍼센트… 벤처캐피털은 낮은 성공률을 생각했을 때 30퍼센트 수익률은 되어야 한다."

이것이 시장이 작동해야 하는 방식이고, 실제로도 시장은 이렇게 작동하는 것 같다(비록 요구하는 수익률이 늘 같은 것은 아니지만). 그 결과는 다음에 보이는 것처럼 우리 대다수에게 친숙해진 자본시장선이다.

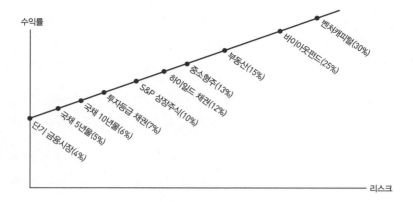

위에서 설명한 과정은 리스크/수익률 그래프, 즉 '자본시장선'을 만들어낸다. 이 과정으로 점점 더 큰 리스크를 수용할수록 예상되는 기대 수익률의 증가분, 즉 '리스크 프리미엄'이 결정되며 리스크에 따른 일반적인 수익률도 정해진다. 합리적인 세상에서는 다음과 같은 결과가 나올 것이다.

- 더 위험해 보이는 투자는 더 높은 수익을 제공하는 것처럼 보이도록 가격이 책정될 것이다.
- 위험이 증가할 때마다 수익이 증가되는 것은 합리적이고 적절한 일이다.
- 일반적으로 기대 수익률은 위험이 증가함에 따라 그에 비례해 일관되게 증가할 것이다(즉 그래프의 한 지점에서 증가하는 위험을 한 단위 수용하는 것은 그래프의 다른 곳에서 증가하는 위험을 비슷한 단위로 수용할 때와 동일한 양의 수익을 가져올 것으로 보인다).
- 따라서 그래프에서 위험수용에 따른 보상이 다른 지점보다 훨

씬 더 많거나, 훨씬 더 적은 특정한 지점(즉, 약속된 위험 조정 수익률이 나머지 수익률보다 월등히 우수한 투자)은 없다.

합리적인 세계에서 이러한 조건들이 왜곡되면 잘못 평가된 자산의 가격이 오르거나 내려갈 때까지 자본이 이동할 것이다. 그리고 결과적으로 다음과 같은 일들이 일어날 것이다.

- 왜곡은 조정될 것이다.
- 모든 투자는 서로 공정한 위험 조정 수익률을 제공할 것이다.
- 투자자는 수용하는 위험의 총량을 증가시켜야만 수익을 증가시킬 수 있다.

투자자들이 늘 이런 방식으로 행동한다면 세상은 모두 동일한 위험 조정 수익률을 제공하는 '효율적인 시장'이 될 것이다. 물론 가격이 늘 제대로 책정되는 것은 아니기 때문에 시장이 항상 이론처럼 움직이는 것은 아니지만, 효율성에 대한 일반적인 이론을 무시하기에는 이 내용은 너무 논리적이다(시장 효율성은 또 다른 중요한 주제이지만, 더 이상 자세히 다루지는 않을 것이다.《투자에 대한 생각》의 제2장과 2014년 1월 메모인 '행운을 얻다'의 후반부를 참조하라).

―〰―

중요한 사실은 위험에 대한 태도의 변화가 여기서 설명한 원칙에 예외를 만들 수 있다는 점이다. 투자자들은 때로는 위험을 지나치게 회피하고 또 때로는 과도하게 위험을 수용한다.

앞 장에서 설명했던 것처럼 긍정적인 사건들이 일어나 도취감, 낙관주의, 탐욕이 커지면 투자자들은 평소보다 위험을 덜 회피하고, 원래 주의를 기울여야 하는 것보다 위험을 덜 피하는 경향이 있다. (157쪽의 투자자 행동 목록과 비교해서) 그 결과는 어떻게 되는가?

- 환경을 긍정적으로 느끼고 결과에 대해 더 낙관적이기 때문에 투자 과정에 주의를 덜 기울인다.
- 더 이상 투자가 위험하다고 생각하지 않으므로 공들여 분석할 필요성을 느끼지 못한다.
- 더 관대한 가정을 하기 쉽고, 회의주의를 믿음으로 바꾼다.
- 안전마진이 감소했어도 기꺼이 투자하려고 한다.
- 위험을 덜 걱정하기 때문에 과거처럼 리스크 프리미엄을 마음 놓고 요구하지 않는다.
- 위험한 투자에 끌리고 리스크에 덜 민감하기 때문에 까다롭게 행동하지 않는다.

그렇기 때문에 다음 장에서도 보겠지만, 가장 부실한 금융행위는 경제와 금융시장이 가장 호황일 때 이루어진다. 호황기에 사람들은 더 낙관적이고, 경계심을 버리며, 위험한 투자임에도 적은 리스크 프리미엄을 받고 만족해한다. 게다가 비관적이지도, 불안해하지도 않기 때문에 리스크/수익률 그래프의 더 안전한 영역에는 관심을 잘 기울이지 않는다. 이런 조건에서 위험자산의 가격은 안전자산에 비해 상승한다.

따라서 어리석은 투자가 나쁜 시기보다 좋은 시기에 이루어진다는 것은 놀랄 일이 아니다. 더 높은 가격으로 위험한 투자에 뛰어든다는 것이 위험을 의식하던 시기보다 예상 리스크 프리미엄이 훨씬 더 적다는 것을 뜻해도, 호황기에는 일어난다.

적절한 리스크 프리미엄에 대한 관심이 줄어들면 자본시장선의 기울기는 편평해진다. 고등학교 수학을 떠올려보면, 그래프에서 선의 기울기는 직선이 수평으로 한 단위씩 변할 때마다 수직으로 이동한 거리이다. 자본시장선의 기울기는 리스크에 대한 수용이 한 단위씩 증가함에 따라 제공되는 잠재수익률의 증가분을 보여준다. 이는 시장에 존재하는 위험회피의 정도를 직접적으로 나타낸다.

위험을 잘 의식하지 않는 시기, 또는 리스크 수용도가 높은 시기에는 리스크 프리미엄에 대한 요구가 감소해 자본시장선의 기울기가 편평해지고, 위험에 대한 보상이 줄어든다.

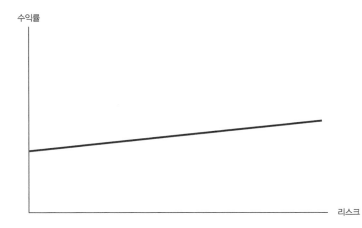

의미상 자본시장선의 기울기가 낮다는 것은 리스크 증가에 비해 수익률 증가폭이 적다는 것이다. 간단히 말해, 위험수용에 대한 보상이 평균 이하라는 뜻이다.

이 모든 것은 직접 관찰로도 알 수 있다. 그 과정은 다음과 같다.

- 긍정적인 사건이 낙관주의를 높인다.
- 낙관주의가 높아지면 사람들의 위험수용도가 높아진다.
- 위험수용도가 높아지면 더 낮은 리스크 프리미엄을 요구한다.
- 요구 되는 리스크 프리미엄이 감소한다는 것은 위험자산에 대한 요구 수익률도 낮아진다는 뜻이다.
- 위험자산에 대한 요구 수익률이 감소해 자산가격이 상승한다.
- 가격이 높아진 자산은 훨씬 더 위험해진다(하지만 가격이 상승하는 주식을 노리는 '모멘텀 투자자'들의 매수를 유도하기도 한다).

위험은 투자자들이 낮다고 느낄 때 높은 것이다. 그리고 위험 보상은 리스크가 최대일 때(즉, 위험 보상이 가장 필요할 때) 가장 작다. 합리적인 투자자는 이 순간 투자를 중단할 것이다.

이 모든 것의 핵심은 리스크가 없다는 믿음이 리스크의 가장 큰 원인이라는 점이다. 광범위한 위험수용, 즉 투자자가 위험을 편안하게 느끼는 현상은 시장 하락의 가장 큰 징조이다. 그러나 대부분 투자자들은 위에서 설명한 과정에 따라 행동하므로 어느 때보다 위험을 인지하고 신중해져야 할 때에 이를 거의 인식하지 못한다.

반대의 경우는 설명하지 않아도 분명하게 알 수 있으니 장황하게 논하지 않겠다. 하지만 리스크에 대한 태도 사이클이 하락세에 접어들어 투자자들이 위험을 더 회피하게 되었을 때 일어나는 일들에 대해 잠깐 말하고자 한다.

　심리 사이클의 가장 중요한 특징 중 하나는 극단성이다. 사이클은 타당한 방향과 정도로만 움직이는 것이 아니라 지나치게 엉뚱한 방향으로 움직이기도 한다. 예를 들어 투자자들은 때때로 무리를 지어 이렇게 말할 때가 있다. "위험을 무시하자. 모두 부자가 되자." 그들은 열정적으로, 흥분해서 너무 높은 수준으로 매수 호가를 부르고, 비현실적인 이야기들을 받아들인다. 그리고는 나중에 발생한 손해가 그리 크지 않다면 이런 것들이 어처구니없었다는 것을 알아차린다.

　투자자들이 과도함이라는 잘못을 저지르고 난 후에야 하락세에서 많은 돈을 잃고 나면 욕심이 지나쳤고 너무 쉽게 믿었다고 스스로를 책망한다. 그들은 자신들이 어떻게 그렇게 어리석은 행동을 했는지 궁금해한다. 또 자신이 참여했던 색다르고 흥미로운 투자들을 진정으로 이해한 것은 아니었다고 고백한다. 그리고 다시는 그렇게 하지 않겠다고 맹세한다.

　위험회피를 간과한 태도 때문에 그 어떤 리스크도 알아채지 못하고 벌기 쉬운 돈이라는 비전에 넘어가 가격을 밀어올리고 꼭지에서 매수했던 것처럼 이제 투자자들은 가격을 끌어내리고 바닥에서 매도한다. 그들은 투자 실패를 경험하면서야 투자는 뛰어들지 말아야 할 위험한 분야라고 확신한다. 그 결과 위험회피 성향은 극단으로 나아간다.

- 최근에 겪은 투자 실패와 미래에 대한 부정적 성향 때문에 투자자들은 깐깐하게 주의를 기울인다.
- 이제는 투자에 대해 이익보다는 손실을 더 고려하기 때문에 기회를 찾기보다는 더 큰 손실을 피하기 위해 노력한다.
- 실패의 가능성을 전부 배제할 수 있도록 보수적으로 생각하고 극단적인 회의주의를 적용한다.
- 충분한 안전마진을 제공하는 투자처를 발견하는 것은 불가능하다고 생각한다.
- 모든 곳에서 위험을 발견하므로 현재의 높은 리스크 프리미엄도 불충분하다고 생각한다.
- 쓸데없이 걱정을 하는 사람이 된다. 위험수용도가 높을 때는 고점에서 비싼 자산을 매수했던 것처럼 이제는 위험회피도가 높아져 바닥에서 매도한다(매수는 결코 하지 않는다).

이것이 핵심이다. 이런 상황에서 리스크에 대한 인식은 과장되고 다음의 그림처럼 자본시장선의 기울기는 가팔라진다.

가파른 기울기는 편평한 자본시장선에 대한 설명과는 정확하게 반대로 위험이 증가할 때마다 예상 수익률의 증가폭이 비정상적으로 커진다는 것을 의미한다. 이런 그래프는 위험회피 시장에서 나타나며, 위험수용에 대해 과도한 보상을 제공한다는 뜻이다. 위험수용에 대한 보상은 사람들이 위험수용을 전적으로 거부하는 순간에, 아니 오히려 전적으로 거부하기 때문에 가장 높게 나타난다.

리스크에 대한 태도가 수용에서 회피로 이동함에 따라 이익이나 손

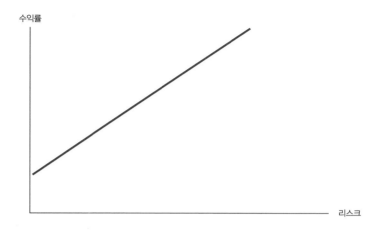

실에 대한 기회도 함께 움직인다. 모든 일이 잘 굴러가고, 자산가격이 치솟으면 투자자들은 미래를 장밋빛으로, 위험을 친구로, 이익을 쉽게 달성할 수 있는 것으로 생각하는 경향이 있다. 모든 사람들이 똑같이 느끼므로 가격에 위험회피가 거의 포함되어 있지 않으며, 따라서 불안정하다. 투자자들은 위험회피 성향을 증대시켜야 할 때에 위험을 수용한다.

상황이 비관적이면 투자자 역시 그렇게 된다. 투자자들은 시장을 돈을 잃는 곳으로, 리스크는 어떤 수를 써서라도 피해야 할 것으로, 손실이 나는 것은 안타깝지만 벌어지기 쉬운 일로 생각한다. 앞 장의 마지막 부분에서 설명한 것처럼 지나친 경계심이 퍼진 상황에서는 (a) 어느 누구도 낙관론을 포함하는 가능성을 믿지 않을 것이며, (b) 어떤 가정이 '믿기지 않게 나쁜 일'이 될 가능성도 마찬가지로 받아들일 수 없을 것이다.

고점에서는 한계가 없어 보였던 위험수용 성향은 바닥에서는 전혀 존재하지 않는다. 이러한 소극성 때문에 가격은 손실 발생 가능성이 매우 낮고, 막대한 이익을 낼 수 있는 수준까지 떨어진다. 하지만 앞선 하락의 상처로 가격이(따라서 위험이) 가장 낮은 것처럼 위험회피는 높아지고, 투자자들은 열외로 빠져나간다.

─ᴍ─

태도 변화에 대한 계량화된 실제 사례를 '중도'라는 메모(2004년 7월)에서 발췌했다.

1990년대 후반에는 분명 위험수용(위험 망각)이 널리 퍼져 있었다. 나는 어느 유명 증권 회사의 전략가가 "주가가 너무 올랐지만 매수하지 않을 정도는 아니다."라고 말하는 걸 들었다. 어떤 이는 "내 401(k)(미국의 퇴직연금—옮긴이)이 많이 올랐어. 3분의 1로 떨어져도 상관없어."라고 말하기도 했다(2~3년 후에 그는 어떻게 되었을까?).

그러나 이러한 위험수용적인 태도가 영원히 지속되지는 않는다. 무언가가 주식의 불완전성과 지나치게 높은 가격을 폭로하며 방해할 것이고, 결국 가격은 떨어질 것이다. 투자자들은 주식이 100달러일 때보다 60달러일 때 더 힘들어할 것이다. 남은 60달러를 잃을지도 모른다는 공포는 잃어버린 40달러를 만회하려는 욕구를 앞지를 것이다. 그리고 위험회피 성향은 결국 다시 영향력을 발휘할 것이다(그리고 대개 극단까지 치달을 것이다).

이 사이클을 계량화하면 어떻게 될까? 1998년 중반 롱텀캐피털 매니지먼트Long-Term Capital Management가 파산해 투자 상품을 만들던 기술자들 외에 투자자들을 정신 차리게 하기 직전, 20퍼센트 이상의 수익률('부실채권'으로 규정할 수 있는 하나의 임계값)을 보였던 채권의 발행 규모는 125억 달러 수준이었다. 투자자들은 리스크에 대해 별로 걱정하지 않았기 때문에 상대적으로 얼마 안 되는 채권에만 초고수익률을 요구했다. 이 당시는 '태평하다'는 말이 투자자들의 태도를 가장 잘 설명하는 것이었다.

그러나 롱텀캐피털의 붕괴로 투자자들은 위험의 존재를 깨닫게 되었다. 1년 후, 20퍼센트 이상의 수익률을 보이는 채권은 3배 이상 증가해 387억 달러에 이르렀다. 2002년 중반 기업 스캔들이 채권시장을 공포로 몰아넣었을 때는 20퍼센트 이상의 수익률을 가진 채권 규모가 불과 4년 전보다 8.5배나 커져 1,056억 달러가 되었다. 투자자들의 위험회피 성향은 언제나 매우 낮은 수준에서 시작해 과도해지는 경향이 있다. 2004년 3월 31일 이런 (20퍼센트 이상의 수익률을 가진) 채권의 발행 규모는 85퍼센트 하락해 162억 달러가 된다. 위험회피가 진정된 것이다(그리고 또다시 회피 성향이 적어졌을 것이다). 나는 펀더멘털이 결코 가격, 수익률, 부실채권의 총계에서 확인된 정도로 흔들리지 않았다고 확신한다. 늘 그렇듯 현실은 사람들의 심리 변화에 따라 심하게 과장된다.

일반적으로 투자자들이 위험을 매우 잘 수용할 경우, 주식가격은 보상보다 더 큰 위험을 내포할 수 있다. 반대로 투자자들이 지나치게 위험을 회피할 때는 가격이 위험보다 더 높은 보상을 제공할 수도 있다.

위에 인용한 메모의 제목인 '중도'는 우리 어머니의 지혜, 극단적인 행동은 피해야 한다는 끊임없는 조언에서 영감을 받은 것이다. 대부분의 일에서 우리는 중도, 즉 지나치게 많은 것과 지나치게 적은 것 사이의 합리적인 균형을 지향해야 한다.

하지만 나는 투자자로서의 경험을 통해 중도는 거의 없다는 확신을 가질 수 있었다. 49쪽에서 설명했던 일반적인 사이클 그래프를 다시 떠올려보면, 'a', 'd', 'g' 단계에서 사이클 현상이 극단에서 더 합리적인 중간을 향해 되돌아가는 경향을 발견하고 놀랄 것이다. 얼마나 합리적인가!

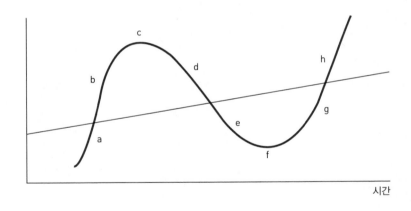

하지만 그런 다음, '극단으로부터의 조정'은 대개 타당한 중간지점을 지나 반대쪽 극단을 향해 'b', 'e', 'h' 단계로 계속 진행한다.

통계학자가 이 그래프를 본다면 기록된 현상은 평균적으로 중앙값에 있거나 장기적으로 가운데를 향한다고 말할 것이다. 하지만 우리들은 이것을 중간지점에서 멀어졌다가 다시 돌아오는 형태, 언제나 움직이고 있는 것으로 본다. 사실 사이클은 중간에 머무르는 시간만큼을 최고점과 최저점에서 보낸다. 리스크에 대한 대부분 투자자들의 태도 또한 매우 비슷하다.

투자 리스크의 가장 큰 원인은 무엇일까? 부정적인 경제 사건 때문인가? 예상에 미치지 못한 기업 실적 때문인가? 기업의 제품 경쟁력이 떨어졌기 때문인가? 이익 감소나 낮은 신뢰도 때문인가? 모두 아니다. 투자 리스크는 펀더멘털을 기초로 해서는 정당화할 수 없고, 비이성적으로 높은 밸류에이션을 부여하는, 새로우면서도 사람을 도취시키는 투자 이유로 인해 자산가격이 과도하게 높아졌을 때 발생한다. 그러면 언제 이 가격에 도달하는가? 위험회피와 경계심이 사라지고 위험수용과 낙관주의가 지배할 때다. 이런 상태가 투자자들의 가장 큰 적이다.

위험회피 성향이 부족할 때 어떤 일이 발생하는가?

2007~08년 이전 세계 금융위기는 내 인생에서 가장 큰 하락을 경험한 때였고, 그래서 상황을 관찰하고 곰곰이 생각하며 배울 수 있는 최고의 기회를 가질 수 있었다. 여러 사건들이 위기를 일으킬 준비를 하고 있었다. 다음은 그 부분적인 이유들이다.

- 주택가격이 급등하는 시기에 정부는 정책적으로 주택을 사라고 권유했다. 이것은 과거 주택을 구입할 능력이 없었던 사람들도 주택을 살 수 있게 됐다는 의미이다.

- 연방준비제도이사회는 금리를 인하해 레버리지를 이용한 구조화된 담보대출증권처럼 고수익 상품에 대한 수요를 증가시켰다.
- 은행들 사이에 주택담보대출을 만들고 그들을 한데 묶어 (보유하지 않고) 판매하는 경향이 증가했다.
- 과거의 낮은 담보대출 불이행 비율을 바탕으로 아무런 의심 없이 추정이 이루어졌고, 이것을 근거로 대출, 구조화, 신용등급 부과, 투자가 결정됐다.
- 위의 네 가지 이유 때문에 대출기준 완화와 함께 주택담보대출을 확장하려는 분위기가 고조되었다.
- 아무도 의심하지 않을 때, 저위험·고수익을 약속하는 매력적이고 새로우며 검증되지 않은 모기지 담보증권이 개발됐다.
- 복합금융그룹이 만들어지는 것을 제한하는 글래스 스티걸법 Glass-Steagall Act, 주가 하락에 베팅하는 트레이더들이 공매도로 가격을 내리지 못하게 막는 업틱룰uptick rule, 은행 레버리지를 약 3배 정도로 제한하는 규제 등 보호 법규와 규제가 완화됐다.
- 마지막으로, 미디어가 다음 이유들을 들며 리스크가 없어졌다는 기사를 내보냈다.

  - 경제가 부진해질 때마다 부양책을 내놓을 수 있는 연방준비제도이사회의 노련함
  - 중국으로 유출되는 수입대금 및 산유국으로 흘러들어간 과잉 유동성이 다시 우리 시장으로 유입되어 자산가격을 띄울 것이라는 자신감

- 리스크를 '아주 잘게 나눠서', 넓게 펼치고, 그것을 수용하기 에 가장 적합한 사람들에게 매각하는 월스트리트의 새로운 혁신

위에 열거한 모든 요소는 위험수용 성향이 높아졌음을 나타냈다. 사실 이러한 성향이 투자자, 대출기관, 대출자, 규제 당국의 심리를 지배하지 않았더라면 위기는 발생하지 않았을 것이다. 위기 직전의 몇 년 동안에 볼 수 있었던 이러한 위험수용 성향은 걱정, 주의, 회의가 부재했다는 것을 시사하므로 매우 걱정스러운 것이었다.

이러한 사건 전개와 그 이면의 위험수용 또는 위험망각은 특히 불안정하고 실패 가능성이 높은 금융상품을 발행하는 위험한 금융행위로 이어졌다. 낮은 금리로 많은 자금을 빌릴 수 있었기 때문에 자산 구매자들은 이 시기를 '황금시대'라고 생각했다. 하지만 그렇다고 건전하게 낮은 가격으로 투자를 할 수 있었던 것은 아니다. 오히려 레버리지를 쉽게 이용할 수 있었기 때문에 가격이 크게 오른 자산, 혁신적이고 검증되지 않았으며 인위적으로 합성한, 레버리지 이용 투자상품에 거액을 투자하기 쉬워졌다. 이 상품 다수는 실패로 돌아갔다.

금융위기의 가장 중요한 원인은 금융기관의 위험한 행동이 이 기간 동안 횡행했다는 것이다. 전 세계가 평온하고 거시적이며 고도의 금융활동 또는 금융혁신의 특징을 띨 때 자본공급자들은 내가 '바닥을 향한 경주'the race to the bottom (같은 제목의 메모에 대해 나중에 언급하겠다)라고 부르는 과정에서 시장점유율을 높이기 위해 경쟁하는 경향이 나타났다. 2005~07년의 분위기는 사실상 세계 금융위기의 이브였던

2007년 6월, 찰스 프린스Charles Prince 시티그룹 회장이 발표한 그 시대의 상징적인 연설로 요약된다. "유동성의 문제는 음악과 같다. 음악이 멈췄을 때 상황은 복잡해진다. 다만 음악이 연주되는 한은 일어나서 춤출 수 있다. 우리는 지금도 춤추고 있는 중이다."

다시 말해서 은행들은 비정상적으로 순조로운 여건들이 지속되면서 이 상황에 기대 성공했지만, 상황이 바뀐다면 문제가 생길 것이었다. 그럼에도 시장점유율을 잃을까봐 은행들은 당시의 흐름에 참여하지 않을 수 없었다. 금융상품들은 검증되지 않았고 결함이 있을 수도 있었지만 아무도 자기 몫을 기꺼이 포기하려 하지 않았다. 이는 사이클의 전형적인 특징이며, 사이클을 만들고, 악화시키는 일종의 군중행동이었다.

이론적으로 은행의 CEO는 이런 어리석은 행동에 동참하기를 거부했어야 했다. 그러나 당시의 현실에서 춤에 동참하지 않아 시장점유율을 잃고 경쟁자들이 수확하고 있는 '눈먼 돈'easy money을 긁어모으지 못한 사람들은 적극적인 투자자들에 의해 자리에서 쫓겨날 수도 있었다. 따라서 은행들은 음악이 영원히 끝나지 않을 것처럼 자본을 제공할 기회에 공격적으로 응했다. 하지만 사이클에 대한 이해가 있었다면 이 모든 일에는 분명히 끝이 있다는 사실을 알았을 것이다. 이런 종류의 위험수용과 위험망각 성향은 모든 극적인 하락세가 오기 전 앞선 상승세에서 핵심적인 역할을 하기 때문이다.

2005~07년이 지나면서 위기가 닥쳤고 그것은 시장 참가자들이 리스크에 대해 어떤 태도를 취했는지 관찰하고 의미 있는 결론에 도달할 수 있는 아주 좋은 기회가 되었다. 위기가 다가오고 있다는 첫 조짐이

있기 불과 몇 달 전인 2007년 2월에 나는 '바닥을 향한 경주'라는 메모를 통해 이 주제를 다뤘다. 메모에서 발췌한 다음 글이 좋은 예시가 될 것이다. 이 메모를 통해 고립되고 입증되지 않은 경험에서 도출된 추론의 잠재적 가치를 확인할 수 있다.

지난 몇 년간 자본시장의 지나친 움직임에 놀랄 일이 많았지만 이번에 메모를 쓰게 된 이유는 영국에서 머무르는 마지막 날에 신문에 실린 한 기사 때문이다. 〈파이낸셜 타임스〉는 2006년 11월 1일 다음과 같이 보도했다.

영국 2위의 주택 금융기관인 에비Abbey는 주택 구입자에게 대출해줄 수 있는 기준 금액을 부부합산 소득의 5배로 올려 소득의 약 3.5배였던 기존 대출수준을 넘어섰다. 이러한 결정은 지난 주 뱅크 오브 아일랜드Bank of Ireland와 브리스톨 앤드 웨스트Bristol and West가 대출기준을 소득의 4배에서 4.5배로 인상하기로 한 이후에 이루어졌다.

예전의 대출자들은 소득의 3배에 해당하는 담보대출을 안전하게 다룰 수 있다는 전통적인 경험이 있었다. 하지만 이제 5배를 빌릴 수 있게 됐다. 대략 50퍼센트 이상 더 빌릴 수 있게 된 것이다. 이 상황을 보고 어떤 추론을 할 수 있을까? 최소한 네 가지 가능성이 존재한다.

- 기존 기준이 너무 보수적이었고, 새로운 기준이 맞다.
- 상황이 변했다. 기존 기준이 그 시대에 맞게 보수적이 었던 것처럼 새로운 기준은 오늘날에 맞게 보수적이다.
- 주택담보대출기관이 채무불이행 가능성이 더 높아졌 다는 사실을 인정하고, 자본비용 감소에 따른 순수익 의 감소를 받아들이는 것이 합리적이다.
- 자금을 서둘러 대출하려는 바람에 자본공급자가 그 기준을 완화하게 되었다.

나는 영국의 담보대출 시장에 관한 전문가도 아니기에, 이 메모에서는 어느 한 부분이 아니라 일반적인 자본시장의 동향에 대해 이야기하려 한다. 더욱이 오늘날은 저금리 때문에 정해진 소득(기존의 소득)으로 전보다 더 많은 담보대출을 감당할 수 있는 것이 분명한 사실이다. ([1] 대출자가 직업을 유지하고, [2] 담보대출 금리가 고정된 경우에 더 그렇다.) 하지만 에비가 이러한 조치를 취한 이유가 그렇게 논리적이라고 생각한다면 이런 질문을 던져야 한다. '왜 지금인가?'

논리적인 이유와 냉철한 의사결정에 따른 것일 수도 있다. 하지만 대출 경쟁과 '이번에는 다르다'는 평범한 말기late-stage적인 믿음이 포함됐을지도 모른다. 대출기관과 투자자들은 사이클이 극단으로 움직이면 늘 전통적인 금언에서 벗어나고, 그러한 금언이 맞아떨어지는 상황이 오면 현재 상황이 과거에 만연했던 상황과는 다르다는 믿음에서 벗어난다. 그리고 늘 그렇듯, 사이클은 반복되고 실제로 변하는 것은 아무것도 없다는 사실을 깨닫게 된다.

주택가격이 오르고 금리가 떨어질 때 미국 담보대출 시장은 어떻게 되었는가? 먼저 담보할인율이 떨어졌다. 그다음 담보인정비율loan-to-value ratio이 높아졌고, 이어 100퍼센트 대출이 이루어졌다. 이후 대출원리금 상환이 적은 대출이 이루어졌고, 다음으로 무상환 대출이 이루어졌다. 그다음으로 고용기록이나 신용기록을 요구하지 않는 대출이 발생했다. 이 모든 과정들에서 더 많은 구매자들이 더 비싼 주택을 살 수 있게 됐지만 동시에 대출기관은 더 위험하게 되었다. 이러한 상황은 주택가격이 하늘 높이 치솟고 금리가 몇 세대 만에 최저로 떨어지자 발생했다. 결국 구매자들은 소득과 금리를 감안해 가능한 가장 많은 담보대출을 받았다. 이렇게 담보대출을 받아 사람들은 꿈의 집을 가졌고, 상황이 악화되지 않는 한 언제나 그곳에 머무를 수 있었다.

TV쇼 〈곡 이름 맞추기〉Name That Tune에 나오는 '비드 어 노트'Bid-a-Note라는 게임이 있다. 참가자 x가 이렇게 말한다. "나는 음 6개로 맞출 수 있어요." 그러면 참가자 y는 "나는 음 5개로 맞출 수 있습니다."라고 말한다. 다시 참가자 x는 "음 4개로 맞출 수 있어요."라고 말한다. 결국 곡 이름을 맞출 수 있는 기회는 가장 위험한 제안을 받아들인 사람, 즉 최소한의 정보로 맞추기를 시도한 참가자에게 돌아간다.

뱅크 오브 아일랜드가 주택구입자금 대출 경쟁에 뛰어들면서 "내가 대출자 소득의 4.5배로 빌려줄게."라고 말하자, 에비는 "내가 5배로 빌려줄게."라고 제안한 것이다. 결국 이 경매에서 소위 승자는 가장 위험하게 가장 많은 돈을 빌려주는 쪽이 된다. 이것이 진짜 승리인지 패배인지는 작년에 미국에서 그랬던 것처럼 사이클이 바뀌면 분명히 알 수 있을 것이다. 하지만 바닥을 향한 경주가 계속되고 있다는 사실만은 틀림없다. 오류가 조금만 생겨도 위험해질 대출을 누가 해줄 것이냐 하는 경주 말이다.

어느 모로 보나 최근 몇 년간 담보대출 기준은 떨어져 왔고 리스크는 증가해왔다. 논리적이었다고? 물론 그랬을 수도 있을 것이다. 사이클 때문에 유도됐고 또 악화됐다고? 나도 그렇게 말하고 싶다. 〈파이낸셜 타임스〉는 메릴린치의 뱅킹 애널리스트 존 폴 크러칠리John-Paul Crutchley의 말을 인용했다. "에비가 소득의 5배를 대출해준다는 것은 명백히 합리적인 결정일 수도 있지만 엄청나게 위험한 것일 수도 있습니다." 확실히 담보대출은 더 위험해졌다. 그것이 똑똑한 위험부담이었는지 아니면 지나친 경쟁심 때문이었는지는 몇 년 후에 알게 될 것이다.

오늘날 금융시장은 다음과 같이 간단하게 정리할 수 있다. 전세계적으로 유동성이 넘쳐나고, 전통적 투자자산의 금리가 최저 수준이며, 위험에 대한 걱정이 거의 없을 뿐 아니라 어디에서나 예상 수익률이 쥐꼬리만 한 수준에 머물고 있다. 따라서 (과거에 보장되던 수준보다는 낮지만) 잠재적으로 적합한 수준의 수익률에 도달하는 대가로 투자자들은 높은 레버리지, 검증되지 않은 파생상품, 허술한 거래구조로 대변되는 상당한 위험을 기꺼이 수용하고 있다. 현재의 사이클은 형태 면에서 특이한 것이 아니라 규모

면에서 비정상적이다. 내가 판단하기에 궁극적인 결과물에는 의문의 여지가 거의 없다. 하지만 지금의 사이클에서 현시점만 놓고 보면 낙관론자가 가장 번듯하게 보인다.

흔히 하는 대로 이 글에 좋아하는 2개의 인용구를 간단히 넣어서 메모를 짧게 만들 수도 있었지만 여기에 2개의 인용구를 그대로 소개한다.

첫 번째는 작년에 작고한 존 케네스 갤브레이스의 말이다. 나는 다행히도 1년 반 전에 갤브레이스 교수와 몇 시간 만나 그의 지혜를 직접 들을 수 있었다. 이 인용구는 그의 저서 《금융 도취의 짧은 역사》에서 가져온 것이다. 현재 상황에서는 특히 적절해 보인다.

도취감에 기여하는 것은 우리 시대나 과거에는 거의 주목되지 않았던 두 가지 추가적인 요소들이다. 첫 번째 요소는 금융기억의 극단적인 단기성이다. 결과적으로 금융계의 재앙은 금방 잊힌다. 더 나아가 불과 몇 년이 지나지 않아 똑같거나 비슷한 상황이 다시 발생하면, 종종 젊고 늘 확신에 차 있는 신세대는 이 상황을 금융계와, 더 크게는 경제계에서 엄청나게 혁신적인 발견인 양 생각한다. 금융계처럼 역사가 차지하는 부분이 적은 분야는 거의 없을 것이다. 과거의 경험은 현재의 놀라운 기적을 평가할 통찰력을 가지지 못한 사람들의 원시적 피난처로 치부된다.

두 번째 인용구는 우리 주변에서 벌어지는 투자자의 행동을 기초로 금융행위를 바로잡아야 한다고 강조하는 워런 버핏의 글이다. 글은 짧지만 훨씬 더 유용할 수 있다.

다른 사람들이 자기 일을 할 때 신중하지 못할수록 우리는 우리 일을 더 신중하게 해야 한다.

이 메모는 간단히 요약할 수 있다. 투자자와 자본제공자들의 신중함이 광범위하게 줄어든 현 상태를 반영하며 바닥을 향한 경주가 계속되고 있다. 이 시점에서 경주에 참여한 사람들이 벌을 받을지, 그들의 장기적인 성과가 반대론자들의 성과를 넘어서지 못할지의 여부는 아무도 알 수 없다. 하지만 이것이 일반적인 패턴이다.

만약 오늘날과 같이 근심 없는 시장에 참여하기를 거부한다면, 당신은 한동안 (a) 수익 면에서 뒤처질 것이고, (b) 고루한 늙은이처럼 보일 것이다. 하지만 이것이 다른 사람들이 분별력을 잃을 때 냉정함(그리고 자본)을 잃지 않는다는 뜻이라면 이들 중 그어떤 것도 큰 대가가 아니다. 내 경험상 조심성 없는 시기 이후에는 언제나 큰 대가가 따르는 조정이 따라왔다. 이번에는 그렇게되지 않을 수도 있지만, 그런 위험이라면 감수하겠다. 이런 상황에서 오크트리는 지난 20년 동안 매우 좋은 결과를 가져다준 기준을 계속 적용할 것이다.

워런 버핏은 내가 늘 사용하는 말인 위 인용구에 이런 내용을 잘 녹여냈다. 나는 이 인용구가 현재 현상뿐만 아니라 결과적으로 요구되는 반대 반응까지 적절히 압축해서 보여준다고 생각한다. 다른 사람들이 위험을 걱정하지 않고 조심하지 않을 때는 버핏의 말처럼 우리가 더 조심해야 한다. 하지만 반대로 다른 투자자들이 공황 상태에 빠져서 침체되어 있고, 위험을 감수할 만한 상황이라고 생각하지도 못한다면 우리는 공격적으로 변해야 한다.

위험회피 성향이 지나치면 어떻게 될까?

제2장에서 상세히 다루었던 금융 사이클의 대칭을 생각했을 때, 2005~07년의 위험수용적 환경 및 이런 환경에서 조장된 금융상품 발행의 붐 이후에는 심각한 조정이 뒤따르리라는 것이 확실했다. 그리고 당연하게도 조정은 현실화됐다.

앞서 말한 것처럼 2007~08년의 세계 금융위기는 시계추처럼 움직이는 감정이 비이성적으로 흔들려 완전히 소극적인 태도로 나아가고, 리스크에 대한 태도가 지나친 위험회피 쪽으로 전환하는 모습을 목격할 수 있었던 평생에 한 번뿐인 기회가 되었다. 2005~07년의 지나친 위험수용이 빚은 행동들은 무모한 것으로 드러났고, 그 결과 엄청난 고통과 손실을 가져왔다.

- 주택 구입 비용을 감당할 수 없는 많은 사람들까지 주택을 구매

했음이 분명해졌다. 수천 명의 사람들이 이사 비용, 인테리어 비용, 주택자산 등에 투자한 돈을 잃었다.

- 소득 증명이나 고용 증명 없이 발행된 서브프라임 모기지Sub-prime mortgages(비우량 주택담보대출—옮긴이)는 현명하지 못한 것으로 드러났다.

- 놀랄 일도 아니지만, 부실한 주택담보대출 관행은 그러한 관행이 적발되지 않은 광범위한 담보대출 사기와 더불어 대출자들이 이자 및 원금도 갚지 못하는 수많은 담보대출을 일으켰다.

- 역사적으로 낮은 주택담보대출 채무불이행 비율을 근거로 들며 부실한 담보대출 관행이 전례 없는 비율로 채무불이행을 야기할 가능성을 무시했다.

- 실제로 채무불이행은 증권 구조화 결정과 채권 등급 부여, 손실 예상의 기초를 이룬 역사적 비율을 넘어서 발생했다. 서브프라임 모기지에서 파생된 레버리지를 활용한 구조화 증권 역시 그간 받아온 신용 등급이 잘못된 것임을 증명하며 충격적인 숫자로 부도났다.

- 레버리지를 이용한 펀드와 증권들이 대출 계약을 위반하고, 채권 발행인들이 결국 채무를 상환할 수 없다는 사실이 입증되자 레버리지를 이용한 주택담보대출유동화증권mortgage backed securities(그리고 대부분 높은 수준의 레버리지를 포함하는 파생금융상품)은 수익률을 높이는 도구에서 금융계의 대량파괴무기로 바뀌었다.

- 새로운 금융상품은 낮은 리스크로 높은 수익을 약속하는 금융혁

신이 늘 그러하듯이 그런 약속을 지키는 경우가 거의 없음을 증명했다.

- 완화된 규제에 대해 말하자면, 글래스 스티걸법의 폐지 덕분에 설립이 가능해진 금융 대기업들은 여러 문제들을 가지고 있었다. 또 업틱룰의 폐지로 금융기관들의 주식이 가차 없이 하락할 수 있었다. 몇몇 은행들은 높은 레버리지 수준에서 살아남을 수 없었다.

이전에 행해졌던 모든 행동의 결과로 대규모 담보대출이 부도났고, 주택 압류가 이루어졌다. 주택담보대출유동화증권의 채권 등급이 하락했고, 채무불이행이 속출했다. 주택가격이 붕괴됐으며 기존 주택의 판매가 불가능해졌다. 주식과 회사채 시장이 무너졌고 유동성이 사라졌다. 신용 가용성은 완전히 말라버렸고, 수많은 은행들이 큰 손실을 겪었으며, 구제금융을 받았고, 파산했다.

> 말도 안되는 사건들이 신용위기를 초래했다. 상당한 레버리지를 안고 있던 투자자들에게(불가능하지는 않더라도) 있음 직하지 않다고 여겨졌던 많은 나쁜 일들이 동시에 일어났다. ('소극적인 태도의 한계', 2008년 10월)

이런 모든 것들이 투자자들과 다른 금융시스템 참가자들에게 미치는 심리적 영향은 무엇이었을까? 위기로 인한 이와 같은 현상은, 간단히 말해서 투자자와 다른 금융시스템 참가자들을 아주 겁먹게 했다.

완전한 공포가 높은 자신감의 자리를 대체할 때, 과도한 위험회피 성향은 비현실적인 위험수용 성향을 대신한다. 이것이 리먼 브라더스가 파산한 이후 2008년 말에 벌어진 일이다. 매도자들이 긴박하게 떼 지어 앞으로 달려 나왔고, 매수자들은 뒷걸음질쳤다. 자산가격은 폭락했고, 시장유동성이 0으로 떨어졌다.

이 모든 일들은 높은 위험수용이 높은 위험회피로 바뀌면서 비롯됐다. 그리고 더 큰 공포, 더 높은 위험회피, 추가적으로 일어나는 부정적 사건들이 비슷한 일들에 대한 공포를 불러일으켰다. 믿기 어려울 정도의 긍정적 가정과 약속들을 근거로 검증되지 않은 상품을 매수했던 사람들은 전체 금융시스템이 붕괴될 것이라고 확신했다.

리먼 사태 이후 몇 주 만에 일어났던 상황은 위험회피를 향한 움직임과 그 영향을 보여준다. 나는 이 사건을 계기로 '소극적인 태도의 한계'라는 메모를 쓰게 됐다.

오크트리는 시장의 유행에 살짝 발맞추기 위해 위기가 오기 몇 년 전에 오크트리 최초의 레버리지 펀드를 조성했다. 우리는 다른 회사들보다 레버리지를 덜 사용했다. 예를 들어 기존 펀드의 레버리지 비율이 7~8배였던 것에 비해 우리의 유러피언 시니어론 펀드senior loan fund(금융사가 신용등급이 낮은 기업에 담보를 받고 자금을 빌려주는 선순위 담보대출을 기반으로 발행된 증권에 투자하는 펀드―옮긴이)의 레버리지 비율도 자기 자본의 4배였다. 우리는 매수한 자산에 대해 보수적으로 생각하려고 노력했지만 그럼에도 위기 사건들은 우리를 붕괴 직전까지 몰고 갔다. 위기 이전에 시니어론 또는 '레버리지' 론은 신용문제가 있더라도 달러당 96센트 이하의 가격에서는 거의 거래되지 않았다. 그래서 마진콜(대출기관의 추가 증거금 요구)의 가능성에서 잘 벗어나 있다고 생각했다. 차입약정서에 따르면 포트폴리오의 채권loan 평균 시장가격이 달러당 88센트로 떨어져야만 마진콜을 요구할 수 있었기 때문이다.

그러나 리먼 사태의 여파로 채권가격이 전례 없는 수준으로 떨어졌다. 무엇보다 마진콜을 받고 보증금을 채워넣을 수 없었던 레버리지 사용자들이 포트폴리오를 버려버렸고, 은행이 그것을 폭탄 세일했기 때문이었다. 따라서 달러당 88센트, 그리고 마진콜과 파산은 우리에게 실제로 일어날 수 있는 일이 되었다. 우리는 대출기관으로부터 대응할 시간을 벌고, 펀드의 레버리지를 4대 1에서 2대 1로 줄이기 위해 펀드 투자자들로부터 추가 자본금을 늘리기 시작했다. 투자자들에게 추가 자본을 내달라고 요청했을 때, 그들은 이것이 채권을 포기하지 않고 할인된 가격으로 보유하며 채권의 높은 내재 수익률을 누리고 저비용으로 펀드의 레버리지 이익을 얻을 기회라고 이해했다. 따라서 대부분의 투자자들은 우리가 요청한 자본을 더 넣었다. 새롭게 감소된 레버리지 수준에서 우리 펀드는 채권 평균가격이 상상도 할 수 없는 달러당 65센트로 떨어지지 않는 한 마진콜로부터 안전했다.

그러나 매수자가 전혀 없고 마진콜과 헤지펀드 인출 관련 매각이 지속되자 '적정가격'이라는 개념은 보유하기에는 어떤 가격도 비싸다는 생각으로 이어졌고, 채권시장은 계속 급락했다. 따라서 우리 채권 포트폴리오의 평균가격은 달러당 70센트에 가까워졌다. 나는 레버리지를 2대 1에서 1대 1로 줄여야 했다. 이런 경우에 마진콜 위험을 가져오는 약정을 완전히 없앨 수 있었다.

이제 나는 펀드투자자들에게 두 자릿수가 훌쩍 넘는 만기수익률로 펀드의 채권을 보유하고, 전체 펀드에 대해 20퍼센트대의 레버리지 수익률(수수료와 채무불이행으로 인한 잠재적 손실을 제하기 전)을 얻을 수 있는 기회를 사라고 제안하고 있었다. 물론, 기존 투자자가 추가 자본금의 자기 비례 지분을 더 넣지 못하고 다른 누군가에게 그렇게 하도록 허용한다면, 그것은 펀드 포트폴리오에서 그의 지분 일부를 그 수익률로 매각하는 것과 같을 것이다.

그렇다 하더라도 멈추지 않는 가격 하락과 포트폴리오 청산, 매수자의 완전한 부재로 일부 펀드투자자들은 더 투자하기를 힘들어했다. 어떤 이들은 포트폴리오 곳곳에서 튀어나오는 문제들을 처리하는 데 지쳐 있었다. 이번 기회를 투자를 위험에서 구하는 것이 아니라 '헛돈을 쓴 데다 또 돈을 쓰는 것'으로 보는 시각도 있었다. 일부는 유동자금을 가지고 있지 않았다. 또 다른 이들은 추가적인 투자를 방어할 의지가 없었다. 바닥에서는 확신과 지조가 필요한 조치를 취하는 일이 상당히 어려울 수 있다. 그리고 이것은 이제 이야기할 사건으로 이어졌다.

나는 추가 자본을 넣으라고 제안하기 위해 펀드투자자인 연금기금에 갔다. 내가 제시한 수익률은 매력적이었고, 그들도 그 사실을 인정했지만 연금기금은 채권이 부도날 가능성을 걱정했다. 대화는 이렇게 진행됐다.

연금기금: 채무불이행으로 투자가 실패할 가능성은 어떻게 되나요?
HM(하워드 막스—옮긴이): 음, 지난 26년간 이 펀드가 보유하는 것과 같은 채권보다 자본구성에서 하위인 하이일드 채권의 평균 부도율

은 연간 약 1퍼센트였습니다(디폴트가 난 경우 다시 회복하여 대손액credit loss은 연간 1퍼센트 미만이었다는 점을 유념해주세요). 따라서 우리의 역사적 부도율은 펀드가 약속한 20퍼센트 대의 수익률을 거의 약화시키지 않을 것입니다.

연금기금: 하지만 그보다 상황이 더 나쁘면 어쩌죠?

HM: 지금까지 우리가 겪은 최악의 5년 동안 부도율은 연간 평균 3퍼센트였습니다. 우리가 말하고 있는 수익률에는 분명 문제가 없습니다.

연금기금: 하지만 그보다 상황이 더 나쁘면 어쩌죠?

HM: 하이일드 채권 유니버스의 평균 부도율은 채권 선택을 통해 부도를 피할 수 있다는 가정을 전혀 하지 않고도 연간 4.2퍼센트였습니다. 2~3퍼센트의 대손 예상액이 발생한다고 해서 이번 투자 결과를 크게 위태롭게 하지는 않을 것입니다.

연금기금: 하지만 그보다 상황이 더 나쁘면 어쩌죠?

HM: 채권 유니버스 역사상 최악의 5년에서 부도율은 평균 7.3퍼센트였습니다. 여전히 문제가 안 되지요.

연금기금: 하지만 그보다 상황이 더 나쁘면 어쩌죠?

HM: 하이일드 채권 역사상 최악의 한 해에 부도율은 12.8퍼센트였어요. 그래도 여전히 수익률이 많이 남죠.

연금기금: 하지만 그보다 상황이 더 나쁘면 어쩌죠?

HM: 역사상 최악이었던 한 해 부도율의 1.5배는 19퍼센트이고, 포트폴리오 수익률이 20퍼센트 대인 것을 감안하면, 여전히 약간이라도 돈을 벌 것입니다. 그리고 이런 최소한의 수익률을 결과로 얻으려면, 그 자릿수의 디폴트가 매년 일어나야만 합니다. 딱 한 번이 아니라요.

연금기금: 하지만 그보다 상황이 더 나쁘면 어쩌죠?

이 시점에서 나는 "지분이 있으시죠?"라고 물으며, 만약 지분이 있고 최후의 심판일에 대한 시나리오를 진짜로 믿는다면 지금 당장 이 방을 나가서 모두 팔아버리는 편이 나을 것이라고 말했다.

내가 말하는 요점은 부정적인 환경에서 지나친 위험회피 성향은 투자를 할 때 지나치게 세밀한 조사와 끝없는 부정적인 가정을 하게 할 수 있다는 것이다(이전의 들뜬 시대에는 투자할 때 정밀한 조사를 거의 하지 않거나 전혀 하지 않고, 장밋빛 가정을 적용한 것처럼). 패닉 상태에서 사람들은 엄청난 기회를 놓칠까봐 걱정해야 할 시간에 손실을 없게 하려고 시간을 100퍼센트 사용한다.

소극적인 태도가 극단에 이른 시기에 지나친 위험회피는 가격을 가능한 한 낮아지게 할 수 있다. 추가 손실의 가능성은 아주 낮아지고, 따라서 손실위험은 최소화된다. 앞서 언급한 것처럼 세상에서 가장 위험한 것은 리스크가 없다는 믿음이다. 마찬가지로 매수하기에 가장 안전한(그리고 가장 보상이 큰) 시기는 대개 모두가 희망이 없다고 확신할 때이다.

고려하고 있는 투자에 관해 딱 한 가지 질문만 할 수 있다면 그것은 아주 간단한 질문일 것이다. 가격에 낙관주의가 얼마나 많이 포함되어 있는가? 낙관주의가 높다는 것은 발생 가능성이 있는 긍정적인 사건들이 이미 가격에 포함되어 있다는 의미일 수 있다. 내재가치에 비해 가격이 높고, 실망감이 생길 경우 오류를 허용할 여지가 거의 없다. 하지만 상황을 낙관적으로 보지 않는다면 가격은 낮을 것이고, 기대도 대단하지 않을 것이다. 안 좋은 일이 일어날 가능성이 낮고 좋은 방향으로 조금만 돌아서도 가치는 상승될 것이다. 위에서 보여준 연금기금과의 회의는 투자자들의 생각에서 모든 낙관주의가 빠져나갔다는 것을 보여준다는 이유에서 중요했다.

이 회의 후 나는 가장 낮은 가격에 가장 많은 채권을 살 수 있었을 그 대략적인 시점에 사무실로 달려오다시피 해서 '소극적인 태도의 한계'를 썼다. 이 메모에 다음과 같은 깨달음을 적었다.

상당한 레버리지를 안고 있던 투자자들에게 (불가능하지는 않더라도) 있음 직하지 않다고 여겨졌던 여러 나쁜 일들이 동시에 일어났다. 쉽게 말해, 신용위기에서 피해를 입은 사람들은 충분히 회의적이거나 비관적이지 않았던 것이다.

하지만 이것은 회의주의와 비관주의가 동의어가 아니라는 하나의 깨달음을 가져왔다. 낙관이 지나칠 때는 회의에 비관이 더해져야 하며, 비관이 지나칠 때는 회의에 낙관이 더해져야 한다. 이 주제에 대해 더 써보겠지만 아주 간단할 것이다.

다른 사람들이 하는 것과 반대로 하거나 '바람을 거스른다'는 의미의 역발상은 투자를 성공시키는 데 필수적이다. 하지만 지난주 신용위기가 최고조에 달했을 때, 사람들은 바람에 저항하기보다 굴복했다. 나는 낙관적인 사람을 거의 보지 못했다. 대부분이 약간씩은 비관적이었다. 심지어 내가 아는 몇몇 훌륭한 투자자들까지도 정말 우울해했다. 다가오는 붕괴에 대한 부정적인 이야기들이 이메일로 교환됐다. 회의주의를 적용하는 이는 아무도 없었고, "이런 끔찍한 이야기가 현실이 될 리 없다."고 말하는 이도 없었다. 비관주의는 스스로를 먹어치웠다. 사람들의 유일한 관심사는 다가올 붕괴를 헤쳐나갈 수 있게 포트폴리오를 탄탄히 만들거나 펀드 환매에 대비할 수 있도록 현금 보유를 충분히 높이는 것뿐이었다. 이들이 지난주에 하지 않은 단 한 가지 일은 공격적으로 증권을 매입하는 것뿐이었다. 그 결과 가격은 한 번에 몇 포인트씩 계속해서 하락했다. 오래된 표현으로 '갭다운'했다.

부디 이 동시대에 일어난 이야기를 통해 불합리하고 지나친 위험회피가 어떤 느낌인지, 그런 상황에서 무슨 일을 해야 할지 감을 얻을 수 있기를 바란다.

덧붙이는 말: (그날 내가 방문했던 투자자를 포함해) 펀드투자자 중 몇몇은 더 투자하기를 거절했다. 나는 펀드를 유지하기 위해 할 수 있는 모든 것을 해야 한다고 느끼면서 펀드를 채워놓았다. 위험회피가 지나치게 높아진 시기에 가격이 떨어진 시니어론에 투자할 수 있었던 것은 내가 한 투자 중 최고의 투자였다. 다른 사람들이 그 시장에 참여하기를 꺼렸기 때문에 채권이 터무니없이 싸졌기 때문이다.

───※※※───

위험에 대한 태도의 사이클을 다룬 제8장이 이 책에서 가장 긴 장 중 하나가 됐다. 그럴 이유는 충분하다. 아주 중요한 사이클 중 하나를 다루고 있기 때문이다. 《투자에 대한 생각》에서는 다양한 사이클에서 우리 위치를 아는 것이 중요하다고 이야기했다. 투자자들이 위험에 대해 어떻게 생각하고 대처하는지 이해하는 것이 가장 중요할 것이다. 요컨대 지나친 위험수용은 위험을 만들며, 과도한 위험회피는 시장을 침체시키지만 최고의 매수 기회를 만들어낸다.

합리적인 투자자는 언제나 부지런하고 회의론적이며 적절하게 리스크를 회피함과 동시에 리스크를 상쇄시킬 만큼 잠재수익을 얻을 수 있는 기회를 찾는 사람이다. 이상적인 경우다. 하지만 시장이 좋을 때 대부분의 사람들은 이렇게 말한다. "리스크? 무슨 리스크요? 그렇게 잘못될 일은 없는 것 같은데요. 얼마나 일이 잘 진행됐는지 보세요. 어쨌든 리스크는 우리의 친구죠. 리스크를 더 많이 감수할수록 더 많은 돈을 벌 수 있답니다."

그러나 상황이 좋지 않을 때는 이렇게 말한다. "시장에서 돈을 못 벌어도 상관없어요. 더 이상 잃고 싶지 않아요. 여기서 내보내줘!"

중요한 점은 합리적이고 침착한 투자자들은 아주 소수이기 때문에 전체 투자자들은 리스크에 대한 태도 또는 시계추처럼 움직이는 심리나 감정의 평형 상태를 이루는 경우가 드물다는 것이다. 모든 투자자들은 그들을 조심스럽게 만드는 위험회피와 투자를 재촉하는 위험수용 사이에서 건강한 균형을 유지하지 못하는 경향이 있다. 보통 둘 중 하나는 확연히 우세하다. 욕심과 두려움, 의심과 신뢰, 때로 긍정적인 것만 보려는 의지와 부정적인 것만 보려는 의지, 그 외 다른 많은 것들에 관해서도 마찬가지이다. 심리 사이클은 투자자들이 가운데에 거의 머물러 있지 않는다는 것을 보여준다.

위험에 대한 태도의 변화 또는 움직임은 어떤 사이클의 결과이자 다른 사이클의 원인이기도 하다. 그리고 언제나 그러할 것이다. 사람들은 보통 일이 잘될 때는 더 낙관적이고 위험을 수용하는 반면, 상황이 하락세로 돌아서면 걱정이 많아지고 위험을 회피하기 때문이다. 이것은 가장 신중해야 할 때 가장 기꺼이 매수하고, 가장 공격적이어야 할 때 가장 매수를 꺼린다는 뜻이기도 하다. 뛰어난 투자자들은 바로 이러한 사실을 인식하고 반대로 행동하려고 노력한다.

제9장

신용 사이클

훌륭한 투자는 단지 좋은 자산을 매수하는 것뿐만 아니라 거래 조건이 좋을 때, 자산가격이 낮을 때, 잠재수익률이 높을 때, 리스크가 제한적일 때 이루어진다. 이런 조건들은 신용시장의 사이클이 덜 도취되어 있고, 더 긴박한 국면에 있을 때 훨씬 잘 조성된다. 신용 사이클의 닫힌 국면은 다른 어떤 요인보다도 더 저가 매수의 가능성을 높여준다.

이제 토대는 완성되었다. 지금까지 우리는 투자활동의 근본적인 배경을 제공하는 경제 및 이익 사이클과 펀더멘털의 변화에 따라 일어나는 (그리고 변화를 더 확대시키기 쉬운) 심리, 태도의 움직임을 살펴보았다. 이제는 몇 가지 특정한 유형의 금융 사이클에 대해 이야기할 것이다. 앞서 나왔던 모든 변동은 이후 다룰 다른 사이클에 큰 영향을 미친다.

이미 이야기했듯이, 주택 구입과 같은 활동들은 경제 사이클의 움직임에 매우 민감하게 반응한다. 그러나 식료품을 사는 것과 같은 활동은 그렇지 않다. 경제와 다른 사이클에 심오한 영향을 미치는 사이클도 있지만 그렇지 않은 사이클도 있다. 제9장의 주제인 신용 사이클은 전자이다. 신용 사이클은 경제적 사건에 아주 민감하게 반응할 뿐 아니라 경제적 사건에 미치는 영향력도 대단히 크다. 더욱이 신용 사이클은 극도로 불안정하다. 따라서 강하고 극단적으로 움직이며 다른 여러 영역의 활동에 큰 영향을 미친다. 그리고 이 모든 현상은 제7장과 제8장에서 설명한 심리의 변화로 인해 더 좋지 않게 변한다.

이번 장에서는 때때로 신용 사이클credit cycle을 자본시장 사이클capital market cycle이라고 말할 것이다. 둘의 차이가 중요하다고 생각하지 않는다. 엄밀히 말하면, '자본'capital은 사업자금을 조달하는 데 사용되는 모든 자금을 의미하는 반면, '신용'credit은 자기 자본equity이 아닌 부채로 구성된 기업의 자본capital 부분을 가리킨다. 자본시장 사이클을 사용하는 경우가 더 적긴 하지만 이 두 가지 명칭이 실제로 혼용된다. 나는 대출시장에 대해서 이야기할 때는 '신용 사이클'이라고 할 것이고, 자금조달의 일반적 가용성에 대해 이야기할 때는 '자본시장 사이클'이라고 할 것이다. 어느 쪽이든 한쪽에 적용되는 고려사항이 다른 쪽에도 동일하게 적용된다는 사실을 기억하자.

'활짝 열리고 쾅 닫힌다'(2010년 12월)라는 메모에서 발췌한 다음 글은 이전에 내가 작성한 내용 중 사이클의 범위 안에서 문맥에 맞게 신용 사이클에 관한 내용을 넣은 것이다.

생각해보자. 일반적으로 기업의 이익 변화, 주식시장의 오르내림에 따른 수익 변동은 경제의 출렁임 때문이라고 여겨져왔다. 그러나 침체와 회복 구간에서 경제성장률은 대개 추세선의 성장률에서 고작 몇 퍼센트포인트 벗어나 있을 뿐이다. 그렇다면 기업 이익은 왜 그렇게 많이 증가하고 감소할까? 이 답은 재무 레버리지와 영업 레버리지에 있다. 이것이 매출의 증가 및 감소가 이익에 미치는 영향력을 증폭시킨다.

만약 이익이 GDP보다는 심하지만 비교적 완만하게 변동한다면 주식시장은 왜 그렇게 급격하게 상승하고 하락하는 것일까? 나는 이것이 심리 변동, 특히 심리가 자본의 가용성에 큰 영향을 미치기 때문이라고 본다. 간단히 말해서, 경제가 약간 변동하면 이익은 꽤 크게 변동하는 반면, 대출 창구는 활짝 열리고 쾅 닫힌다. 그래서 이것이 이 메모의 제목이 됐다. 신용 사이클은 가장 변동이 심하고 가장 큰 영향을 미친다. 그러므로 큰 관심을 가질 만하다.

나는 '예측할 수는 없지만 대비할 수는 있다'(2001년 11월)라는 메모를 통해 이에 대해 더 간결하게 이야기했다.

투자업에 더 오래 몸담을수록, 신용 사이클의 영향에 더 깊은 인상을 받는다. 자산가격에 중대한 영향을 미치고 경제 자체를 지탱하는 신용 가용성에 큰 변동을 일으키려면 경제에 작은 변동만 일으키면 된다.

자본이나 신용 가용성의 변화는 경제, 기업, 시장에 미치는 가장 기본적인 영향력 중 하나이다. 신용 사이클은 이 책에서 논의된 대부분의 다른 사이클들보다 보통 사람들에게 덜 알려져 있지만, 이 사이클은 가장 중요하고 심오한 영향을 미친다.

신용 사이클은 창문에 비유할 수 있다. 가끔은 열려 있고, 가끔은 닫혀 있다. 금융업계 사람들은 '돈을 빌리러 가는 곳'을 자주 '대출 창구' the credit window라고 말한다. 창구가 열려 있을 때는 자금이 풍부하고 또 쉽게 얻을 수 있다. 창구가 닫혀 있을 때는 자금이 부족하고 구하기 어렵다. 마지막으로 창구는 활짝 열린 상태에서 닫힌 상태로 순식간에 바뀔 수 있다는 사실을 늘 명심해야 한다. 신용 사이클이 움직이는 이유와 그 영향을 포함해서 사이클에 대해 이해할 것이 많지만 핵심은 변동한다는 것이다.

─────

신용 사이클은 왜 중요한가? 첫째, 자본이나 신용은 생산 과정에서 필수적인 요소이다. 따라서 기업(및 경제)의 성장 능력은 대개 자금 조달의 용이성에 따라 달라진다. 자본시장이 문을 닫으면 자금 조달이 어려워진다.

둘째, 만기 채무를 차환하기 위해서는 자금을 이용할 수 있어야 한다. (정부 및 소비자와 같은 다른 경제주체들뿐만 아니라) 기업은 일반적으로 부채를 전액 상환하지 못한다. 대부분의 경우 부채를 단지 롤오버 roll over(상환 만기에 다다른 채무의 상환을 연장하는 것 — 옮긴이)할 뿐이다. 만약 기업이 기존 부채의 만기가 도래하는 시점에 새로운 부채를 발행하지 못한다면 채무불이행으로 파산할 수도 있다. 우리가 신용 사이클의 어디쯤 위치하고 있는지, 즉 신용을 쉽게 이용할 수 있는지 여부는 정해진 시점의 채무 차환 여부를 결정하는 중요한 요인이다.

많은 기업자산이 (건물, 기계, 차량, 영업권처럼) 장기적인 성격을 띠고 있다. 하지만 기업들은 이런 자산을 구매하기 위해 종종 단기부채를 발행해 자금을 모은다. 일반적으로 만기가 짧은 경우 차입비용이 낮기 때문이다. 이렇게 '장기투자를 위해 단기로 빌리는 방식'은 신용시장이 열려 있고 완전히 기능을 발휘하는 경우에는 대부분 잘 작동한다. 즉 만기가 도래하면 부채를 쉽게 롤오버할 수 있다. 하지만 신용 사이클이 부정적으로 바뀌어 만기 채무를 차환할 수 없게 되면 매각하기 어려운 장기자산과 단기부채 사이의 불일치가 위기를 만들어내기 쉬워진다. 이런 전형적인 불일치가 자금시장이 어려워졌을 때 가장 극적인 금융붕괴를 야기하는 원인이 된다.

2007년에 세계 금융위기가 시작되고 신용시장이 얼어붙자 미국 재무부는 모든 기업어음의 지급을 보장하는 전례 없는 조치를 취했다. 이런 조치를 시행하지 않았다면 만기 270일 이하의 채무인 기업어음은 롤오버될 수 없었을 것이고, 그러면 제아무리 건실한 기업일지라도 채무를 불이행했을 것이다. 사실 채무불이행은 일류 기업들 사이에 집중되었을지도 모른다. 그들은 높은 신용도를 가지고 기업어음 시장에 쉽게 접근해 수십억 달러의 기업어음을 발행했기 때문이다. (신용 완화의 중요성과 만기 도래 어음을 롤오버할 수 있는 능력은 순자산을 갖고 있는 것과 충분한 유동성을 갖고 있는 것 사이의 본질적인 차이를 분명히 보여준다. 아무리 돈이 많은 회사일지라도 수중에 현금이 없는데 채무 만기, 어음, 그 밖의 생겨나는 필요에 맞춰 현금을 충분히 구할 수 없다면 곤경에 빠질 수 있다.)

셋째, 금융기관도 단기자금 시장에 상당 부분 의존한다. 금융기관들은 돈을 거래하는 사업을 하고, 사업을 지속하기 위해 자금을 조달할 필요가 있다. 이들은 종종 가장 큰 장단기 불일치를 만들어내며 잠재적 금융 붕괴의 현장이 되기도 한다. 예를 들어, 언제든 인출할 수 있는 예금을 받아서 그 돈으로 30년 만기 주택담보대출을 만드는 은행을 생각해보자. 만약 모든 예금자들이 같은 날에 돈을 다시 돌려달라고 요구하면('대규모 예금 인출 사태'가 일어난다면) 어떻게 될까? 신용시장에 접근할 수 없다면(그리고 정부 구제가 없다면) 그 은행은 파산할지도 모른다.

마지막으로 넷째, 신용시장은 사람들의 심리에 큰 영향을 미치는 신호를 보낸다. 신용 경색은 기업의 부정적인 현실보다 더 큰 공포를 확산시킨다. 시장의 어려운 상황은 신용 경색을 가져올 수 있다. … 그리고 기업 여건(뿐만 아니라 사업에 대한 시장 참여자의 의견)에 부정적인 영향을 미칠 수 있다. 이런 종류의 '악순환'은 대부분의 금융위기 상황에서 일어난다.

신용 사이클의 움직임

이제 신용 사이클의 성격과 중요성을 이해했을 것이다. 다음 주제는 신용 사이클이 발생하는 이유이다. 무엇 때문에 어떤 때는 신용 가용성이 높고, 또 다른 때에는 신용 가용성이 낮은가?

대출 창구는 저절로 열리고 닫히며 독자적인 생각을 가지지 않는다. 오히려 다른 곳에서 일어나는 일의 영향을 받는다. 나는 '예측할 수는 없지만 대비할 수는 있다'(2001년 11월)라는 메모를 통해 이러한 과정을 확장 및 축소해서 상당히 자세히 설명했다.

과정은 단순하다.

- 경제가 번영의 시기로 들어간다.
- 자본공급자는 자본 기반을 확대하며 번창한다.
- 나쁜 소식이 거의 없기 때문에 대출과 투자에 수반된 위험은 줄어드는 것처럼 보인다.
- 위험회피 성향이 사라진다.
- 금융기관들은 사업을 확장하기 위해, 즉 더 많은 자본을 제공하기 위해 조치를 취한다.
- 금융기관들은 요구 수익률을 낮추고(예를 들어 금리를 인하해서), 신용기준을 낮추며, 특정 거래에 더 많은 자본을 제공하고, 계약을 완화함으로써 시장점유율을 높이려고 경쟁한다.

극단적인 경우에 자본제공자들은 자금을 지원받을 가치가 없는 대출자들과 프로젝트에 자금을 댄다.《이코노미스트》가 올해 초 말했듯이, "최악의 대출은 최고의 시기에 이루어진다." 그리고 이때 이뤄진 대출은 곧 자본 파괴로 이어진다. 즉 자본 비용이 자본 수익을 초과하는 프로젝트에 자본을 투자하여 결국 자본 회수가 안 되는 사례가 발생한다.

이 시점이 되면 상승 구간이 다음과 같이 전환된다.

- 손실 때문에 대출기관은 의욕을 잃고 투자를 회피하게 된다.
- 위험회피 성향이 늘면서 금리가 오르고, 여신 규제, 계약조건이 늘어난다.
- 이용 가능한 자금이 줄어들며, 사이클의 저점에서는 가장 자격 있는 대출자들에게만 대출이 이루어진다.
- 기업들은 자금에 굶주린다. 대출자들이 채무를 롤오버할 수 없게 되면서 채무불이행과 파산이 일어난다.
- 이 일련의 과정은 경기 위축의 원인이자 악화 요인이다.

물론 극단적인 상황에서 상황은 다시 방향을 바꿀 준비를 한다. 대출을 일으키거나 투자를 하려는 경쟁이 낮기 때문에 높은 신용도와 함께 고수익이 요구될 수 있기 때문이다. 이 시점에서 역투자가들은 자본을 이용하여 고수익을 얻는 시도를 하고, 솔깃한 잠재수익이 자본을 끌어당기기 시작한다. 이런 식으로 경기 회복이 시작된다.

사람들은 때로 열렬히 자금을 투자하고 싶어 하고, 이것이 대출 창구를 활짝 열어젖힌다. 하지만 상황 때문에 그들의 마음이 변하면 자금 조달은 불가능해질 수 있다. 이 책의 다른 내용들도 마찬가지이지만 여러분은 사이클의 작용과, 특히 사이클의 각 요소가 다음 사건으로 이어지는 방법을 명확히 이해해야 한다. 여기에 나오는 단계별 설명은 매우 중요하며 반드시 기억해야 한다.

'예측할 수는 없지만 대비할 수는 있다'는 메모에서 나는 이 과정을 단 몇 마디로 줄였다. 이 내용은 신용 사이클의 핵심이며, 사이클의 끝없는 연쇄반응적 성격을 분명히 보여준다.

> 호황으로 대출이 늘면서 잘못된 대출로 인해 큰 손실이 발생하고, 결국 대출기관이 더 이상 대출을 하지 않게 되면서 호황은 끝이 난다. 이 상황은 계속 반복된다.

시장은 가장 많은 돈을 지불할 사람에게 제안된 물건을 보내는 경매장이다. 금융시장도 마찬가지다. 투자를 하거나 대출을 제공할 기회는 그 기회에 대해 가장 많은 돈을 지불할 시장 참여자에게 돌아간다. 응찰을 하면 가격은 더 높아지고, 가치평가변수(가령 주가수익률 price/earnings ratios)도 더 커진다. 신용시장에서 높은 가격 또는 높은 가치평가변수는 직접적으로 논의하고 있는 채권상품의 수익률이 낮다는 것으로 해석할 수 있으며, 자본을 제공할 기회는 가장 낮은 수익률을 받아들일 대출기관에게 주어진다.

2007년 2월에 쓴 '바닥을 향한 경주' 메모에는 자본제공자들이 호황기에 '사업 장부'를 확장하고자 하는 열망과 그 효과에 관해 적었다.

> 돈을 상품이라고 생각해보자. 돈은 다 똑같다. 대출 규모를 늘리려는 기관들과 수수료를 높이려는 사모펀드 private equity fund 및

헤지펀드는 모두 더 많은 자금을 움직이려고 한다. 따라서 더 많은 자금을 대출해주고 싶으면, 즉 자금이 필요한 사람들을 경쟁자가 아닌 당신에게 오게 하고 싶으면 당신의 자금을 싸게 만들어야 한다. 다른 상품과 마찬가지로, 저렴한 가격은 시장점유율을 높일 수 있는 가장 믿을 만한 길이다.

자금을 저렴하게 만드는 한 가지 방법은 대출이자를 낮추는 것이다. 좀 더 미묘한 방법으로는 가령 보통주에 더 높은 주가수익비율을 지불하거나, 기업을 인수할 때 더 높은 총거래가격을 지불하는 등 매입하는 자산에 더 비싼 가격을 붙이기로 동의하는 것이다. 어느 것을 선택하든 더 낮은 예상수익률에 만족하기는 해야 한다. 다만 자금을 저렴하게 만들 수 있는 다른 방법들이 있는데, 그것이 이 메모의 주된 주제이다.

채권에서 구조는 중요하다. 대출자에게 더 유리한 조건은 대출기관에 추가적인 리스크를 안길 수 있다. 가령 대출기관은 대출자가 리스크를 증가시키는 특정 활동에 참여할 수 없게 범위를 제한하는 보호조항protective covenant을 넣고 싶어 한다. 대출자가 받을 수 있는 총부채를 제한한다거나 배당금으로 지급 규모를 제한할 수도 있고, 일정한 수준의 최소 순자산을 유지하도록 요구할 수도 있다. 그러나 신용시장이 과열되면 부채의 '최고 구매자', 즉 돈을 빌려주는 데 가장 열심인 대출기관은 좀 더 간단한 계약조건을 흔쾌히 받아들여 더 많은 위험을 부담하게 된다.

결국 이 경매에서 대출을 내주거나 채무 증권을 살 수 있는 기회는 가장 낮은 수익률과 가장 위험한 구조를 받아들이는 자본제공자에게 돌아간다. 위험회피 성향이 존재하고 대출 기회에 대한 수요가 공급에 비해 합리적일 때, 경매는 신중하게 이루어진다. 반면 위험을 수용하는 분위기가 지배적이고 대출기관들이 대출할 기회를 잡기 위해 탐욕스럽게 경쟁할 때 경매는 과열될 가능성이 크다. 결과적으로 대출해줄 수 있는 기회에 대한 가격이 지나치게 높아질 수 있다. 즉 수익률이 너무 낮거나 리스크가 과도해지는 것이다. 따라서 다른 것들처럼 신용시장에서 과열된 경매는 실제로는 패자인 '승자'를 만들어낼 가능성이 높다. 이것이 내가 바닥을 향한 경주라고 말하는 이유이다.

한편 경매에 나오는 구매자들도 적고, 참여하는 얼마 안 되는 사람들까지 공짜나 다름없는 가격일 때만 구매에 관심을 보이는 경우가 있다. 이러면 입찰은 중단되고 그 결과 낮은 가격, 높은 수익률, 탄탄한 보호조항을 제공하는 채권구조가 등장한다. 바닥까지 경주하는 과열된 분위기와 달리 아무도 자금을 빌려주려고 하지 않는 싸늘한 시장은 진정한 승자를 만들어낸다.

신용창구의 개방도는 자본제공자들의 대출 의지가 얼마나 강한지에 달려 있다. 그리고 경제, 기업, 투자자, 투자 기회에 대한 미래 수익률과 위험에 지대한 영향을 미친다.

단기적으로 완화된 자본시장에서는 더 다양한 이유로 더 많은 기업들이 더 낮은 이자율과 더 적은 보호조항을 가지고 더 많은 돈을 이용할 수 있게 되는 효과가 있다. 이것은 더 높은 수준의 기업 인수, 바이아웃 기업 확장으로 이어진다(인수 기업의 신속한 자본 재조정과 그에 따른 높은 단기수익률 확보는 말할 것도 없다). 또 단기적으로 일반적인 금융활동을 활성화시킨다.

완화된 자본시장 상황의 또 다른 효과는 부실기업의 재정 핍박을 미연에 방지할 수 있다는 것이다. 대출기관이 까다롭고 계약 조건이 엄격할 때, 기업 운영에 문제가 생기면 기술적 채무불이행(계약 위반)과 '금전적 채무불이행'(이자 또는 원금의 미납)이 빠르게 생길 수 있다. 그러나 완화된 자본시장 상황에서는 채무불이행을 방지할 수 있다. 예를 들어 계약조건이 느슨하거나 부재한 경우, 대출자에게 현금 지급 채권을 (최근의 혁신적인 상품인 '토글 채권'toggle bond[이자를 현금 대신 채권으로 지급할 수 있는 채권—옮긴이]을 이용해) 대물 채권payment-in-kind bond으로 전환할 수 있는 옵션이 있는 경우나 자금을 새로 모아서 만기를 연기할 수 있는 경우에는 채무불이행을 방지할 수 있다.

그러나 기업들이 더 큰 레버리지를 이용한 상태에서 무너지면 미연에 방지되었던 다수의 채무불이행은 그 발생이 필연적이었다는 사실을 입증할 것이다. 또한 완화된 자본시장에서는 부실기업도 자본을 조달할 수 있었기 때문에 기업들은 더 큰 고통을 겪을 것이다. 다른 조건이 모두 같다면 호황이 클수록, 또 높은 곳을 향한 자본시장의 양상이 지나칠수록 붕괴 규모도 더 커진다. 시기와 정도는 결코 예측할 수 없지만, 사이클의 발생은 필연적이다. ('바닥을 향한 경주', 2007년 2월)

신용 사이클의 영향

이 책에서는 어떤 사이클 안에서 일어난 사건이 다른 분야나 다른 종류의 사이클에 미치는 영향에 대해서도 중요하게 다룬다. 신용 사이클에서는 이것이 매우 분명하게 드러난다.

롱텀캐피털 매니지먼트에 대해 쓴 '천재는 충분하지 않다'(1998년 10월)라는 메모에서 나는 "다음번에 위기가 찾아오면 주변을 관찰해보라. 틀림없이 돈을 빌려준 사람이 있을 것이다."라고 적었다. 자유방임주의를 추구하는 자본공급자들은 종종 거품을 만들기 위해 손을 쓰고 부추긴다. 최근 자본시장이 완화되어 붐이 생기고, 그 붐 뒤에 유명한 위기가 찾아온 사례가 많았다. 1989~92년 부동산, 1994~98년 신흥시장, 1998년 롱텀캐피털 매니지먼트, 1999~2000년 영화 전시 산업, 2000~01년 벤처캐피털 펀드와 통신회사 등이다. 각각의 사례에서 금융기관들과 투자자들은 싼 자금을 지나치게 많이 제공했고, 그 결과 과도한 확장과 엄청난 손실이 발생했다. 영화 〈꿈의 구장〉Fields of Dreams에서 배우 케빈 코스트너는 이런 말을 듣는다. "구장을 지으면 사람들이 올 거야." 금융의 세계에서도 싼값에 자금을 제공하면 사람들은 돈을 빌리고 소비하고 건물을 지을 것이라는 생각이 있었다. 다만 그것이 종종 무절제하게 이루어져 매우 부정적인 결과가 발생하기도 한다.

자본 사이클은 기술주 거품에 엄청난 기여를 했다. 벤처캐피털 펀드로 조달된 자금으로 지나치게 많은 회사가 생겨났는데, 사업 타당성이나 수익 전망 등은 거의 없는 경우가 많았다. 기업 공개에 대한 수요가 휘몰아쳐서 이런 회사들의 주식이 급상승했고, 벤처캐피털 펀드가 세 자릿수 수익률을 보고하면서, 빠른 결과를 요구하는 더 많은 자금을 끌어들였다. 신용이 완화된 덕분에 통신회사들은 부분적으로만 자금을 조달받았던 거대 자본 프로젝트에 서명을 할 수 있었고, 프로젝트가 진행됨에 따라 나중에 더 높은 주가수익비율과 더 낮은 금리로 더 많은 자금을 조달할 수 있으리라는 것을 알고 안심했다. 이런 상황 때문에 그 당시 필요했던 것보다 훨씬 더 많은 광섬유 생산설비가 지어졌고, 그것들 대부분이 현재 유휴 상태이다. 여기에 투자된 많은 자금은 결코 회수되지 않을지도 모른다. 또다시, 쉽게 얻은 돈은 자본 파괴 capital destruction로 이어진다.

나는 투자할 때 잘 알 수 없는 향후 경제 상황에 대해 걱정하기보다는 자본의 공급 및 수요에 대해 고민하는 습관이 있다. 붐비지 않는 분야에 투자하면 큰 이점이 있다. 모두가 돈을 쏟아붓는 분야에 동참하는 것은 재앙을 만드는 공식이다('예측할 수는 없지만 대비할 수는 있다').

'중도'(2004년 7월)라는 메모에서는 사이클의 과정에 대한 길고 중요한 설명을 더 짧게 요약해놓았다.

때때로 자본공급자들은 단순 실수로 많은 상황을 놓쳐버린다.

누구나 어떤 목적으로든 얼마든지 자본을 얻을 수 있는 때가 있고, 자금을 받을 만한 자격이 확실한 대출자들조차도 가치 있는 프로젝트를 위한 합리적인 규모의 자금에 접근하지 못할 때도 있다. 자본시장의 양상은 심리적 측면에서 우리가 어느 위치에 있는지를 보여주는 훌륭한 지표이며, 적은 비용으로 투자할 수 있는 기회를 얻는 데 큰 도움이 된다.

나는 이 메모에서 신용 사이클이 어떻게 과열을 조장하는지에 대해 계속 이야기했다.

극단적인 시장 상황의 원인을 찾으려면 비디오를 몇 달 혹은 몇 년 전으로 되감아야 한다. 무분별하게 자본을 공급하려는 의욕이 강해지면서 엄청난 호황기가 만들어진다. 마찬가지로 대부분의 위기는 특정 기업이나 산업, 잠재적 대출자 전체에 대한 자금 조달이 전면적으로 거부된 뒤 발생한다.

이제 나는 신용 사이클의 효과에 대해 이야기하고자 한다. 먼저 세계 금융위기를 말해야 하는데, 이때가 가장 많은 것을 배울 수 있는 시기였다.

1960년대 후반, 젊은 주식분석가였던 나는 경제 사이클뿐만 아니라 그와 관련되어 기업의 이익이 증가하고 감소하는 방식에 관해서도 잘 알고 있었다. 배워야 할 것이 많았지만 이미 심리와 리스크를 대하는 태도의 변화(그리고 그것들의 중요성)에 대해 약간은 알고 있었다. 다만 신용 사이클의 역할이나 작동에 대해서는 거의 인식하지 못했다. 직접 경험해보지 않으면 투자업계에서 일어나는 대부분의 현상들을 완전히 이해하기는 어렵다. 물론 이제는 신용 사이클이 정말 중요하다는 사실을 잘 안다. 2007~08년 세계 금융위기의 원인에 대해 질문을 받았을 때, 나는 신용 사이클을 리스트의 맨 위에 올려놓았다.

2007~08년의 고통스러운 경험에 '세계 금융위기'라는 이름을 붙인 것은 그것이 본질적으로 경제 등 다른 원인에 의한 현상이 아니라 거의 전적으로 금융시장 내부 사건에 의한 것이라는 사실을 반영한다. 광범위한 위기를 초래한 금융계의 태도 및 행동은 다음과 같이 설명할 수 있다.

- 실존적 원인은 171~172쪽에서 설명했던 것처럼 금융 리스크에 대해 지나치게 관대했다는 것이다.
- 이러한 태도는 연방준비제도이사회가 금리를 인하해 고수익 투자상품에 대한 수요가 높아지자 걷잡을 수 없게 되었다.
- 무엇보다 이 두 가지 요인 때문에 투자자들은 혁신적인 금융상품을 열렬히 받아들였고, 이런 상품의 근거가 되는 유리한 역사적 추정과 낙관적 가정들을 지나치게 수용했다.
- 혁신적인 상품들 중에서도 주택담보대출유동화증권의 우위는 새로운 증권을 만들기 위한 담보대출 수요를 급격하게 증가시켰다.
- 담보대출에 대한 수요가 급증하자 주택담보대출의 판매가 촉진되었고, 이로 인해 담보대출기관들은 돈을 빌려줄 미래의 주택

구입자들을 부주의하게 선택하게 되었다. 담보대출을 내어준 이들은 그 대출채권을 보유하지 않을 것이기 때문에 담보대출의 건전성에 대해 걱정할 필요가 없었다. 이러한 경향의 극단적인 예로, 고용이나 소득 면에서 전통적인 대출기준을 충족시키지 못하는 사람들이나 대출기준을 서류로 입증하느니 더 높은 이자율을 지불하기로 마음먹은 대출자들을 위해 '서브프라임' 모기지라는 범주가 만들어졌다. 이런 부실 대출자들이 거액을 빌릴 수 있다는 사실만 보아도 신용시장이 비이성적인 상황이라는 것을 알 수 있었다.

- 담보대출기관의 신용 실사實査가 느슨해지고 주택 구입자들이 서브프라임 금융을 쉽게 이용할 수 있게 되었다. 기존의 엄격한 주택담보대출기준 아래서는 주택을 소유할 수 없었던 이들을 포함해 그 어느 때보다도 많은 미국인들이 주택을 소유할 수 있게 됐다.

- 신용평가기관들은 서브프라임 모기지로 인한 방대한 양의 증권을 평가함으로써 얻게 되는 잠재적 이익에 눈이 멀어(순수했을 수도 있고, 욕심 때문이었을 수도 있지만) 그들만의 바닥을 향한 경주에서 경쟁을 했다.

- 대출기관이 주택담보대출을 극대화하기 위한 방편으로 대출자들이 금융기관에 갚아야 할 최초 월 지불액을 낮추자, 주택 구매력이 크게 상승했다. 이렇게 최초 이자율을 낮춰주는 '미끼'teaser 금리를 기반으로 최초 월 지급액을 낮게 시작하는 변동금리 주택담보대출이 광범위하게 판매됐다. 변동금리는 금리가 인상되

기 전에도 가까스로 월 지급액을 낼 수 있었던 대출자들에게 잠재적인 위험을 내포하고 있었다. 하지만 대출자들은 신용완화 덕분에 다시 하위시장의 미끼 금리로 또 다른 담보대출을 받아 늘 차환할 수 있을 것이라고 확신했다.

- 투자은행들은 판매 가능성을 최대화하기 위해 서브프라임 모기지라는 풍부한 원재료를 높은 평균 신용등급을 가진 트랑슈 tranche(금융기관이 개별 대출들을 모아 이것을 기반으로 다시 발행한 채권—옮긴이)로 만들고 싶어 했다. 금융공학이 인기를 끌던 바로 그 시기에 이런 활동에 대한 열의가 높았기 때문에 트랑슈의 등급은 스트레스 상황에서 실제 작동하는 방식과 완전히 다르게 매겨졌다.

- 이런 증권을 만들고 판매한 투자은행들은 종종 발행물량을 늘리거나 단순히 고수익 자산을 보유하려는 열망에서 트랑슈 구조의 아래층에 차입equity(포트폴리오 중 낮은 등급의 주식—옮긴이) 층을 만들려고 했다(그들은 심지어 자기들이 만든 상품의 심각성을 의식하지도 못했다). 그리고 다른 은행들은 허용 가능한 높은 수준의 레버리지를 활용해 싼 차입금으로 위험한 고수익 증권과 구조화된 모기지 증권 후순위채junior debt tranches를 매수해서 유리한 수익률 스프레드로 자산을 구성했다.

위에서 볼 수 있듯이, 사실상 세계 금융위기를 만든 모든 상황은 금융 시스템과 신용 사이클에서 만들어진 것이었다. 위기의 토대가 된 사건들은 일반적인 경제 호황이나 기업 이익의 광범위한 확대에 의해야기된 것이 아니었다. 주요 사건들은 일반적인 비즈니스 환경이나 그 너머의 더 넓은 세계에서 일어난 것이 아니다. 오히려 세계 금융위기는 전적으로 금융 주체들의 행동에서 기인한 금융 현상이었다. 자본의 손쉬운 가용성이 이런 사이클을 만든 주된 요인이었다. 그리고 그 과정에서 넘치는 열정을 억제해줄 만한 경험과 신중함이 부족했다. 창의적인 금융공학의 발전, 대출 결정과 대출 보유의 분리, 무책임과 지나친 욕심이 사태를 이 지경으로 몰고 갔다.

중요한 점은 이런 연쇄 반응이 주택 소유에 대한 아메리칸 드림이 확장되길 바라며 모두가 집을 살 수 있다면 좋을 것이라고 생각했던 순진한 공무원들에 의해 조장됐다는 것이다. 2002년 10월 연설에서 조지 W. 부시 대통령은 친구 중 한 명에게 들은 말을 전했다. "주택을 생애 최초로 구입하는 사람이라고 해서 허름한 집을 살 필요는 없습니다. 마음만 먹으면 처음으로 집을 사는 사람도, 저소득 주택 구입자도 다른 사람들처럼 멋진 집을 가질 수 있습니다." 당시 연설을 들은 사람들이 이 말을 오늘날처럼 터무니없다고 생각했을지 의문이다.

세계 금융위기가 닥친 후, 주택 소유 확대의 가장 강력한 지지자 중 한 명이었던 바니 프랭크Barney Frank 의원(전 미국 하원 금융위원회 위원장—옮긴이)은 이렇게 말했다. "집을 소유하는 것은 좋은 일입니다. 하지만 우리는 이 사회에 큰 실수를 저질렀습니다. 사회에는 주택 구입을 위해 돈을 빌려주면 안 되는 사람들이 있습니다. 우리는 집을 가질 수 없는 사람들이 주택을 소유하게 했습니다."(보는 바와 같이 정치적 미사여구도 사이클을 따른다.)

다시 말해, 세계 금융위기의 기초를 제공했던 사건들은 거의 돈과 관련 있었다. 부를 추구하는 열망이 몹시도 커졌다. 돈 버는 과정을 되돌아보고 제어하는 경제적 현실은 종종 무시됐다. 시장 참가자들이 자금을 제공하려 할 때 일반적으로 갖는 경계와 위험회피도 거의 없었다. 따라서 자본 사이클은 비이성적인 극단까지 올라갔고, 그 결과는 상식적으로 예측할 수 있을 것이다.

사이클이 극단까지 올라가면 그곳에서 영영 머무를 수는 없다. 조정은 때로 그 자체의 무게 때문에 일어나기도 하고, 사이클 바깥의 사건 때문에 일어나기도 한다. 이 경우에는 전자에 가까웠다. 위기의 토대를 쌓는 것과 마찬가지로, 시장의 매듭을 푸는 첫 단추는 '현실 세계'에서 시작되었지만 근본적으로는 사실 모두 금융적인 해결책이었다.

- 가장 큰 영향력을 미쳤던 것은 2006년 서브프라임 모기지 대출자들의 채무불이행이 엄청나게 늘어난 일이었다. 지불 능력을 입증하지 않은 채 대출을 받았던 일부의 대출자들이 사실상 대출을 갚을 수 없다는 사실이 드러났다. 엉터리로 이루어진 몇몇 대출들은 허구의 대출자들이 사라지자 상황이 더 악화됐다. 또 주택 구입 가격의 100퍼센트 수준으로 이루어졌던 일부 대출 덕에 주택 구입자들은 계속된 주택가격 상승에 자기 돈을 전혀 투자하지 않고도 투기할 수 있게 됐지만, 주택시장이 가격 상승을 멈추자 버림받았다.
- 이유와 상관없이, 서브프라임 모기지 담보증권이 높은 레버리지와 채권 등급을 얻을 수 있었던 역사적 근거, 즉 전국적으로 대규모의 주택담보대출 채무불이행은 발생하지는 않을 거라는

주장이 흔들렸다. 이미 밝혀진 것처럼 대출 결정은 이러한 역사적 근거를 과도하게 믿은 탓에 어리석게 이루어졌다. 역사적 근거에 지나치게 의존한 결과 매우 부주의한 대출이 실행됐고, 대출기관과 투자자들은 이런 과정 자체가 현재를 지난 역사와 무관하게 만들 가능성을 무시해버렸다.

- 수많은 모기지 채무불이행으로 신용등급 강등, 계약 위반, 모기지 담보증권의 지급불이행이 발생했다.

- 신용등급의 강등, 계약 위반, 채무불이행으로 모기지 담보증권의 가격이 폭락했으며, 그 결과로 신뢰가 무너져 이런 상품의 시장 유동성이 고갈됐다.

- 겁에 질린 매수자들이 방관적 입장을 취하고, 공포에 사로잡힌 보유자들이 점점 더 매도를 열망함에 따라(혹은 마진콜 때문에 팔아야 함에 따라) 모기지 담보증권의 가격이 급격히 하락했다.

- 이렇게 부정적인 사건들은 투명성을 높이기 위해 은행자산을 '시가 평가'하기로 한 새로운 규정과 정면으로 충돌했다. 그러나 가격이 급락하고 유동성이 말라버려 어떤 가격도 신뢰하기 어려웠다. 은행들이 자산을 보수적으로 낮춰서 평가하자, 내재 손실은 더 큰 패닉을 불러일으키며 투자자들에게 충격을 주었고 가격은 더 하락했다.

- 은행의 생존 능력에 의문이 제기되었다. 많은 은행들이 (정부의 지원을 받아) 다른 은행에 흡수되거나 정부 구제를 받아야 했다.

- 여러 은행이 파산하거나 (아주 싼값에) 인수되었고 구제금융을 받는 상황은 투자자들에게 손실을 안겨 신뢰는 더욱 떨어졌다.

게다가 은행들 간의 맞물린 관계는 남은 은행들이 가지고 있는 다른 은행에 대한 채권액을 신뢰할 수 있는지에 심각한 우려를 낳았다. '거래 상대방의 위험'이 새로운 걱정거리가 된 것이다.

- 은행은 막대한 손실을 보고했다. 은행 신용도에 반대로 돈을 거는 신용부도 스와프credit default swaps의 가격 상승은 지급 불능 가능성이 높아졌음을 시사했다. 주주들은 이에 대응하여 은행주를 처분하며 주식가격을 하락시켰다. 공매도 투자자들은 끊임없이 매도하며 하방 압력을 가하고, 스스로 비관적인 예측을 충족시키며, 악순환을 더 연장시켰다.

- 결국 리먼 브라더스는 인수나 구제금융을 받지 못한 채 파산했다. 리먼 브라더스의 붕괴와 동시에 다른 여러 불안한 사건들이 함께 터지면서 상황은 패닉에 가까워졌다.

- 2007년 중반, 주택담보대출 문제에 부정적으로 반응했던 시장은 다른 영역으로의 전염 가능성을 간과했었다. 그러나 2008년 말에는 모든 이들이 모든 것들에 대한 패배를 인정했다. 국채와 금을 제외한 모든 자산가격이 폭락했다.

- 차입자본('레버리지' 또는 '마진')을 사용하여 투자했던 펀드는 자산가치의 급격한 하락을 목격했으며, 대출기관들로부터 추가 자본금을 예치하라는 요구를 받았다. 은행에게 시간을 더 달라고 호소했을 때, 은행들은 그것을 허락할 수 없었고 허락하지도 않았다. 그 결과 고통스러운 포트폴리오의 대량 매도가 이어졌고, 이것은 가격의 하방 압력을 더 증가시켰다.

- 이러한 환경 속에서 자본시장은 경색됐다. 이는 금융시장의 모

든 부문, 심지어 주택 및 주택담보대출과는 전혀 무관한 다른 부문에서도 사실상 새로운 자금 조달이 불가능해졌음을 의미했다.

- 위와 같은 상황을 고려하여 모든 경제주체가 매수, 투자, 확장을 거부하면서 시장에서 물러났다. 이러한 행동의 결과는 '대침체'Great Recession라는 꼬리표가 붙은 경제 위축이었다.

2008년의 마지막 15주 동안 극단으로 떨어진 신용 사이클의 하락세는 보편적이고 막을 수 없는 것처럼 보였다. 하락세를 막을 수 있는 어떤 힘이나 (앞 장에서 설명했던 것처럼) 실현된다면 너무 끔찍한 가상의 시나리오를 상상할 수 있는 사람도 거의 없었다. 금융 시스템의 완전한 붕괴가 곧 일어날 것 같았다.

> 핵심은 어느 날 자본을 제공하는 잠재적 자본공급자의 의사가 경제와 시장에 심각한 영향을 미치며 급격하게 변동한다는 것이다. 신용시장이 얼어붙고, 정부 이외에는 자본을 줄 수 있는 곳이 없었던 것처럼 상황이 좋지 않다는 것에 의심의 여지가 없다. ('열림과 닫힘')

나는 대공황 때처럼 티머시 가이트너Timothy Geithner도《스트레스 테스트》Stress Test에서 이렇게 이야기했다. 하지만 미국 정부는 다행히 형세를 변화시키는 조치를 취했다. 이 조치에서는 앞에서 언급한 기업어음과 더불어 단기금융자산투자신탁money market funds을 보증했다. 은행에 구제금융을 시행함으로써 정부가 도움을 줄 수 있다는 사실을 시사했고, 2008년 9월 리먼 브라더스의 파산으로 정부가 구제할 가치가 있는 은행과 그렇지 않은 은행을 구분한다는 것을 보여주었다. 공황 상태에 빠진 시장 참가자들은 리먼 사태 이후 다음 차례는 모건 스탠리일 것이며, 골드만삭스가 그 뒤를 이을 것이라고 확신했다. 급격한 하락세는 일본의 미쓰비시 UFJ가 모건 스탠리에 약속했던 90억 달러의 투자를 단행하면서 진정됐다.

신용시장에서 일어난 사건들은 광범위하게 격변하는 현실 속에서 사이클이 영원히 한 방향으로만 갈 수는 없다는 사실을 입증했다. 채권가격은 리먼이 파산한 9월 15일부터 2008년 말까지 자유 낙하했다. 그러나 2008년 말에 시장 회복을 위한 확실한 재료가 마련되었다.

- 과도한 레버리지를 이용했던 펀드들은 마진콜을 받아 추가 자본을 확보하거나 요구받은 대로 레버리지를 낮추기 위해 자산을 매도하고 또 청산했다.
- 연말 환매를 원하는 투자자들로부터 환매 통지를 받은 펀드매니저와 투자운용사들은 환매를 연기하는 '게이트'gate(환매를 제한하거나 중단시킬 수 있는 펀드매니저의 권리 조항—옮긴이)를 만들거나 환매에 필요한 자산을 매각했다.
- 채권가격은 수익률이 너무 높아서 매도가 꺼려지고 매수가 매력적인 지점에 도달했다.
- 시장 참여자들은 결국 부정적 심리가 보편적이고 '상황이 더 이상 나빠질 수 없는' 때에도 그렇게 되지 않는다는 사실을 확인했다. 모든 낙관주의가 사라지고 극도의 위험회피 성향이 도처에

존재할 때, 가격은 더 이상 낮아질 수 없는 수준에 도달할 수 있다. 가격이 마침내 하락을 멈추면 사람들은 안도감을 느끼는 경향이 있고 그러면 가격 회복에 대한 가능성이 생기기 시작한다.

2009년 1분기에 채권 호가는 안정성과 자신감, 구매력의 '기반'이 아직 완전히 회복되지 않은 가운데 계속 하락세를 보였다. 바로 위에 열거한 요인들 때문에 연초 투자자들의 대규모 매수 능력은 사라졌다. 그러다 2사분기에 갑자기 매수에 대한 관심이 나타나자 매도 물량이 부족하여 상승 방향으로의 강력한 움직임이 나타났다. 아마도 고통받고 있던 채권 매수자들이 '떨어지는 칼날을 잡는' 두려움 때문에 비이성적으로 움츠리고 있었다는 사실을 깨닫게 되었기 때문일 것이다.

세계 금융위기는 대공황 이후 가장 극심한 신용 사이클을 보여주었다. 역사적으로 채권시장은 보수적인 편이다. 채권시장의 경우 상승면의 과도함이 제한적이기 때문에 대부분의 거품은 주식시장에서 발생한다. 분명 1929년의 대폭락은 주식시장에서 일어났다.

그러나 1970년대 후반 하이일드 채권시장이 형성되면서 채권 투자의 자유화가 시작되었고, 그 후 30년 동안 이어진 긍정적인 경제환경 덕분에 업계에 뛰어든 사람들은 순조로운 경험들만 하게 되었다. 이러한 상황에서 낮은 등급과 비전통적인 채권상품이 적극적으로 받아들여졌다.

채권가격은 1990~91년(1980년대 높은 레버리지를 사용한 바이아웃 펀드들의 광범위한 파산과 관련)과 2002년(과잉된 시설 건설자금 조달을 위한 통신업계의 과도한 대출에서 기인한 것으로, 몇몇 유명 기업의 회계 부정 사건과 함께 현저한 가격 하락을 발생시킴)에 약세를 보였다. 하지만 이때의 하락은 그 원인이 고립적이었기에, 시장에 주는 영향이 제한적이었다. 금융시장은 2007~08년이 되어서야 채권이 유발한 광범위한 패닉을 목격했다. 이는 전체 경제에 큰 영향을 미쳤고, 세계 금융위기는 신용 사이클이 갖는 최대 효과를 보여주는 최고의 사례였다.

—〰〰—

'열림과 닫힘' 메모에서 설명한 바와 같이 자본시장의 사이클은 단순하게 작동하며, 그 메시지도 알아차리기 쉽다. 경직되어 있고 신중한 성격의 신용시장은 대개 다음과 같은 것들에서 비롯되거나, 다음과 같은 것들로 이어지거나, 다음과 같은 것들을 함축하고 있다.

- 손실에 대한 두려움
- 위험회피 성향과 회의주의의 고조
- 가치와 관계없이 대출 및 투자를 꺼림
- 도처에서 자본이 부족
- 경제 위축과 채무 차환의 어려움
- 채무불이행, 파산, 구조조정
- 낮은 자산가격, 높은 잠재수익률, 낮은 리스크 및 과도
  한 리스크 프리미엄

종합해보면 이런 특징들은 투자하기에 좋은 시기임을 보여준다. 하지만 이런 특징들이 가져오는 결과에 대한 공포와 위험회

피 성향 때문에 사람들은 이런 특징이 나타날 때 투자하기를 꺼린다. 자본 사이클이 부정적일 때는 투자를 하지 않는 것이 잠재적으로 이익이 되는 듯 대부분의 사람들은 투자를 어려워한다.

이와는 반대로 신용 완화 상황은 대개 다음과 관련이 있다.

- 이득이 되는 기회를 놓칠까봐 두려워함
- 위험회피 성향과 회의주의의 감소(따라서 확실히 주의를 덜 기울이게 됨)
- 지나치게 많은 자금이 소수의 거래를 좇음
- 주식을 더 많이 매수하려 함
- 나쁜 주식을 매수하려 함
- 높은 자산가격, 낮은 수익률 전망, 높은 리스크 및 낮은 리스크 프리미엄

위의 요소들을 보았을 때 지나친 신용 완화는 부족한 신중함이 그 원인이므로 투자자들에게 분명한 위험 신호를 보내야 한다. 좋은 뉴스들이 나오고, 자산가격이 상승하며, 낙관론이 높아지고, 모든 것이 가능해 보일 때 자본시장은 크게 완화된다. 그러나 그 결과 늘 불안정하고 가치보다 비싼 증권이 발행되며, 붕괴할 수준까지 부채가 많아진다.

완화된 자본시장에서 새로 발행된 증권의 질에 대한 문제는 특별히 관심을 가질 만하다. 위험회피 성향과 회의주의가 줄어들고, 손실을 피하는 것보다 기회를 놓치지 않는 것에 더 주목하게 되

면 투자자들은 더 많은 발행 물량을 받아들인다. 또 같은 이유로 투자자들은 더 위험한 발행물을 기꺼이 산다.

신용 사이클이 확장 국면에 있을 때, 신규 발행에 대한 통계자료를 보면 투자자들이 새로운 발행물을 더 많이 매수하고 있음을 분명히 확인할 수 있다. 그러나 열등한low-quality 증권을 매수하는 문제는 좀 더 미묘하다. 신용등급과 계약조항을 자세히 검토해봐야 하지만 이런 것들의 중요성을 이해하려면 남다른 노력과 추론이 필요하다. 자금의 과도한 가용성이 빚은 광란의 쟁탈전에서 이런 추세를 인식하고 이에 저항하는 것은 대다수 시장 참여자들의 능력을 넘어서는 것 같다. 이것이 지나친 신용 완화의 여파로 손실, 경제 위축, 그에 따른 대출 기피가 생기는 이유 중 하나이다.

핵심은 일반적으로 신용 완화는 자산가격을 높이고 후속적인 손실을 가져오는 반면, 신용 경색은 가격을 낮추고 엄청난 이익을 얻을 수 있는 기회를 가져온다는 것이다.('열림과 닫힘')

―〰―

이 책의 궁극적인 목적은 세계 금융위기에 대해 상세히 설명했던 것처럼 사이클이 이미 발생한 뒤에 그것을 이해하도록 하려는 것이 아니다. 오히려 실시간으로 다양한 사이클에서 우리의 위치를 알고 적절한 조치를 취할 수 있게 하는 것이다.

일이 잘 풀리고, 긍정적인 뉴스들이 나오며, 위험회피 성향이 적고, 투자자들이 열정적일 때 사이클의 정점에 도달한다는 사실을 아는 것은 신용 사이클을 다루는 중요한 열쇠이다. 신용 사이클의 정점에서 대출자들은 돈을 쉽게 조달할 수 있고, 매수자와 투자자들은 자금 제공 기회를 얻기 위해 경쟁한다. 그 결과 저렴한 자금 조달, 낮은 신용기준, 부실한 거래, 현명하지 못한 신용 기한 연장 등의 상황이 발생한다. 신용 창구가 열려 있을 때 카드를 쥐고 있는 것은 대출기관이나 투자자가 아니라 바로 대출자이다. 이 모든 것의 결과는 분명하다. 주의를 기울여야 한다는 것이다.

신용 사이클의 반대 극단에서는 정반대의 상황이 발생한다. 불쾌한 사건이 전개되고, 위험회피 성향이 고조되며, 투자자들이 침체되어 있을 때 최악의 순간이 도래한다. 이런 상황에서는 아무도 자본을 제공하고 싶어 하지 않고, 신용시장은 얼어붙으며, 제안된 상품들을 원하는 사람이 없어진다. 이 상황에서는 대출자보다 자본제공자들의 손에 열쇠가 쥐어진다.

대출이 어렵고 자금의 가용성이 떨어졌기 때문에, 자금을 소유하고 있고 그것을 제공하려는 사람들은 엄격한 기준을 적용해 튼튼한 채권구조와 보호 조항을 주장하며 높은 수익률을 요구할 수 있다. 이런 것들이 탁월한 투자를 위해 필요한 안전마진을 제공하는 것이다. 이런 조건들이 충족됐을 때 투자자들은 공격적인 모드에 들어가야 한다.

훌륭한 투자는 단지 좋은 자산을 매수하는 것뿐만 아니라 거래 조건이 좋을 때, 자산가격이 낮을 때, 잠재수익률이 높을 때, 리스크가 제한적일 때 이루어진다. 이런 조건들은 신용시장의 사이클이 덜 도취되어 있고, 더 긴박한 국면에 있을 때 훨씬 잘 조성된다. 신용 사이클의 닫힌 국면은 다른 어떤 요인보다도 더 저가 매수의 가능성을 높여준다.

제10장

부실채권 사이클

상환받지 못할 돈을 내놓을 만큼 무분별한 대출기관이나 채권
매수자는 거의 없다. 냉정한 시기에 투자자들은 채무자 조건이
악화되더라도 원금과 이자를 받을 수 있도록 충분한 안전마진을
요구한다.

하지만 신용시장이 과열되어 바닥을 향한 경주가 시작되면 한껏
달아오른 대출기관들은 자격이 불충분한 대출자들에게도 자금
을 제공해주고 부실한 채권 구조까지 받아들이려 한다. 이런 경
우 안전마진이 부족해지고, 상황이 조금이라도 나빠지면 상환받
지 못할 채권이 발행된다. 무분별한 신용 확장이 이루어지는 것
이다. 오크트리에서 말하는 것처럼 이 과정은 다음 모닥불을 피
우기 위해 '벽난로에 장작을 쌓아놓는 것'과 같다.

운 좋게도 나는 30년 전에 브루스 카시Bruce Karsh와 동업을 시작해서
1988년에 부실채권에 투자하는 우리의 첫 펀드를 만들었다. 주류 금
융기관에서 나온 최초의 펀드 중 하나였다고 생각한다. 우리는 고도로
전문화된 투자 분야로 진출했다.

우리는 잘 운영되고 있거나 밝은 미래를 가진 회사보다는 대개 미지
불된 채무를 불이행하고 있거나 불이행할 가능성이 매우 높다고 생각
되는 회사에 투자한다. 이 회사들은 파산했거나 파산할 것처럼 보인
다. 우리가 투자하는 회사는 운영의 어려움을 겪는 곳이 아니라 단지

부채가 많은 곳이라는 특징을 가지고 있었다. '좋은 회사, 나쁜 대차대 조표'가 핵심이었다.

투자자들은 보통 정기적으로 이자를 지급받고 만기가 되면 원금을 상환받을 수 있으리라는 기대를 가지고 채권을 사거나 대출을 해준다. 하지만 부실채권에 대해서는 이런 과정이 일어나지 않을 것이라 생각한다. 부실채권은 부채가 '상환되거나', '이자가 지급되지' 못할 거라 여긴다. 이자와 원금이 상환되지 않을 것으로 예상한다면 투자자는 왜 부실채권에 투자하는가?

예정대로 돈을 지급받지 못한 채권자는 채무자에 대해 '채권자의 권리'creditor claim를 가질 수 있기 때문이다. 아주 간단히 말해, 회사가 파산하면 기존 소유주들은 사라지고 기존 채권자들이 새로운 소유주가 된다. 채권자 각각은 보유하고 있는 채권액과 순위에 따라 회사 가치에서 현금, 새로운 채권, 향후 회사의 소유권으로 이루어진 자기 몫을 받는다.

부실채권 투자가는 (a) 파산한 회사가 어떤 가치가 있는지(혹은 파산에서 벗어났을 때 가치가 있을지), (b) 그 가치가 회사의 채권자와 기타 청구인들 사이에서 어떻게 분할될 것인지, (c) 이 과정이 얼마나 걸릴 것인지를 파악하려고 노력한다. 이 질문들에 대한 답을 가지고 투자자는 정해진 가격으로 매수할 경우 그 회사의 채권에 대해 연간 수익률을 얼마나 얻을 수 있을지 결정할 수 있다.

1988년에 시작한 부실채권 투자는 경쟁자가 거의 없었으며, 잘 알려지지도 않았고, 제대로 이해하는 사람도 드문 분야라는 점에서 매우 유리했다. 이러한 조건은 어떤 분야에서든 탁월한 성과를 올리는 데 도움이 된다. 결과적으로 우리 펀드는 이후 29년 동안 높은 평균 수익률을 올릴 수 있었다. 하지만 다른 많은 것들과 마찬가지로 평균은 그 중요성이 제한적이다. 최상의 시기가 아닐 때에 조성한 펀드는 대체로 좋은 수익률을 거뒀고, 딱 맞는 시기에 조성한 펀드의 결과는 탁월하게 훌륭했다.

다시 말해서, 부실채권에서 최고의 수익률을 얻을 수 있는 기회는 변동적이다. 이 책의 주제를 고려하여 제10장에서는 무엇이 기회를 높이고 낮추는지 검토할 것이다. 당연히 대답은 부실채권 사이클의 변동에 있다. 결국 질문은, 무엇이 이러한 변동을 일으키는가이다.

—⁓—

부실채권으로 이익을 얻을 수 있는 기회는 매우 주기적이며 다른 사이클에서 전개된 사건에 의해 결정된다. 따라서 부실채권 사이클은 사이클의 작용을 분명히 확인할 수 있기 때문에 여기에서 논의하기에 적합하다.

사업 초기인 1988년, 1989년, 1990년 초에 우리 펀드는 종종 무시당하던 부실채권 투자에서 이익을 얻었다. 하지만 1990년 하반기에 카시와 내가 함께 헤쳐온 세 가지 중대한 위기 중 첫 번째 위기가 왔다. 하위 투자등급 채권 시장이 붕괴된 것이다. 그러나 이 사건으로 우리는 낮은 가격에 채권을 매수해 1990년에 평균 이상의 수익률을 달성할 수 있었고, 처음으로 부실채권 투자에서 탁월한 기회가 발생하는 과정을 경험할 수 있었다.

탁월한 투자 기회를 만들어내는 두 가지 필수 요소 중 첫 번째는 '무분별한 신용 확대'이다. 앞 장에서 다루었던 내용을 생각해보면 내가 무슨 생각을 하고 있는지, 그리고 그것을 어떻게 전개시킬지 알 수 있을 것이다. 하이일드 채권의 예를 들어 설명하겠다.

- 처음에는 적당히 리스크 회피적인 투자자들이 하이일드 채권을 발행하기 위해 엄격한 신용기준을 적용한다.
- 채권 발행이 용이한 건강한 경제 환경에서는 기업이 기존 부채를 상환하기도 쉽다(채무불이행이 거의 없다).
- 따라서 하이일드 채권은 넉넉한 쿠폰 이자를 제공하며 채무불이행 위험이 거의 없는 확실한 실현 수익을 제공한다.
- 투자자들은 하이일드 채권 투자가 안전하다는 확신을 가지며, 시장에는 더 많은 돈이 모인다.
- 투자금의 증가는 채권 수요를 증가시킨다. 월스트리트는 수요가 충족되지 않는 상황을 절대 놔두지 않으므로 채권 수요의 증가는 채권 발행의 증가로 이어진다.
- 더 많은 채권이 발행되는 조건(강력한 투자자 수요)에서는 늘 신용도가 낮은 채권도 발행된다.

조건이 바뀌지 않는다면 상환받지 못할 돈을 내놓을 만큼 무분별한 대출기관이나 채권 매수자는 거의 없다. 냉정한 시기에 투자자들은 채무자 조건이 악화되더라도 원금과 이자를 받을 수 있도록 충분한 안전마진을 요구한다.

하지만 신용시장이 과열되어 바닥을 향한 경주가 시작되면 한껏 달아오른 대출기관들은 자격이 불충분한 대출자들에게도 자금을 제공해주고 부실한 채권 구조까지 받아들이려 한다. 이런 경우 안전마진이 부족해지고, 상황이 조금이라도 나빠지면 상환받지 못할 채권이 발행된다. 무분별한 신용 확장이 이루어지는 것이다. 오크트리에서 말하는 것처럼 이 과정은 다음 모닥불을 피우기 위해 '벽난로에 장작을 쌓아놓는 것'과 같다.

하지만 이것은 과정의 전반부에 불과하다. 모닥불을 피우기 위해 장작을 다 쌓은 후에도 두 번째 요소인 점화장치가 있기 전까지는 큰 불이 일어나지 않는다. 점화장치는 대개 기업 이익을 감소시키는 경기 침체의 형태로 온다. 이는 종종 대출창구가 닫히는 신용 경색을 동반하며, 기존 부채의 차환이 이루어지지 않아 채무불이행을 초래한다. 상황은 신뢰를 무너뜨리고 경제와 금융시장을 어렵게 하는 외부적인 사건들로 인해 악화된다. 1990년에는 이런 사건들이 있었다.

- 이라크의 쿠웨이트 침공으로 촉발된 걸프전
- 1980년대를 풍미했던 여러 유명한 LBO levered buyouts(차입금을 이용한 기업 매수―옮긴이)의 파산
- 하이일드 채권을 이끌었던 투자 은행가 마이클 밀컨Michael Milken의 구속과 하이일드 본드와 가장 밀접한 관련이 있었던 투자은행으로 밀컨이 일했던 드렉셀 번햄Drexel Burnham의 붕괴. 드렉셀 번햄과 밀컨이 업계에서 퇴출되자 취약한 회사들의 채무불이행을 피할 수 있게 해준 보충적 거래는 효과를 내기 어려워졌다.

점화장치가 생기면 발행되지 않았어야 할 채권은 물론 합리적으로 발행된 채권 중 일부도 무너지기 시작한다.

- 경기 침체로 기업의 부채 상환이 더 어려워진다.
- 신용시장이 경색되어 차환이 이루어지지 않고, 이는 채무불이행의 증가로 나타난다.
- 채무불이행의 증가는 투자심리에 악영향을 미친다.
- 상황이 좋을 때는 위험을 감수하던 투자자들이 이제는 위험을 회피한다.
- 얼마 전까지는 재정적으로 어려움을 겪는 기업에게 자본을 제공하는 것이 좋은 아이디어라 생각했지만 이제는 그렇지 않다.
- 잠재적 채권 구매자들은 '떨어지는 칼날은 잡지 않는다'며 물러서서 불확실성이 해소될 때까지 기다릴 것이라고 말한다.
- 유동적인 자본이 시장에서 빠져나간다. 매수자가 부족해지고, 매도자가 많아진다.
- 채권 매도가 증가한다. 채권가격이 하락하고, 환매 요청을 받은 펀드는 어쩔 수 없이 매도한다. 결국 아무 가격에서나 채권을 살 수 있다.

이상이 부실채권의 저가 매수를 가능하게 하고, 따라서 높은 수익률을 얻을 수 있는 조건들이다.

물론 사이클은 한 방향으로만 움직이지 않는다. 다시 경제는 회복되기 시작하고 신용은 완화된다. 이 두 가지 조건이 하이일드 채권의 부도율을 떨어뜨린다. 경제 개선과 부도율 하락은 매도세를 약화시킨다. 따라서 채권가격의 하방 압력이 완화되고 매수가 일부 시작된다. 가격은 하락을 멈추고 상승하며, 대차대조표 개선으로 회사의 생존능력이 회복되고, 장애가 제거되며 가치가 창출된다. 바닥에서 채권 매수의 증가가 확인되면 추가 자본이 시장에 유입된다. 더 좋은 투자 결과가 나오고 유입 자본이 증가하면서 채권 수요가 높아진다. 이렇게 사이클은 완전히 반환점을 돌고 다시 시작점으로 향한다.

얼마 전 나는 부실채권 사이클의 상승 및 하락에 어떻게 채권 발행 사이클이 기초를 이루는지 다음과 같이 간략히 정리했다.

- 위험회피 성향의 투자자가 발행 물량을 제한하고 양질의 채권 발행을 요구한다.
- 양질의 채권 발행은 낮은 부도율로 이어진다.
- 낮은 부도율은 투자자들을 안심시켜 더 높은 위험을 가진 채권 투자를 용이하게 만든다.
- 위험수용 성향이 높아져 투자자들은 채권 발행 물량을 증가시키고, 발행의 질은 낮아진다.
- 질 낮은 발행물은 결국 경제가 어려워지면 시험에 들며, 채무불이행이 높아진다.
- 채무불이행의 증가는 냉각 효과를 가져와 투자자들을 다시 한 번 위험회피에 빠뜨린다.
- 다시 시작한다.

이것이 내가 목격한 반복적인 사이클이다. 29년간 부실채권에 투자해오면서 사이클의 테마는 확실히 리듬을 탄다는 사실을 알 수 있었다. 그리고 앞선 설명은 사이클 안에서 일어나는 각각의 사건이 다음 사건을 야기한다는 주장을 훌륭하게 입증한다. 이 내용을 설명하기 위해 나는 특별한 방법을 고안했다. 방금 설명한 과정을 보라. 각 줄의 마지막 단어가 다음 줄의 첫 번째 단어와 동일하다는 것을 알 수 있을 것이다. 이것은 진정한 연쇄 반응이며, 앞으로도 계속될 것이다.

부실채권 시장에서 기회의 증가와 감소는 경제와 투자자 심리, 리스크에 대한 태도, 신용시장의 사이클 등 다른 사이클과의 상호 작용에서 비롯된다.

- 경제 사이클은 투자자 심리와 기업의 수익성, 채무불이행의 발생에 영향을 미친다.
- 심리 사이클은 신용시장 상황의 변동과 투자자들의 자금 제공 및 매수, 매도 의사에 기여한다.
- 리스크에 대한 태도 사이클은 정점에서는 부실채권을 쉽게 발행하게 하지만, 바닥에서는 차환 자금 조달을 어렵게 한다.
- 신용 사이클은 차환 가능성과 잠재적 채권 발행자에게 적용하는 엄격한 신용기준의 정도에 상당한 영향을 미친다.

여러 기본적인 사이클들이 상호 연결된 부실채권 시장에 영향을 미친다. 앞서 말했듯 각각의 사이클은 상승하고 하락한다. 이들은 다른 사이클의 상승 및 하락의 원인이 되기도 하고, 반대로 다른 사이클의 상승과 하락에서 영향을 받기도 한다. 이 모든 것이 결국 부실채권 투자 기회에 극적인 사이클을 만든다.

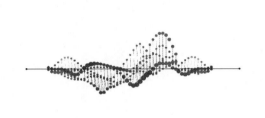

제11장

부동산 사이클

많은 투자가 인간의 욕심과 낙관적 경향 때문에 대개 긍정적인 면에 방점을 두고 지나친 일반화와 포괄적 진술의 대상이 된다. 그리고 이것은 어떤 이유에서인지 특히 부동산 분야에서 그렇다. 투자업에 종사해오면서 나는 '(땅과 관련해서) 더 이상 얻을 게 없다'든지, '(주택과 관련해서) 늘 거기에서 살 수 있다'든지, '(모든 유형의 부동산과 관련해) 인플레이션을 헤지한다'는 등의 쉽게 이해되는 말들로 부동산 투자를 합리화하는 것을 들어왔다. 그러나 이러한 말이 진정 의미가 있는지에 상관없이 지나치게 높은 가격에서 진행된 투자는 결국 보호받지 못한다는 사실을 사람들은 깨닫게 된다.

부동산 사이클은 자본이나 신용 공급을 조절하는 다른 사이클들과 공통점이 많다.

- 긍정적인 사건과 수익성 향상은 더 큰 열광과 낙관론을 갖게 한다.
- 긍정적으로 바뀐 심리가 투자활동을 활발하게 만든다. 여기에는 더 많이 투자하는 것, 더 낙관적인 가정을 기초로 투자하는 것, 더 높은 비용을 지불하는 것, 투자를 실행하려면 충족되어야 하는 기준을 낮추는 것 등이 포함된다. 이 모든 것들은 더 큰 리

스크를 상정한다.

- 상황을 긍정적으로 보고 투자활동이 증가하면서 자산가격이 상승하고, 이는 더 많은 투자활동, 추가적인 가격 인상, 더 큰 위험수용을 조장한다.
- 필연적으로 이러한 선순환은 막을 수 없는 것처럼 보이며, 자산가격과 투자활동은 지속되기에는 너무 먼 수준에 이른다.

하지만 결국 뉴스가 덜 긍정적으로 바뀌고 환경이 좋지 않게 변하면 심리, 투자활동, 위험수용 수준은 과도했던 것으로 밝혀진다. 이는 자산가격에서도 마찬가지이다. 그 결과 가격 조정이 이루어져 심리가 부정적으로 변하고, 이는 투자 중단을 야기하며 가격에 더 큰 하방 압박을 가한다.

이상은 대부분의 금융 사이클이 공통적으로 가지는 요소들이며 부동산 사이클도 마찬가지이다. 하지만 부동산 사이클에는 다른 사이클들에는 일반적으로 없는 또 다른 요소가 있다. 바로 부동산 개발이 일어나는 데 필요한 긴 리드타임lead time(상품의 생산부터 완성에까지 걸리는 시간—옮긴이)이다.

예를 들어 신용시장에서 좋은 뉴스가 나오고 장밋빛 심리가 태동한다면 투자은행들이 잠재적 대출자들을 줄 세워 투자설명서를 나눠주는 즉시 대출이 이뤄질 것이다. 대출기관의 자본 제공 의사가 고조되면 이는 거의 즉각적으로 유가증권에 대한 수요 증가, 요구 수익률 감소, 대출기준 완화, 대출 및 증권 발행의 증가로 나타난다.

하지만 이른바 '벽돌과 회반죽'의 세계인 물리적인 부동산 시장에서는 상당한 시간이 필요할 수 있다. 공급을 늘리고(따라서 수요가 빨리 증가하지 않으면 부동산 가격에 하방 압력을 가하고) 새로운 건물이 시장에 나오기 전에 경제적 타당성에 대한 연구가 이루어져야 한다. 부지를 찾고 매입해야 하며, 건물을 설계하고, 환경적 영향에 대한 연구도 수행해야 한다. 정부로부터 건축 허가도 얻어야 하고 때로는 구획 수정도 필요하다. 자금도 확보해야 하고 건설도 완료해야 한다. 이 과정은 몇 년이 걸릴 수 있고 주요 프로젝트의 경우 10년 이상 걸릴 수도 있다. 그러나 시장상황은 그 사이에 매우 크게 변할 수 있다.

부동산 개발 사이클에 대해 '상동'ditto, 上同(2013년 1월)에서 썼던 설명을 가져오겠다. 이 메모에서 말했듯이 "부동산 개발 사이클은 보통 분명하고 단순하며 정기적으로 반복된다."

- 불황기에는 건설 활동이 줄어들고, 건설에 필요한 자본 조달이 어려워진다.
- 얼마 후 상황이 풀리다가 결국 좋아진다.
- 경제적으로 더 좋은 시기에는 부지에 대한 수요가 높아진다.
- 불황기에 착공되지 않아 이제 이용할 수 있는 건물이 거의 없으면 임대료 및 부동산 가격이 높아진다.
- 부동산 소유의 경제성이 개선되어 개발자들의 건설 의욕이 되살아난다.
- 더 좋은 시기가 오고 경제성이 개선되면 자본제공자들도 더 낙관적으로 변한다. 자본제공자들의 고양된 상태로 자금 조달이 더 쉬워진다.

- 저렴하고 쉬운 자금 조달로 잠재 프로젝트에 대한 예상 수익률이 높아지고, 프로젝트에 매력이 더해져 사업을 추진하려는 개발자의 욕구가 커진다.
- 더 높은 예상 수익률, 더 낙관적인 개발자, 더 관대해진 자본 공급자가 결합해 착공 건수를 높인다.
- 첫 번째로 완성된 프로젝트는 강하게 억눌렸던 수요를 만난다. 이 건물들은 빠르게 임대되거나 팔리고 개발업자들은 높은 수익률을 얻는다.
- 이렇게 높은 수익률이 나오고, 날마다 점점 더 긍정적인 뉴스가 발표되자 더 많은 건물을 계획해 자금을 조달받고, 건축 허가를 받는다.
- 크레인이 하늘을 가득 채운다(추가 크레인을 공장에 주문한다. 하지만 이것은 다른 사이클이다).
- 나중에 착공한 건물들이 완공되기까지 수년이 걸린다. 그 사이에 첫 번째로 완공된 건물들이 충족되지 않은 수요를 파고든다.
- 건물을 계획하기 시작해서 완공하기까지의 기간은 종종 경제가 호황에서 불황으로 전환되기에 충분히 긴 시간이다. 프로젝트는 호황기에 착공해서 불황기에 완공되는 경우가 많다. 즉 공실이 증가하고, 임대료와 부동산 가격에 하방 압력을 높인다.
- 불황기에는 건설 활동이 줄어들고, 건설에 필요한 자본 조달이 어려워진다.

이 책에서 설명하는 다른 사이클들과 마찬가지로 각 단계는 다음 단계로 이어진다. 특히 과정의 맨 아래 단계에서 실제로 다음 반복이 시작된다. 사이클이 저절로 계속되는self-perpetuating 방식을 보여주는 좋은 예이다.

―᷌―

대출은 그 과정에 내재된 시간차가 짧다. 그렇기 때문에 대출 의사가 생긴 시점에 대출을 고려하는 경제적, 사업적 조건이 실제 대출이 실행될 때까지 여전히 유효하다. 만약 상대적으로 짧은 기간에 조건이 많이 변한다면 대출기관은 계약상의 '중대한 부정적 변경'material adverse change 조항에 따라 계약을 철회할 수 있다.

일반적인 대출에는 생각과 행동 사이의 시간차로 인한 위험이 상대적으로 거의 없다. 하지만 건물의 경우, 구상과 완공 사이에 수년이 흐를 수 있기 때문에 상황이 엄청나게 변할 수 있다. 이것이 부동산 개발의 위험 요소가 된다. 개발자들은 외부에서 대규모 자금을 조달해 이런 위험을 상쇄하려고 한다(따라서 상대적으로 자기 돈은 거의 투자하지 않고 레버리지로 엄청난 수익률을 얻을 수 있다).

1980년 로스앤젤레스로 이사했을 때, 화려한 아파트들이 들어서기로 되어 있던 웨스트우드의 '윌셔 코리더'wilshire corridor에는 철골 구조물들이 서 있었다. 1970년대 호황기에 이 프로젝트를 시작했던 개발자들은 심각한 문제에 봉착했다. 경제가 침체되고 더 발 빠른 건설업자들이 만들어낸 공급이 수요를 빨아들이자 프로젝트를 시작하는 데 영향을 미쳤던 긍정적인 조건들이 부정적으로 변한 것이다.

녹슨 구조물 중 일부는 수년간 미완성인 채로 남아 있었다. 총 비용 1억 달러의 프로젝트로 높은 수익률을 꿈꿨던 개발업자는 500만 ~1,000만 달러의 자본을 잃었다(그리고 은행들은 프로젝트를 위해 연장해 줬던 건설 대출 자금의 상당 부분을 잃었다). 부동산 사이클의 하락세와 광범위한 시간차의 영향을 보여주는 사례이다.

그러나 이렇게 중단된 사업을 그대로 매입해서(주로 그것들을 압류한 대출기관으로부터) 프로젝트를 완공한 투자자들은 이익을 얻는 경우가 많았다.

- 개발업자가 토지, 계획, 허가, 골조 구축에 투자했던 것보다 이것들을 더 싸게 구매할 수 있다.
- 호황이 아닐 때는 노동력과 자재를 더 싸게 구할 수 있으므로 완공에 드는 비용이 줄어든다.
- 중단된 사업의 매입과 건물 완공 사이에 남은 기간이 더 짧다.
- 호황기에 허가를 받아서 불황기에 이르게 된 것처럼, 불황기에 매입한 중단된 프로젝트는 호황기에 시장으로 나올 수 있다.

부동산 개발의 긴 리드타임은 이런 가능성을 만들고, 우리 팀은 여기에 뛰어들었다. 부동산 개발 사이클은 사이클이 잠재수익에 미치는 영향을 보여준다. 호황기에 프로젝트를 시작하면 위험의 근원이 될 수 있다. 반면 불황기에 프로젝트를 매수하면 아주 높은 수익을 올릴 수 있다. 모든 것은 당신이 무엇을 언제 하느냐에 달려 있다. 골프에서 이렇게 말하는 것처럼 말이다. "모든 퍼팅은 누군가를 행복하게 만든다."

다른 분야의 사이클에서도 확인할 수 있지만 부동산 시장에서 분명히 볼 수 있는 사이클의 또 다른 측면이 있다. 사람들이 자주 다른 사람들은 무엇을 하는지를 고려하지 않고 결정을 내린다는 점이다. 예를 들어보자.

번영이 계속되어 부가 쌓이고 긍정적인 심리가 높아지면 일반적으로 주택 수요가 증가한다. 그 결과 주택가격은 올라가고, 주택 구입자들의 주택담보대출 가용성도 높아진다. 이는 조정이 천천히 이루어지는 주택 공급에 대한 수요를 증가시키기 때문에 종종 주택 부족을 심화시킨다. 높은 주택가격은 주택 건설업자들에 대한 대출기관의 자금 제공과 결합해 신규 주택의 건설을 촉진하고 수요를 충족시킨다.

주택 건설업자가 어떤 마을에 100채의 수요가 있다고 판단했다고 해보자. 이 건설업자는 대단히 조심성을 발휘해, 그리고 자금 규모와 자금에 대한 접근성의 한계 때문에 새 주택을 20채만 짓기로 결정한다. 여기까지는 좋았다.

그런데 근방에 있는 10명의 주택 건설업자들이 모두 같은 결정을 내려 주택 200채가 지어진다면 어떻게 될까? 첫째, 수요보다 더 많은 집이 지어진다. 둘째, 새로 지은 주택들이 시장에 나올 때쯤 경제는 얼어붙고, 사람들은 윤택함을 느끼지 않을지도 모른다. 따라서 주택에 대한 수요도 급격히 낮아질 것이다. 이 경우 200채의 신규 주택은 수요 부족에 직면할 수 있다. 즉 새 주택들은 팔리지 않거나 개발업자들이 주택을 짓기로 했을 때 생각했던 가격보다 훨씬 낮은 가격에 팔릴 것이다.

이제 상황은 역전되었다. 경제가 둔화된다. 잠재적 주택 구매자들이 주택담보대출을 받기 어려워진다. 팔리지 않은 주택 재고가 상당량 쌓인다. 건설업자들에게 현명한 행동은 건설을 멈추는 것이다. 그래서 그들은 동시에 건설을 멈춘다. … 이것은 다음에 경기가 개선되면 수요 증가를 충족할 수 있는 충분한 주택이 없을 수도 있다는 뜻이다. 그리고 또다시 과정이 반복된다.

이상의 내용은 사이클의 한 측면을 간단히 설명한 것이다. 이것은 가설이 아니다. 2012년 오크트리 콘퍼런스에서 라지 쇼우리Raj Shourie(파트너)는 내가 지금까지 본 그래프 중에서 가장 주목할 만한 것을 보여주었다.

이 그래프는 1940년부터 2010년까지 미국의 연간 주택착공건수를 보여준다. 그래프를 보고 놀란 이유는 2010년의 주택착공건수가 1945년 전시 이래 최저 수준(1940년대의 살짝 덜 침체된 수준과 같다)이었다는 사실을 보여주었기 때문이다. 하지만 이 관측은 일부만을 시사하고 있다. 이 기록은 장기적인 주택 수요 증가의 발생 원인인 1940년대 이후 미국의 인구성장을 고려하지 않았다.

2010년의 착공건수는 1940년도와 동일했다. 그러나 좀 더 그 의미를 분명히 하기 위해 인구 대비 착공건수를 따져본다면 매우 침체됐던 1940년 수준의 딱 절반에 불과했다. 이것은 2007~08년의 서브프라임 모기지 사태, 주택시장 거품 붕괴, 세계 금융위기 이후 사실상 아무도 주택 건설을 재개하지 않았던 것으로 볼 수 있었다. 이러한 관찰 결과, 바로 다음 해의 신규 주택 공급은 주택 수요를 충족시키기에 틀림없이 부족할 것이라는 결론을 낼 수 있었다.

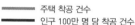
주택 착공 건수
인구 100만 명 당 착공 건수

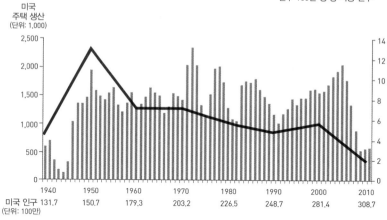

미국
주택 생산
(단위: 1,000)

미국 인구 131.7　150.7　179.3　203.2　226.5　248.7　281.4　308.7
(단위: 100만)

자료: 미국 통계국

　물론 당시의 '사회적 통념'은 주택 수요가 절대 개선되지 않으리라는 것이었다. 대부분의 사람들은 주택 소유에 대한 미국인들의 꿈이 끝났다고 확신했다. 주택 수요는 영원히 침체되어 있을 것이며, 따라서 팔리지 않은 주택들의 잠재 매물overhang은 매우 천천히 흡수될 것이라고 생각했다. 이들은 주택시장과 주택담보대출의 거품 붕괴에 놀란 젊은이들이 집을 매수하지 않고 임대하는 추세를 예로 들며, 늘 그렇듯 현상의 연속성에 의심을 품지 않고 기존 자료에 기초해 추정했다. 이 책의 많은 예들처럼 대부분 사람들은 사이클에 대한 이해와 믿음 대신 심리를 중심으로 추론한다.

　그래프와 그것을 이루는 데이터에 대한 지식을 바탕으로 나와 오크트리 동료들은 상황을 다음과 같이 보았다. 약 80년 만에 찾아온 엄청난 경제위기로 주택 공급이 중단됐기 때문에 주목할 만한 수요 증가가 있다면 주택가격이 강하게 회복될 수 있을 것이다. 우리는 사회적 통념을 거부하며 주택 수요는 늘 그렇듯 사이클을 따를 것이고, 머지 않은 미래의 언젠가에 수요가 개선될 것이라고 확신했다. 여러 자료와 분석을 통해 이런 결론을 내리고 주택 건설 부지를 담보로 잡은 부실한 주택담보대출과 은행 대출에 대규모 투자를 실행하고, 북미 최대의 개인 주택 건설회사를 매입하기로 결정했다. 이 투자들은 꽤 좋은 성과를 냈다. (이러한 맥락에서 2017년 5월 12일 〈월스트리트 저널〉의 '렌트 세대가 집을 사고 있다'Generation of Renters Now Buying라는 기사는 흥미롭다. "올해 주택 구입자 중 '생애 최초 주택 구매자'가 차지하는 비율은 최근 주택 사이클 중 최저였던 2011년 31퍼센트와 2015년 38퍼센트보다 오른 42퍼센트였다." 주택 소유권의 광범위한 포기를 추정하는 것에 대해서는 이만하도록 하자.)

사이클의 본질과 현재 위치에 대한 인식이 바탕이 되면 수익을 얻을 수 있는 추론이 가능해진다. 이 경우는 극단에 있던 사이클이(주택착공 건수가 바닥을 깊게 쳤다) 매우 높은 수익을 낼 수 있는 행동이 필요하다고 신호를 보냈다.

증거들을 살펴보면 적절한 방책은 분명히 찾을 수 있다. 성공적인 결정을 만드는 이유는 늘 지나고 나서야 분명해진다. 그러나 우리는 감정을 배제하고 사이클 데이터를 분석해 중요한 시기에 곧바로, 올바른 결정을 내릴 수 있었다.

—m—

부동산 사이클을 다루면서 때로 어떤 금융현상이 사이클을 멈췄다고 판단하는 방식에 대해 이야기하고 싶다. 이를 위해 대단한 사례를 하나 들어보겠다. 사람들은 일이 잘되어 가면 좋은 시절이 영원히 계속될 거라고 생각하는 경향이 있다. 사실 사이클을 이루는 역사 전체를 간과해서 생각하지 않으려면 마지막 조정 이후로 많은 시간이 지나지 않아야 한다. 존 케네스 갤브레이스가 말한 역사에 대한 태도를 다시 인용하고 싶다.

> 금융계처럼 역사가 차지하는 부분이 적은 분야는 거의 없을 것이다. 과거의 경험은 기억의 일부분이라고 할 수 있는 한, 현재의 놀라운 기적을 평가할 통찰력을 가지지 못한 사람들의 원시적 피난처로 치부된다.

많은 투자가 인간의 욕심과 낙관적 경향 때문에 대개 긍정적인 면에 방점을 두고 지나친 일반화와 포괄적 진술의 대상이 된다. 그리고 이것은 어떤 이유에서인지 특히 부동산 분야에서 그렇다. 투자업에 종사해오면서 나는 '(땅과 관련해서) 더 이상 얻을 게 없다'든지, '(주택과 관련해서) 늘 거기에서 살 수 있다'든지, '(모든 유형의 부동산과 관련해) 인플레이션을 헤지한다'는 등의 쉽게 이해되는 말들로 부동산 투자를 합리화하는 것을 들어왔다. 그러나 이러한 말이 진정 의미가 있는지에 상관없이 지나치게 높은 가격에서 진행된 투자는 결국 보호받지 못한다는 사실을 사람들은 깨닫게 된다.

앞서 언급했듯이 1990년대 후반에서 2000년대 초반, 많은 공무원들은 사회에 혜택을 주고 아메리칸 드림을 실현시키려는 조치로 더 많은 사람들이 집을 소유하면 좋겠다고 생각했다. 결과적으로 정부의 후

원을 받는 주택담보대출기관들은 주택자금을 더 쉽게 빌릴 수 있게 해야 한다는 메시지를 받았고, 그에 응했다. 정부의 이러한 메시지와 그에 따른 주택담보대출 가용성의 증가, 당시 진행되던 이자율의 급격한 하락은 잠재적 주택 구입자들에게 강력한 자극 효과를 가져왔다.

주택담보대출에 따른 자금의 흐름은 '주택담보대출은 안전하다'는 또 다른 진부한 말로 더욱 촉진되었다. 이 말은 전국적인 대규모 주택담보대출 채무불이행은 일어날 수 없다는 확신에 근거한 것이었다. 강력한 경제 성장, 일반적으로 적정한 경제 변동, 신중한 주택담보대출 관행은 대공황 이후 전국적으로 주택담보대출의 대규모 채무불이행이 발생하는 것을 막아왔다. … 갤브레이스가 말한 것처럼 마지막 에피소드가 잊히기에 충분히 긴 시간이었다. 하지만 이것이 신중한 주택담보대출 관행이 대공황 이후 대규모 채무불이행의 발생을 막아왔지만, 그렇다고 해서 대출기관들이 지나치게 관대하고 경솔한 대출 관행이 빠지지 않았다는 뜻은 아니다.

21세기 초, 낙관적인 언론 보도가 조장한 강력한 주택 수요와 풍부한 주택담보대출은 주택가격을 크게 상승시켰다. 이에 따라 '집값은 항상 오른다'는 부동산에 관한 또 다른 지나친 일반화가 나오기 시작했다(다음 부분을 보라).

지금쯤이면 문제가 되는 자산의 가치는 별로 중요하지 않으며, 늘 유행할 만큼 충분히 가치가 없을 수도 있다는 사실을 알게 되었기를 바란다. 인간의 감정은 필연적으로 자산가격(심지어 가치 있는 자산까지도)을 극단적이고 지속 불가능한 수준으로 가져다 놓는다. 아찔하게 높은 고점일 수도 있고, 지나치게 비관적인 저점일 수도 있다.

간단히 말해서, 사이클의 필연성에 대한 성실한 믿음은 지적인 투자자의 어휘에서 수많은 단어와 구절을 제외해야 한다는 뜻이다. 제외할 말에는 '절대'never, '항상'always, '영원히'forever, '할 수 없다'can't, '아닐 것이다'won't, '그럴 것이다'will, '해야만 한다'have to 등이 있다.

— ⋙ —

2007년 서브프라임 모기지 위기와 2007~08년 세계 금융위기 즈음에 만연했던 (이후 무모했던 것으로 밝혀졌지만) 상당한 낙관적인 행동의 기저에는 주택의 가치가 지속적으로 상승하며 사이클을 따르지 않으리라는 믿음이 있었다. 일부 연구자들은 낙관적 추세의 일환으로 추세를 부추기는 긍정적 예측들을 계속 내놓았다.

- 2006년 3월 5일 《뉴욕 타임스 매거진》New York Times Magazine에 실린 기사 '아주 아주 오래된 집'This Very, Very Old House에서 뉴욕 연방준비은행 부사장은 "주택가격의 가파른 상승은 경제 상황과 긴밀히 연결된다. … 현실의 왜곡된 환상이 아니다."라고 결론지었다. 기사는 "우리는 평균적인 가구가 받을 수 있는 모기지 대출 규모가 엄청나게 증가했음에도 주택가격이 왜 더 많이 오르지 않았는지 궁금해한다."는 그의 말을 인용하기도 했다.

- 이 기사는 또한 "'슈퍼스타시티'superstar city, 즉 수요가 덜한 도시들에 비해 살고 싶어 하는 수요가 워낙 강한 곳이라 조정을 받지도 않고, '끝없는 가격 상승'ever-increasing price이 이루어지는 곳에 초점을 맞추는 (컬럼비아대학교와 와튼스쿨 출신의) 생각이 비슷한

전문가들.”을 언급했다. (물론 ‘끝없는 가격 상승’과 같은 용어를 사용하는 것은 투자자에게 위험을 알리는 확실한 신호가 되어야 한다.)

그러나 이러한 결론이 합리적인지에 대해서는 의문이 많았다.

- 주택가격 데이터의 단기성
- 특정 연도에 매매된 평균 주택가격 동향에 대한 진술은 특정 주택이나 모든 주택의 가격에 대해서는 그 어떤 것도 말해주지 않는다는 사실(가령 시간 경과에 따른 평균적인 주택의 물리적 변화나 전체 주택에 비해 그해에 판매된 주택 구성의 물리적 변화를 조정하지 않았음)
- 마찬가지로 시간이 지남에 따라 선호하는 지역과 도시가 달라지며 이것이 주택가격에 영향을 미친다는 사실에 대해서도 조정이 이루어지지 않았다. 따라서 특정 도시나 지역의 주택에 대한 진술은 일반적인 주택에 반드시 적용할 수 있는 것은 아니었다.

그래서 2006년에 ‘아주 아주 오래된 집’이라는 기사가 나왔을 때 나는 매우 흥미로웠다. 이 기사에서는 1625년 피터르 프란츠Pieter Fransz가 지은 암스테르담의 어느 주택가격을 추적함으로써 이러한 방법론적인 문제를 상당 부분 해결했다는 연구 결과를 실었다. 이 집은 지어진 이후 거의 변하지 않았고, 주인은 6번 바뀌었다. 집의 위치는 암스테르담에서 늘 가장 살고 싶은 곳으로 꼽히는 헤렌흐라스트Herengracht 운하 주변이었다. 이 기사는 평균 주택가격의 상승 여부가 아니라 특정 주택가격이 어떻게 변했는지를 보여주고 있었다.

　이전에 인용했던 주택에 관한 장기 낙관론자들의 의견과는 대조적으로 예일대학교의 로버트 실러Robert Shiller 교수는 프란츠의 주택과 그 지역에 대해 이렇게 말했다. "헤렌흐라스트의 자료는 아주 유익합니다. 성장에는 50년 주기가 있고, 이것이 순환하기 때문이죠. 슈퍼스타 시티론보다 더 현실적입니다." 이 연구의 저자인 피에트 아이크홀츠Piet Eichholtz 교수는 "부동산 가치가 계속해서 무한정 상승할 것이라고 주장하는 사람들에 대해 회의적."이라고 표현했다. 그는 '이번에는 다르다'는 경제적 주장을 생각해봤지만 "비슷한 장밋빛 평가가 계속해서 이루어지다가 상황에 의해 파기되는 것을 볼 수 있다."고 말했다. 아멘.

　다음은《타임》에 실린 기사다.

　　"부동산 가치는 시간이 지나도 상당히 상승한다는 신화가 있습니다. … 하지만 데이터는 그러한 신화에 이의를 제기했습니다." 아이크홀츠 교수는 말했다.

　　즉 나이 많고 현명한 삼촌부터 당신에게 집을 판 브로커까지 부동산이 최고의 장기 투자 상품 중 하나라고 믿는 상황에서 이 장기적인 지표들은 반대로 뭔가 수상쩍은 데가 있다는 것을 보여준다. (아이크홀츠 교수의 원래 연구 기간인) 1628년에서 1973년 사이에, 헤렌흐라스트의 실제 부동산 가치는 물가 상승을 고려해 조정했을 때 연 0.2퍼센트밖에 상승하지 않았다. 이것은 은행 보통예금 계좌 이율보다도 낮은 것이다. 실러 교수는 헤렌흐라스트

지수에 대한 분석에서 이렇게 썼다. "실제 주택가격은 대략 2배가 되었지만, 그렇게 되는 데는 거의 350년이 걸렸다."

… 실러 교수는 부동산 가격의 엄청난 상승이 일반적인 것이 되고 사람들 또한 이런 상승을 기대하게 된 것은 불과 최근 몇 년 사이의 일이라고 말한다.

… 만약 지난 몇 년에 대한 ('가격이 놀랍게 올랐다'는) 이러한 설명이 우리가 살고 있는 멋진 신세계the brave new world의 특징이라면, 이것을 오르고 떨어지고 오르고 떨어지는 시간의 관점에 대입하는 것은 모든 것이 반복된다는 가장 오래된 역사적 교훈으로 다시 우리를 이끈다.

집값에 대한 장기적인 데이터도 가치가 있지만, 자산가격이 상승하는 시기에는 사람들이 낙관적으로 변하고 전문가들은 그 낙관에 대해 권위자로서의 지지를 보탠다는 것이 가장 중요한 가르침이다. 지극히 당연한 일이다. 실제로 가격 상승에 대한 합리화(와 앞으로 더 많이 상승하리라는 예측)는 늘 저점이 아닌 고점에서 일어난다. 진짜 도움을 받기 위해 나는 낙관적인 시기에 냉철한 발언을 하거나 시장이 침체되었을 때 비판하는 것에 반대하는 전문가들을 보고 싶다.

— ⚡ —

부동산업도 다른 모든 것들처럼 주기적인 오르내림이 있다. 하지만 부동산 사이클은 특별한 요소에 의해 증폭될 수 있다.

- 사업 구상과 판매 준비가 완료되는 시점 사이의 시간차
- 보편적으로 아주 높은 재무 레버리지
- 수요의 변동에 따라 조정되기에는 일반적으로 공급이 유연하지 않다는 사실(제조업자는 제품에 대한 수요가 흔들리면 공장 교대를 없애거나 근로자를 해고하거나 생산을 줄일 수 있다. 그러나 임대업자나 호텔 경영자, 부동산 개발업자는 수요가 부족해지면 갖고 있는 부동산을 줄이는 데 훨씬 더 큰 어려움을 겪는다.)

부동산 사이클에서 우리는 사이클을 움직이는 요인이 서로의 원인과 결과가 되는 방식은 물론, 사이클이 극단을 향해 움직이는 경향을 분명히 볼 수 있다. 더 이상 낙관적인 일반화를 할 수 없는 어려운 시기에 종종 '세 번째 주인만 돈을 번다'는 냉소적인 말이 나오는 데는 충분한 이유가 있다. 투자 이익을 얻는 사람은 프로젝트를 구상하고 착수한 개발업자가 아니다. 건설 자금을 빌려주고 하락 사이클에 개발업자로부터 프로젝트를 압류하는 은행가도 아니다. 이익을 얻는 사람은 오히려 어려울 때 은행으로부터 부동산을 매입해서 상승 사이클을 탄 투자자이다.

물론 이것은 모든 일반화처럼 과장됐다. 하지만 이 말은 부동산 시장 사이클의 타당성과 어려운 시기에 사이클이 기능하는 방식을 깨닫게 해준다.

제12장

마켓 사이클의 정리

시장의 상승 사이클을 처음 경험한 미숙한 투자자는 강세장 또는 거품의 긍정적인 요소들이 혼합된 초기 과정의 흐름이 타당하다고 생각한다. 그는 그렇게 계속 쏟아지는 좋은 뉴스들과 감정이 손실로 끝날 수 있다는 사실에 놀랄지도 모른다. 물론 특별한 경험이 없는 사람들이 이렇게 판단하는 것은 어쩔 수 없다. 판단 오류에 기초해 사이클의 진행 과정이 극단으로 갈 수 없다면 시장은 상승 시장의 정점(또는 하락 시장의 바닥)에 도달한 이후 붕괴하지도(회복되지도) 않을 것이기 때문이다.

투자자로서 우리가 해야 할 일은 간단하다. 자산가격을 논하고, 현재 자산가격이 어디쯤에 있는지 평가하며, 앞으로 가격이 어떻게 변할지 판단하는 것이다. 주로 펀더멘털과 심리의 두 영역에서 전개되는 사건이 가격에 영향을 미친다.

- 펀더멘털은 대체로 기업 실적과 현금 흐름, 그리고 이 둘에 대한 전망으로 간단히 말할 수 있다. 펀더멘털은 경제 동향, 수익성, 자본의 가용성 등 여러 요인의 영향을 받는다.

- 마찬가지로 심리, 즉 투자자들이 펀더멘털을 어떻게 느끼고 그
  것을 어떻게 평가하는지도 여러 요인들로부터 영향을 받으며,
  특히 투자자들의 낙관론과 위험에 대한 태도에 영향을 받는다.

위에서 언급한 요소들은 사이클을 따르며, 각각의 사이클은 몇 가지 양상을 보인다. 상세히 이야기한 것처럼 사이클의 움직임 이면에 있는 공통 요소와 그들이 상호 작용하고 결합하는 방식은 반복적이고 이해 가능한 패턴을 가지고 있다. 이 요소들은 독특하고 무작위적인 작용들과 결합하고 또 한데 모여서 주식시장에서 어떤 반응을 만들어낸다.

제12장에서는 시장의 주기적인 상승과 하락에 대해 감을 잡는 것이 목표다. 여기서 감은 시장의 오르내림이나 과거의 움직임, 어떤 것에 시장이 반응했는지에 대한 것이 아니다. 여기서의 감은 자주 광적인 방식으로 시장을 오르고 내리게 하는 힘, 특히 펀더멘털적인 것도, 경제적이지도 않은 어떤 힘에 대한 감이다.

시장이 회사의 펀더멘털만을 가지고 가치를 계산하는 훌륭한 계산기라면, 주식가격은 발행회사의 현재 실적과 미래 실적 전망보다 더 크게 변동하지 않을 것이다. 아마도 가격은 대개 실적보다 덜 변동할 것이다. 기업의 분기별 실적 변화는 장기적으로 안정적이며, 기업이 가진 장기 잠재력의 실제적인 변화를 꼭 반영하는 것도 아니기 때문이다.

그럼에도 주식가격은 일반적으로 실적보다 훨씬 크게 움직인다. 그 이유는 주로 심리적, 감정적인 것이지 펀더멘털적인 것이 아니다. 가격 변화는 펀더멘털 변화를 과장하고 부풀린다. 다음이 그 간단한 이유이다.

- 경제와 기업 이익과 관련된 사건들이 점점 긍정적으로 변한다.
- 긍정적인 사건들이 투자자의 심리를 안정시킨다. 소위 '야성적 충동'animal spirits인 감정과 투자자들의 위험수용 성향은 이런 긍정적인 사건들과 함께(때로는 부정적인 사건에도 불구하고) 증폭된다.
- 심리가 고조되어 투자자들은 위험 보호risk protection와 예상 수익률의 측면을 덜 엄격하게 바라본다.
- 긍정적인 사건과 강화된 심리, 투자자의 요구 수익률 감소는 자산가격을 상승시킨다.
- 그러나 결국 이 과정은 역전된다. 환경이 나빠지거나 기대가 비현실적으로 높아서 시장이 기대에 부응하지 못한다.
- 투자자들은 영원히 긍정적일 수는 없다는 사실을 확인한다. 침착한 사람들은 가격이 타당하지 않은 수준에 도달했다고 판단하거나, 100만 가지의 이유로(또는 아무런 이유 없이) 심리가 누그러질 수 있다고 생각한다.
- 가격은 상황이 덜 긍정적이거나 덜 긍정적인 것처럼 보일 때 하락한다. 때로는 단순히 가격이 나무랄 데 없는 수준에 도달했거나 투자환경에 부정적인 사건이 생겨서 하락하기도 한다.
- 하향세로 돌아선 자산가격은 너무 많이 떨어져서 회복을 위한 무대가 준비될 때까지 계속 하락한다.

위에서 설명한 것처럼 펀더멘털과 심리가 상호작용하는 방식을 아는 것은 중요하다. 위의 설명은 일목요연하게 정리되어 있지만, 실제 과정은 이처럼 깔끔하지 않다. 이러한 일들이 일어나는 순서는 바뀔 수 있고, 그것이 바로 인과관계의 방향이다.

- 상황은 때로 심리를 강화시키고, (낙관적인 감정이 더 낙관적으로 됨), 이렇게 높아진 심리는 상황에 긍정적인 영향을 미친다(예를 들어 경제와 기업 이익을 개선한다).
- 높아진 투자자의 심리에 의해 자산가격이 상승되는 것은 분명하지만, 가격 상승이 투자자들로 하여금 더 부유하고, 더 똑똑하고, 더 낙관적으로 느끼게 하는 것도 분명하다.

다시 말해서 이러한 관계는 양방향으로 작용할 수 있으며, 심지어 동시에 작용할 수도 있다. 그리고 각각은 다른 하나의 원인이 될 수도 있다. 사이클마다, 그리고 사이클의 과정에서 이러한 일은 매우 다양한 속도로 발생한다. 마지막으로 사이클이 순조롭게만 진행되는 것은 아니다. 오히려 하락, 회복, 가장feints의 특징이 있다.

이런 이유로 투자는 과학적으로 설명할 수 없고, 매번 똑같이 이루어지리라고 믿을 수도 없다. "역사는 그대로 반복되지 않지만, 그 흐름은 반복된다."는 마크 트웨인의 말로 다시 되돌아가는 것이다. 이유와 결과는 과거와 전혀 같지 않지만 과거에 봤던 사건들을 연상시키는 일이 발생한다.

과정의 불명확함과는 별개로 과거의 사건과 예상되는 미래의 사건이 투자자의 심리와 결합해 자산가격을 결정하는 것은 분명하다. 사건과 심리는 신용 가용성에 영향을 미치고, 신용 가용성은 사건과 심리에 피드백으로 다시 영향을 미치며 자산가격에 큰 영향을 미친다.

요약하자면 이러한 것들이 모두 모여 마켓 사이클을 만든다. 이런 현상은 매일같이 일어난다. 주식시장의 상승 및 하락이 가장 두드러지는 사례지만, 채권, 금, 통화 시장에 관해서도 마찬가지다. 이것이 여러 사이클이 교차하는 지점이며 제12장의 주제이기도 하다.

—⚋—

금융이론은 투자자들을 객관적이고 합리적이며 낙관적인 '경제적 인간'으로 그린다. 그렇다면 경제적 인간들이 집합적으로 형성하는 시장은 작가이자 투자자인 (그리고 워런 버핏의 스승인) 벤 그레이엄Ben Graham이 '저울'weighing machine이라고 칭했던 것처럼 자산의 가치를 재는 훌륭한 평가자일 수도 있을 것이다.

그러나 경제적 사실이나 수치는 시장 반응의 시작점일 뿐이다. 투자자의 합리적인 행동은 예외적인 것이지 법칙이 아니다. 시장은 침착하게 재무 데이터를 저울질하고 감정과 무관하게 가격을 책정하면서 시간을 보내지 않는다.

투자의 펀더멘털은 오히려 간단하다. 과거의 사건들은 이미 일어났고 기록되었으며 많은 이들이 그것들을 분석하는 데 필요한 양적 기술을 가지고 있다. 현재 실적은 재무제표에 나와 있어 때로 정확한 그림을 제시하고 노련한 조정을 요구하기도 한다. 미래의 사건은 모두 모른다(비록 몇몇 투자자들은 다른 사람들보다 더 선견지명이 있기도 하지만). 펀더멘털은 투자에서 가장 변화가 많은 부분도 아니고, 내 관심사도 아니다. 또 나는 미래에 대해 다른 사람보다 더 많이 아는 방법을 알려주는 글을 쓸 수도 없다. 미래의 사건에 대해 다른 사람들보다 더 많이 알려면 단순하게 종이나 학습으로 전달할 수 있을지 의심스러운 선견지명, 직관, '2차적 사고'second-level thinking가 필요하기 때문이다.

나는 투자자들이 어떻게 합리적인 추정에서 벗어나는지, 또 그것이 어떻게 사이클의 진동에 영향을 미치는지에 대해 가장 관심이 많고, 또 가장 많이 생각하고 있다. 이러한 내용은 나와 오크트리 동료들이 고객에게 가장 큰 기여를 할 수 있게 했던 부분이기도 하다.

온전히 경제적인 결정만 하는 것을 막는 수많은 요소들이 있는데, 이것들은 투자 결정에서 중요한 역할을 한다. 이 요소들은 인간의 본성, 심리, 감정(이들 간의 차이는 우리 목적에 직접적이거나 중요한 사항이 아니다)이라는 이름 아래 투자자의 행동과, 나아가 시장을 분명히 지배할 수 있다. 전부는 아니라도 일부 요소는 주기적으로 달라지며 이것들 모두 사이클에 영향을 미치거나 사이클을 악화시킬 수 있다. 이런 요소들이 미치는 가장 중요한 영향은 다음과 같다.

- 투자자가 합리적인 사고와 그에 따른 합리적인 결정을 확고히 고수하지 않고 변동하는 방식
- 투자자들이 선택적 지각selective perception과 편향된 해석에 빠져 현재 진행 중인 상황에 대해 왜곡된 견해를 갖는 경향
- 자신의 주장을 옹호하는 증거는 받아들이고 그렇지 않은 증거는 부정하는 확증 편향confirmation bias과 대부분의 사람들이 1달러의 수익(또는 1달러의 잠재적 이익을 포기한 경우)보다 1달러의 손실을 더 크게 받아들이는 비선형적인 효용에 따른 경향
- 투자자들로 하여금 좋은 시기에는 이익 가능성에 대한 거짓말

같은 이야기도 받아들이게 하는 수용성gullibility, 나쁜 시기에는 이익의 모든 가능성을 거부하게 하는 지나친 회의주의

- 투자자의 위험수용 및 위험회피 성향은 바뀌며, 그 결과 보상적인 리스크 프리미엄에 대한 투자자들의 요구도 바뀌는 특성
- 다른 사람들이 하는 일에 동조해야 한다는 부담에서 생긴 군중행동herd behavior과 그 결과 일반적인 관행을 따르지 않는 포지션을 유지하기 어려움
- 다른 사람들이 자신은 거부했던 일을 해서 돈을 버는 모습을 지켜볼 때 생기는 극도의 불편함
- 따라서 자산 거품에 저항했던 투자자들이 결국 압력에 굴복하고 패배를 인정하며 매수하는 경향(비록 거품이 껴서 자산가격이 상당히 올랐을지라도, 혹은 그렇게 때문에 더)
- 이에 상응하여 아무리 타당하다 할지라도 인기 없고 성공적이지 못한 투자를 포기하는 경향
- 마지막으로 투자라는 것이 더 많은 것을 얻고자 하는 욕심, 다른 사람이 벌어들이는 이익에 대한 질투, 손실에 대한 두려움과 같은 강력한 요소를 갖고 있는, 돈에 관한 문제라는 사실

강세장과 약세장

투자자들은 적어도 100년 동안 '매수자'bull(주식이 오를 것이라고 생각해 공격적으로 행동하는 낙관론자) 또는 '매도자'bear(주식가격이 떨어질 것

이라고 생각해 방어적으로 행동하는 비관론자)로 묘사되어 왔다. 결과적으로 사람들은 가격이 상승해왔거나 상승하고 있거나 상승할 시장은(꽤 애매모호하다) '강세장'bull market이라 부르고, 반대의 시장에 대해서는 '약세장'bear market이라고 부른다.

약 45년 전인 1970년대 초, 나는 최고의 선물을 받았다. 한 현명하고 나이 많은 투자자가 내게 '강세장의 3단계'에 대해 알려준 것이다.

- 1단계, 대단히 통찰력 있는 소수만이 상황이 좋아질 것이라고 믿을 때
- 2단계, 대부분의 투자자들이 개선이 실제로 일어나고 있다는 사실을 깨달을 때
- 3단계, 모든 사람들이 상황이 영원히 나아질 것이라고 결론지을 때

이 단순한 진실을 접한 후, 나는 투자자의 심리적 극단과 이러한 극단이 마켓 사이클에 미치는 영향에 눈을 떴다. 여러 훌륭한 인용구와 격언들이 그렇듯 위 3단계는 간단한 말들 속에서 태도의 가변성, 사이클 진행을 뒤따르는 태도의 패턴, 오류를 야기하는 태도 등 여러 지혜를 알려준다.

1단계에서는 대부분의 투자자들이 개선 가능성을 보지 못하기 때문에 주식가격이 오르지 않고 가격에 낙관주의가 거의 혹은 전혀 포함되어 있지 않다. 이 단계는 종종 가격이 폭락한 후 일어나며 가격을 심하게 떨어뜨린 하락 추세는 사람들의 심리를 완전히 꺾어버려 시장에 등을 돌리고 영원히 투자하지 않겠다고 맹세하게 한다.

반면 3단계에서는 오랫동안 상황이 잘 진행되어왔고, 이런 점이 자산가격에 강하게 반영되어 시장 분위기를 더욱 고조시켜왔기 때문에 투자자들은 가격이 끝없이 올라갈 것이라고 생각한다. 나무는 하늘 끝까지 자라지 않지만 이 단계에 있는 투자자들은 나무가 끝까지 자랄 것처럼 행동한다. … 그리고 자신이 생각하는 무한한 잠재력에 돈을 지불한다. 과대평가된 것으로 드러난 잠재력에 돈을 지불하는 것만큼 비싼 것은 거의 없다.

이런 내용을 봤을 때 낙관론의 이유를 거의 발견하지 못하는 1단계에서 투자하는 사람은 상당한 가격 상승이 가능한 저점에서 자산을 매수한다는 결론이 나온다. 하지만 3단계에서 매수하는 사람은 늘 시장의 과도한 열정에 높은 가격을 지불하고 결과적으로 손실을 입는다.

강세장의 3단계에 관한 설명은 경제적으로 많은 지혜를 가르쳐준다. 하지만 3단계를 알게 된 지 얼마 되지 않아 훨씬 더 좋고 간단한 가르침을 발견했다. 한 문장에 같은 메시지가 담겨 있다. "현명한 사람이 처음에 하는 일을 바보는 마지막에 한다."

나는 이 문장이 최고의 투자 지혜이며 사이클의 중요성을 담은 놀라운 정수라고 생각한다. 다시 한번 말하지만, 초기 발견자는 아직 발견되지 않은 잠재력을 싼 가격에 산다. 초기 발견자는 정의상 다른 사람들보다 미래를 잘 예측하며 대중의 동조 없이도 매수할 수 있는 강한 정신력을 가진 드문 사람이다. 하지만 모든 투자 트렌드는 극단으로 나아가고, 지나치게 값이 올라 마지막 매수자는 과대평가된 잠재력에 돈을 지불한다. 그는 가격 상승으로 인한 이익을 얻는 대신 손해라는 심판을 받을 것이다.

'현명한 사람이 처음에 하는 일을 바보는 마지막에 한다'라는 문장은 마켓 사이클과 그 영향에 대해 여러분이 알아야 할 내용의 8할을 알려준다. 워런 버핏은 이와 비슷한 말을 훨씬 더 간결하게 했다. "처음에는 혁신가, 그다음은 모방자, 마지막은 멍청이다."

사이클은 양방향으로 진행되어 심각한 세계 금융위기가 일어났고, 나는 '썰물'(2008년 3월)이라는 메모에서 금언을 뒤집어 약세장의 3단계를 서술했다.

- 1단계, 만연한 낙관주의에도 불구하고 몇몇 신중한 투자자들이 상황이 언제나 장밋빛일 수는 없다는 사실을 인식할 때
- 2단계, 대부분의 투자자들이 상황이 나빠지고 있음을 인식할 때
- 3단계, 모든 사람들이 상황이 더 나빠지기만 할 거라고 확신하는 때

앞서 항복에 대해 언급한 적이 있다. 항복은 대단히 흥미로운 현상이며 거기에도 신뢰할 수 있는 사이클이 있다. 강세장이나 약세장의 첫 번째 단계에서 대부분의 투자자들은 극소수의 투자자들만 하는 일에 동참하지 않는다. 대부분의 투자자들에게 그런 행동의 바탕이 되는 특별한 통찰력이 부족하기 때문일 것이다. 성공 사례가 생기고, 다른 이들이 모여들기 전에 행동할 수 있는 능력이 없기 때문일 수도 있다 (이후 가격은 상승하고 시장가격이 이를 반영한다). 또는 대중과 다른 길을 가며 관행을 따르지 않는 역투자자로 행동하기 위해 필요한 용기가 부족할 수도 있다.

초기의 대담하고 올바른 투자 기회를 놓친 투자자들은 시장의 움직임이 강해지고 속도가 빨라지는 동안 계속 저항할 것이다. 열풍이 시장을 움직여도 참여하지 않을 것이다. 이들은 낙관적인 매수자들이 상승시킨 시장, 자산군, 산업 그룹에 대해 절제력을 가지고 매수하기를 거부하거나 다른 사람이 매도하여 가격이 내재가치 이하로 떨어지면 매도하기를 거부한다. 이들이 추세에 늦게 동참하는 것은 아니다.

하지만 대부분의 투자자들은 결국 항복한다. 저항하는 데 필요했던 단호한 결심으로부터 간단히 도망쳐버린다. 자산가격이 상승하면서 2배, 3배가 되거나 하락하면서 반 토막이 나면 많은 이들이 스스로를 멍청하다고 느끼며 잘못되었다고 생각한다. 그리고 열풍에서 이익을 얻은 사람들, 또는 하락에서 물러나 있는 사람들을 부러워한다. 이들은 더 이상 저항할 의지를 잃어버린다. 이 상황에 대해 내가 가장 좋아하는 인용구는 찰스 킨들버거 Charles Kindleberger 의 "친구가 부자가 되는 것을 보는 것만큼 행복과 판단력을 방해하는 일은 없다."라는 말이다(《광기, 패닉, 붕괴: 금융위기의 역사》Manias, Panics, and Crashes: A History of Financial Crises, 1989). 시장 참가자들은 다른 사람들은 벌고 자신들은 놓친 돈 때문에 고통받으며, 이런 추세(와 고통)가 더 지속될까봐 두려워한다. 그들은 무리에 합류하면 고통이 멈출 것이라고 결론짓고 항복한다. 그래서 결국 자산이 많이 올랐을 때 매수하거나 크게 하락한 후에 매도한다.

다시 말해서, 1단계 때 제대로 행동하지 못하고, 3단계 때 뭔가를 하는 것이 오히려 부적절할 때 행동에 나서 실수를 더 악화시킨다. 이것이 항복이다. 항복은 사이클에서 볼 수 있는 투자자 행동의 매우 파괴적인 양상이며, 심리 때문에 발생하는 최악의 실수를 보여주는 좋은 예이다.

마지막 저항자가 포기하고 상승세에 매수했거나 하락세에 매도했을 때는 동조할 사람은 아무도 남아 있지 않다. 더 이상 매수자가 없다는 것은 강세장의 종말을 의미하며, 그 반대도 마찬가지이다. 마지막에 항복하는 사람이 고점과 바닥을 만들며 사이클이 반대 방향으로 움직일 상황을 조성한다. 이 사람이 '결국 바보다.'

다음의 역사적 이야기는 우리 중에서 가장 똑똑한 사람도 항복의 희생자가 될 수 있다는 사실을 보여준다.

'남해거품사건'South Sea Bubble 시기의 왕립조폐청장이었던 아이작 뉴턴은 다른 부유한 영국인들과 함께 영국의 남해회사South Sea Company에 투자했다. 남해회사의 주식은 1720년 1월 128파운드에서 6월에는 1,050파운드로 올랐다. 그러나 상승 초기에 뉴턴은 붐의 투기적인 성격을 깨닫고 자신의 주식을 7,000파운드어치 매도했다. 시장의 방향에 대해 묻자 그는 "천체의 움직임은 계산할 수 있지만, 인간의 광기는 계산할 수 없다."고 대답한 것으로 알려졌다.

1720년 9월, 거품이 꺼지고 주가는 3개월 전 최고점에서 80퍼센트 하락해 200파운드 이하로 떨어졌다. 하지만 뉴턴은 거품을 더 일찍 간파했음에도 불구하고 수년간 많은 투자자들이 그랬던 것처럼 주변 사람들이 엄청난 수익을 올리는 것을 보고서 참을 수가 없었다. 그는 주식을 고점에서 다시 매수해서 결국 2만 파운드를 잃었다. 세상에서 가장 똑똑한 사람 중 한 명조차도 중력의 분명한 가르침으로부터 자유롭지 않았던 것이다! ('버블닷컴', 2000년 1월)

거품과 폭락

시장은 늘 상승하고 하락하며 언제나 그럴 것이다. 이것이 상당한 정도로 계속될 때 강세장 또는 약세장이라고 말한다. 더 나아가면 붐, 광기, 대유행 또는 파산, 위기, 패닉이라고 말하기도 한다. 오늘날 극단적인 강세장과 약세장을 표현하는 가장 인기 있는 용어는 '거품'과 '폭락'이다.

이 용어들은 오래전부터 사용되어왔다. 위에 나온 '남해거품사건'은 1720년 남아메리카와의 무역을 독점함으로써 국가 부채를 상환하려고 했던 회사에 투자하려는 광적인 열풍이 영국을 강타한 사건이다. 대공황을 일으킨 시장 붕괴를 1929년 대폭락이라고 부른다. 하지만 거품이라는 용어를 일상적으로 사용하게 된 것은 1995~2000년의 '기술주 거품', '인터넷 거품', '닷컴 거품'과 전 세계 시장에 엄청난 폭락을 가져오며 2007년에 끝난 주택 및 모기지 거품 때문이다.

요즘은 특히 언론 쪽에서 시장의 큰 상승을 거품이라고 부르는 경향이 있다. 이 글을 쓰고 있는 2017년 가을, 미국의 S&P500지수는 2009년 3월의 저점에서 (배당금 포함) 4배가량 상승했고, 미국 하이일드 채권 수익률은 5.8퍼센트로 하락했다. 나는 종종 우리가 폭락이 임박했음을 암시하는 이러저러한 새로운 거품 속에 있는 것은 아닌지 질문을 받는다. 그러나 시장이 크게 상승했다고 모두 거품은 아니다. '거품'이라는 용어는 깊이 이해하고 주의를 기울여야 할, 특별한 심리적 함축을 담고 있다.

나는 앞에서 언급했던 기술주 거품과 주택 거품보다 훨씬 더 오래된 거품들을 겪었다. 가장 좋은 예 중 하나는 1960년대 미국에서 고속 성장하는 우량주에 대한 '니프티 피프티'Nifty Fifty('니프티 50'이라고 하기도 하며, 미국에서 기관투자자들이 가장 선호하는 50개 종목을 말한다. IBM, 코카콜라, 제너럴일렉트릭, 맥도날드, 월트디즈니, 제록스 등이 이에 해당한다.─옮긴이) 주식 광풍이다. 내가 아는 한 거품에는 공통된 맥락이 있고, 니프티 피프티가 그 전형적인 사례였다. 니프티 피프티에 속한 자산에 한해서는 '너무 높은 가격은 없다'는 확신이 있었고, 어떤 가격을 지불하더라도 틀림없이 돈을 벌 수 있다는 결론이 있기도 했다.

똑똑한 투자에는 단 한 가지 형태가 있다. 가치가 있는 것을 찾아내서 그것을 적정 가격이나 그 이하의 가격에 사는 것이다. 가치를 수량화해서 매력적인 매수 가격을 고집하지 않는다면 똑똑한 투자를 할 수 없다. 가격과 가치의 관계 이외의 개념을 중심으로 이루어진 모든 투자활동은 비이성적이다.

'성장주'라는 개념은 1960년대 초 기술, 마케팅, 경영 기법의 발전으로 기업들이 빠르게 이익을 내며 성장하자 이에 참여하는 것을 목표로 대중화되기 시작했다. 성장주는 가속도가 붙었고, 내가 퍼스트 내셔널 시티은행First National City Bank(시티은행의 전신)의 투자분석 부서에서 인턴을 하던 1968년에는 (가장 빠르게 성장하며 최고의 성과를 내던) 니프티 피프티 종목들이 아주 많이 올라서 당시 투자의 대부분을 행했던 은행 신탁 부서는 다른 모든 주식에는 관심을 잃어버렸다.

모든 이들이 제록스, IBM, 코닥, 폴라로이드, 머크, 릴리, 휴렛 패커드, 텍사스 인스트루먼트, 코카콜라, 에이본의 주식을 원했다. 다들 이 회사들은 너무 좋아서 나쁜 일이 일어나지 않을 것 같다고 생각했다. 어떤 가격을 지불했는지는 전혀 중요하지 않다는 말이 받아들여졌다. 지불한 가격이 조금 많이 높아도 상관없었다. 회사의 빠른 성장이 곧 그 수준을 따라잡을 것이었기 때문이다.

결과는 예측할 수 있었다. 가격에 상관없이 투자하려고 할 때마다 사람들은 냉철한 분석보다는 감정과 인기에 바탕을 두었다. 따라서 1968년에 니프티 피프티 주식은 강력한 강세장의 선봉에 서서 기업 이익의 80~90배로 거래되다가 열풍이 가라앉자 땅으로 내려왔다. 많은 종목들이 1973년의 약세장에서는 기업 이익의 8~9배에 매도됐고, 이것은 곧 '미국 최고의 기업들'에 투자했던 투자자들이 80~90퍼센트의 손실을 입었다는 것을 의미했다. 언급된 몇몇 '나무랄 데 없는' 기업들은 그 이후 파산했거나 심각한 어려움을 겪었다.

'너무 높은 가격은 없다'는 말은 참 쓸모없다. 너무 좋아서 가격이 비싸게 매겨질 수밖에 없는 자산이나 회사는 없다. 분명히 이런 생각은 니프티 피프티 주식이 가라앉은 후 영원히 사라졌을 것이다.

그런데 여러분이 이 교훈을 정말로 배웠다고 생각할까봐 1990년대 말로 돌아가보겠다. 그때는 기술주가 유행이었다. 기업 혁신이 성장주의 열풍을 촉발했던 것처럼 통신(휴대전화와 광섬유를 이용한 송신), 미디어(새로운 엔터테인먼트 채널을 채우기 위한 '콘텐츠'에 대한 끝없는 수요 포함), 정보 기술(특히 인터넷) 분야의 발전은 투자자들의 상상력에 불을 붙였다.

'인터넷이 세상을 바꿀 것이다'라는 말이 이 시기의 구호였고, 늘 그렇듯 '전자상거래 주식에 대해서는 너무 높은 가격이란 없다'는 말이 뒤를 이었다. 니프티 피프티 주식들은 기업 이익에 비해 지나치게 높은 배수로 팔렸지만 인터넷 관련주에서는 이것이 문제되지 않았다. 인터넷 관련 회사들은 이익이 없었기 때문이다. 투자가 완전히 개념적으로 이루어졌을 뿐만 아니라 기업 자체도 마찬가지로 개념적이었다. 주식은 주가수익비율p/e ratios 대신 (매출이 조금이라도 있다면) 매출의 배수로 가격이 산정돼 팔렸고, 그렇지 않으면 웹사이트를 방문하는 방문자 수를 가지고 가격을 산정했다.

니프티 피프티 때와 마찬가지로 이 투자 열풍에도 그 바탕을 이루는 티끌만 한 진실, 대개 거품이 시작되기 위해 필요한 것이 있었다. 하지만 투자자들은 가격이 중요하지 않다고 결론을 내렸고 이성과 규율의 속박에서 벗어났다. 그들의 말처럼 인터넷은 확실히 세상을 바꿨다. 20년 전의 세상과는 너무 달라진 현재를 만들었다. 그러나 1999년과 2000년에 있던 대부분의 인터넷 관련주 기업들은 더 이상 존재하지 않는다. 니프티 피프티 때의 80~90퍼센트 손실이 오히려 부러울 지경이었다. 이 기업들에 투자했던 사람들은 100퍼센트 손실을 입었다.

결론은 분명하다. '가격은 중요하지 않다'는 생각은 거품의 필수 요소이자 전형적인 특징이다. 거품일 때 투자자들은 선풍적인 자산을 매수하기 위해 돈을 빌려서 투자를 해도 이익을 낼 수 있을 거라고 판단하는 경우가 많다. 대출이자가 얼마든 간에 투자하려는 자산이 그 이상으로 오를 것이라는 생각은 분석적 의심이 필요한 또 다른 예이다.

'너무 높은 가격은 없다'는 생각은 거품의 근본적인 요소이며, 시장이 너무 멀리 갔다는 확실한 증거이다. 거품에 참여하는 안전한 방법은 없으며 위험만이 존재할 뿐이다. 하지만 '너무 비싸다'는 말이 '내일 당장 떨어진다'는 말과 동의어는 아니라는 사실에는 주목해야 한다. 많은 열풍들이 거품의 영역에 도달했더라도 바로 그 거품이 꺼지는 것이 아니라 이후로도 한동안 가격이 상승해 계속 잘 진행된다. 몇몇 유명한 투자자들도 기술주 거품에 저항하기 너무 고통스러워하며 2000년 초 패배를 인정했다. 어떤 투자자는 고객들이 자금 대부분을 인출해가는 모습을 목격했고, 또 어떤 투자자는 의욕을 잃고 투자를 그만 두었으며, 일부는 포기하고 거품에 뛰어들었다. … 이들은 거품이 붕괴될 시점에 주식을 매수해 실수를 더 심각하게 만들었다.

—ᴍ—

아래의 과정은 마켓 사이클의 상승세를 압축적으로 보여준다. 이 과정을 통해 어떻게 경제, 기업 이익, 심리, 위험회피, 매스컴 작용media behavior의 사이클이 결합해 시장가격을 내재가치 이상으로 올리는지, 하나의 사건이 어떻게 다음 사건에 영향을 주는지 알 수 있다.

- 경제가 성장하고 있으며, 경제 상황이 긍정적이다.
- 기업 이익이 증가하고 있으며 기대를 뛰어넘는다.
- 매스컴은 좋은 뉴스만 전달한다.
- 주식시장이 강화된다.

- 투자자들이 점점 자신감을 가지고 낙관적인 성향을 갖는다.
- 리스크를 드물고 대수롭지 않은 것으로 여긴다.
- 투자자들은 이익을 얻기 위해서는 당연히 위험을 수용해야 한다고 생각한다.
- 탐욕이 행동에 동기를 부여한다.
- 투자 기회에 대한 수요가 공급을 초과한다.
- 자산가격이 내재가치 이상으로 오른다.
- 자본시장이 열려 있어 자금 조달과 채무 롤오버가 쉽다.
- 채무불이행이 거의 발생하지 않는다.
- 회의론적인 시각이 적고, 신뢰도는 높다. 즉 위험한 거래가 이루어진다.
- 아무도 상황이 잘못될 거라고 상상하지 못한다. 좋지 않은 사건은 일어나지 않을 거라 생각한다.
- 모두가 상황이 영원히 좋을 거라 생각한다.
- 투자자들은 손실 가능성을 무시한 채 기회를 놓치는 것에 대해서만 염려한다.
- 아무도 매도 이유를 생각하지 못하고, 매도를 강요받지도 않는다.
- 매수자가 매도자보다 많다.
- 시장이 하락하면 투자자들은 기꺼이 매수할 것이다.
- 가격이 새로운 고점에 도달한다.
- 매스컴은 이 신나는 사건을 축하한다.
- 투자자들은 도취되어 근심이 없어진다.
- 주식 보유자는 자신의 똑똑함에 감탄한다. 아마 더 많이 매수할

것이다.

- 방관자들이 후회하며, 항복하고 매수한다.
- 잠재적 수익률이 낮다(또는 마이너스다).
- 리스크가 높다.
- 투자자들은 기회를 놓친 것을 잊고 손실만 걱정해야 한다.
- 지금이 주의해야 할 때이다!

주목해야 할 점은 최고조에 달한 심리, 최대로 완화된 신용 가용성, 최고 수준의 가격, 최소의 잠재수익률, 최대 리스크가 동시에 이루어지며 이러한 극단은 대개 매수의 마지막 발작과 함께 일어난다는 것이다.

마찬가지로, 다음의 과정은 시장의 하락세에서 일어나는 일을 개략적으로 설명한 것이다.

- 경제 발전이 둔화된다. 경제 상황이 부정적이다.
- 기업 이익은 변동이 없거나 감소하며 예상치에 미치지 못한다.
- 매스컴은 나쁜 뉴스만 보도한다.
- 주식시장이 약화된다.
- 투자자들은 걱정이 많아지고 침체된다.
- 어디에나 리스크가 존재하는 것처럼 보인다.
- 투자자들은 위험을 수용하면 돈을 잃는다고 여긴다.
- 공포가 투자자 심리를 지배한다.
- 주식 수요가 공급에 미치지 못한다.
- 자산가격이 내재가치 이하로 떨어진다.

- 자본시장이 경색되어 유가증권의 발행이나 부채 차환이 어려워 진다.
- 채무불이행이 급증한다.
- 회의론적인 시각이 많고 신뢰도는 낮다. 즉 안전한 거래만 가능 하고 거래가 아예 없을 수도 있다.
- 아무도 개선이 가능하다고 생각하지 않고, 어떤 부정적인 결과 도 일어날 수 있다고 여긴다.
- 모두 상황이 영원히 악화될 거라고 생각한다.
- 투자자들은 기회를 놓칠 가능성은 무시하고 손실만 걱정한다.
- 아무도 매수 이유를 생각하지 않는다.
- 매도자가 매수자보다 많다.
- '떨어지는 칼날을 잡으려 하지 말라'는 말이 '저점 매수'를 대신 한다.
- 가격이 새로운 저점에 도달한다.
- 매스컴은 이러한 침체된 추세에 초점을 맞춘다.
- 투자자들은 침체되고 공황 상태에 빠진다.
- 주식 보유자들은 스스로를 바보 같다고 생각하며 환멸을 느낀 다. 그들은 자신이 한 투자 이면의 근거를 제대로 이해하지 못했 었다는 사실을 깨닫는다.
- 매수를 삼갔던 사람들(또는 매도한 사람들)은 자신이 맞았다고 느 끼며, 똑똑함을 인정받는다.
- 포기하고 낮은 가격에 매도하는 사람들이 하락세를 더욱 심화 시킨다.

- 내재된 장래 수익률이 엄청나게 높다.
- 리스크가 낮다.
- 투자자들은 돈을 잃을 위험은 잊고 기회를 놓치는 것만 걱정해야 한다.
- 지금이야말로 공격적이어야 할 때이다!

마켓 사이클의 상승 움직임이 만들어낸 '고점'에서와는 반대로 마지막 낙관주의자가 패배를 인정할 때, 바닥에서 동시에 일어나는 심리의 최저점, 신용 접근성의 완전한 불능, 최저 가격, 최대의 잠재수익률, 최소 리스크를 확인할 수 있다.

여기에 약술된 과정들은 단순하다. 사실 실패로 가는 길을 회화적으로 서술했다고 생각할 수도 있다. 그러나 이것들은 상상하거나 과장한 것이 아니다. 비논리적인 극단에 도달해서 허공에 만든 집이 무너질 때까지 어느 방향에서든지 각각의 사건이 다음 사건의 원인이 된다.

앞서 이야기한 사건들이 항상 동일한 순서로 발생하는 것은 아니다. 모든 마켓 사이클에서 이 사건들이 늘 존재하는 것도 아니다. 그러나 이런 행동들은 실제로 존재하고, 수십 년 동안 시장에서 흐름을 탄다.

시장의 상승 사이클을 처음 경험한 미숙한 투자자는 강세장 또는 거품의 긍정적인 요소들이 혼합된 초기 과정의 흐름이 타당하다고 생각한다. 그는 그렇게 계속 쏟아지는 좋은 뉴스들과 감정이 손실로 끝날 수 있다는 사실에 놀랄지도 모른다. 물론 특별한 경험이 없는 사람들이 이렇게 판단하는 것은 어쩔 수 없다. 판단 오류에 기초해 사이클의 진행 과정이 극단으로 갈 수 없다면 시장은 상승 시장의 정점(또는 하락 시장의 바닥)에 도달한 이후 붕괴하지도(회복되지도) 않을 것이기 때문이다.

—✦—

38~40쪽에서는 사이클에서의 위치와 그것이 장래 수익률에 대해 시사하는 것 사이의 관계에 대해 논의했었다. 이제 이 장을 마무리하기 위해, 그 관계를 더 자세히 설명하고 싶다.

먼저 마켓 사이클이 중간지점에 있다고 가정해 보자.

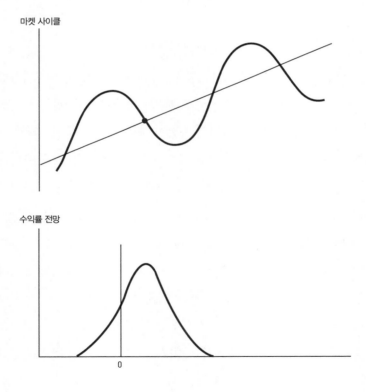

이는 일반적으로 경제가 성장 추세에 있고, 이익은 보통이며, 가치 평가 지표는 역사적 맥락에서 적정하고, 자산가격은 내재가치와 일치하며, 감정이 극단적이지 않다는 것을 의미한다. 위의 모든 것을 고려했을 때 수익률에 대한 전망 역시 '보통'이며, 이는 미래 수익률에 대한 확률분포가 38쪽의 분포(280쪽 하단 그림)와 비슷하다는 뜻이다.

하지만 시장이 사이클의 고점에 있다면 어떻게 될까? 펀더멘털의 측면에서 무슨 일이 일어나든 상관없이 이는 가치평가가 과장되어 있고, 가격은 내재가치를 훨씬 뛰어넘으며, 낙관주의가 만연해 있다는 것을 의미한다. 이런 시점에서 수익률에 대한 전망은 다음 분포에서

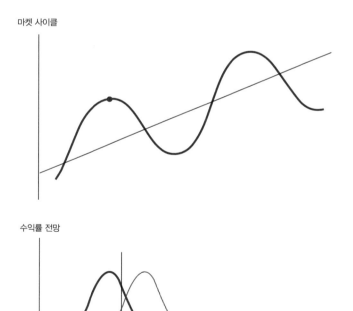

볼 수 있듯이 보통 이하이며 부정적인 쪽으로 편향되어 있다.

그렇다면 사이클의 저점에서는 어떠한가? 투자심리가 위축되어 가
치 평가 지표는 저점 매수가 가능한 역사적 저점 수준에 있으며, 따라
서 자산가격은 내재가치보다 훨씬 낮다. 이제 미래 수익률에 관한 분
포는 오른쪽으로 이동하여 이례적으로 높은 이익 가능성을 보여준다.

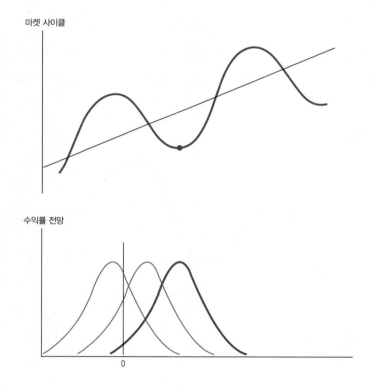

이상의 개념적 서술은 사이클 수준과 잠재수익률 사이의 관계를 나
타낸다. 과학적인 것과는 거리가 멀지만 내가 아는 한, 이것은 옳다.

제13장

마켓 사이클에 대응하는 방법

이 모든 것의 핵심은 무엇일까? 그것은 바로 시계추처럼 움직이는 심리와 밸류에이션valuation(어떤 자산이나 기업의 현재 가치를 평가하는 것—옮긴이) 사이클이 어디쯤 위치해 있는지 아는 것이다. 또 지나치게 긍정적인 심리와 높은 밸류에이션을 부여하려는 생각 때문에 가격이 정점으로 급등할 때 매수하지 않는 것(그리고 아마 매도하는 것)이다. 마지막으로 침체된 심리와 밸류에이션 기준의 하락으로 패닉에 빠진 투자자들이 낮은 가격에도 불구하고 매도했을 때, 그리하여 염가 매수가 가능할 때 기회를 잡는 것이다.

투자자의 목표는 미래의 사건에서 이익을 얻기 위해 자본을 포지셔닝하는 것이다. 투자자는 시장이 떨어질 때보다 오를 때 더 많이 투자하고 싶어 하며, 더 많이 오르거나 덜 떨어지는 자산을 많이 갖고 그렇지 않은 것들은 적게 갖고 싶어 한다. 목적은 분명하다. 문제는 이것을 어떻게 성취하느냐는 것이다.

그 첫 번째 단계는 미래에 대응하는 방법을 결정하는 것이다. 어떤 사람들은 경제와 시장 예측을 믿고 그러한 예측이 요구하는 행동을 한다. 그들은 우호적인 사건이 예측될 때 더 적극적으로 투자하며, 그 반대의 경우는 반대로 한다.

분명히 말했지만 나는 예측을 믿지 않는다. 수익률을 높이기 위해 미래에 무슨 일이 일어날지 충분히 알 수 있는 사람은 극소수이며, 다른 사람들보다 사건을 더 잘 예측하고 결과적으로 더 뛰어난 투자 성과를 얻는다는 측면으로 봤을 때도 예측가들의 기록은 아주 형편없다. 각 시기마다 뛰어나고 놀라운 성공으로 유명해지는 사람들이 드물게 있지만, 그들도 이후 수년 동안 맞는 예측을 잘 내놓지 못한다.

미래를 내다볼 수 있는 능력이 없는데 어떻게 미래에 대비해서 포트폴리오를 포지셔닝할 수 있을까? 나는 이 질문에 대한 답은 시장이 오르내리는 사이클의 어디쯤에 있는지, 그리고 그것이 향후 시장의 움직임에 관해 무엇을 의미하는지 아는 데 있다고 생각한다. 《투자에 대한 생각》에서 썼던 것처럼 "우리가 어디로 가고 있는지는 절대 알 수 없지만, 우리의 현재 위치에 대해서는 더 잘 알아야 한다."

이를 위해서는 무엇이 사이클의 움직임을 만드는지, 무엇 때문에 사이클이 고점과 저점을 향해 나아가는지, 또 무엇 때문에 사이클이 극단에서 벗어나게 되는지 등 사이클의 기본 특성을 폭넓게 이해해야 한다. 지금까지 우리는 관련된 핵심 요소들을 살펴봤다.

- 기본적인 공통 요소와 역사의 흐름이 반복되는 경향
- 특히 인간 본성에 의해서 결정되는 것들이 상승하고 하락하는 경향
- 사이클의 각 사건이 다음 사건에 영향을 미치는 방식
- 다양한 사이클이 상호 작용하고 서로 영향을 미치는 방식

- 합리적인 수준 이상으로 사이클 현상을 만드는 심리의 역할
- 따라서 사이클이 극단으로 가는 경향
- 사이클이 극단에서 중간지점으로 회귀하는 경향
- 회귀하는 움직임이 중간지점을 지나 반대쪽 극단을 향해 계속되는 규칙성

이상은 모든 종류의 사이클에 영향을 미치는 보편적 특성이다. 더불어 우리는 마켓 사이클에 영향을 미치는 특별한 요소들도 염두에 두어야 한다.

- 투자환경을 형성하는 경제 및 이익 사이클
- 투자환경에서 전개되는 사건에 과민 반응하는 심리 경향
- 어떤 때는 리스크가 존재하지 않거나 별것 아닌 것으로 간주되다가 다른 때에는 거대하고 피할 수 없으며 치명적인 것으로 여겨지는 점
- 어떤 때에는 시장가격이 긍정적인 것만 반영해서 과장되다가, 또 다른 때에는 부정적인 것만 반영하고 모든 긍정적인 것들은 무시하게 되는 점

이상이 우리가 알고, 주의를 기울이며, 따라야 할 펀더멘털로 일반적인 사이클에 관한 기본 요소이자 그들이 시장에서 작용하는 구체적인 방법들이다. 우리는 시장 상황이 사이클의 어디쯤 있는지, 그것이 미래의 움직임에 대해 무엇을 시사하는지, 그리고 그 결과 무엇을 해야

할지 가늠하기 위해 통찰력을 발휘해야 한다.

—〰—

자 이제 우리가 사이클의 어디쯤에 있는지 알아보자.

이 모든 것의 핵심은 무엇일까? 그것은 바로 시계추처럼 움직이는 심리와 밸류에이션valuation(어떤 자산이나 기업의 현재 가치를 평가하는 것—옮긴이) 사이클이 어디쯤 위치해 있는지 아는 것이다. 또 지나치게 긍정적인 심리와 높은 밸류에이션을 부여하려는 생각 때문에 가격이 정점으로 급등할 때 매수하지 않는 것(그리고 아마 매도하는 것)이다. 마지막으로 침체된 심리와 밸류에이션 기준의 하락으로 패닉에 빠진 투자자들이 낮은 가격에도 불구하고 매도했을 때, 그리하여 염가 매수가 가능할 때 기회를 잡는 것이다. 존 템플턴John Templeton 경은 이렇게 말했다. "남들이 실망하여 매도할 때 매수하고, 탐욕스럽게 매수할 때 매도하는 것은 엄청난 용기가 필요하지만 보상도 가장 크다."

가격이 적정 가치에서 그 이상으로 상승할 때는 대개 다음의 중요한 요소들이 나타난다.

- 일반적으로 좋은 뉴스
- 발생하는 사건들에 만족함
- 한결같이 긍정적으로 보도하는 매스컴
- 낙관적인 이야기에 대한 의심 없는 수용
- 회의주의의 감소
- 위험회피 성향의 부족

- 신용시장 완화
- 긍정적인 분위기

반대로 적정 가치에서 염가 수준으로 가격이 붕괴할 때는 일반적으로 다음 중 일부나 전부의 특징을 보인다.

- 일반적으로 나쁜 뉴스
- 발생하는 사건들에 대한 경고가 나옴
- 매우 부정적인 매스컴
- 나쁜 이야기를 전면적으로 수용
- 회의주의가 상당히 확대됨
- 위험회피의 상당한 증가
- 신용시장의 경색
- 전반적으로 침체된 분위기

문제는 시장이 사이클의 어디쯤 있는지 어떻게 알 수 있느냐는 것이다. 중요한 점은 시장 상승에 기여하는 요소들은 역사적 기준에 비해 높아진 가치평가 지표, 즉 주식의 경우 주가수익률, 채권의 경우 수익률, 부동산의 경우 자본비율capitalization ratios, 바이아웃 펀드의 경우 현금흐름에 대한 평가 승수 등을 통해 나타난다는 것이다. 이 모든 것들은 미래 수익률이 낮아질 전조이다. 시장이 붕괴해 자산가격이 아주 낮은 가치평가를 받을 때는 그 반대이다. 이러한 것들은 관찰할 수 있고, 수량화할 수 있다.

게다가 투자자들의 행동 방식을 이해하면 사이클의 포지셔닝을 이해하는 데 도움이 될 수 있다. 마켓 사이클에 대응하고 그들의 메시지를 이해하기 위해서는 다른 무엇보다도 한 가지 깨달음이 중요하다. 바로 투자 위험은 경제, 기업, 주식, 공채 증서, 증권 거래소에서는 거의 생겨나지 않는다는 사실이다. 위험은 시장 참가자들의 행동에서 나온다. 대부분의 이례적인 수익률을 얻을 수 있는 기회도 마찬가지이다.

투자자들이 신중하게 행동하고, 위험회피 성향을 보이며, 회의주의적 시각을 적용하고, 긍정적인 감정을 억제할 때 주식가격은 내재가치에 비해 합리적인 경향이 있으며, 시장은 안전하고 분별 있는 곳이 된다. 반면 투자자들이 도취되면 그들의 지나치게 열성적인 매수가 가격을 위험한 수준까지 끌어올린다. 투자자들이 낙담했을 때는 패닉에 빠진 매도세가 가격을 최저가로 떨어뜨린다.

워런 버핏은 이렇게 말했다. "다른 사람들이 자기 일을 할 때 신중하지 못할수록 우리는 우리 일을 더 신중하게 해야 한다." 다른 사람들이 도취되어 있을 때 우리는 두려워해야 한다. 그리고 다른 사람들이 겁먹었을 때 우리는 공격적으로 변해야 한다.

투자 결과를 결정하는 것은 무엇을 사느냐가 아니라 그것을 사기 위해 얼마를 지불하느냐는 것이다. 그리고 얼마를 지불하느냐는 것, 즉 주식가격과 그것의 내재가치와의 관계는 투자자 심리와 그에 따른 행동에 의해 결정된다. 시장 분위기에 적절하게 대응할 수 있는 열쇠가 바로 여기, 심리와 다른 사람들의 행동을 파악하는 데 있다. 시장이 뜨겁게 달아올라서 너무 비싼 가격이 매겨졌는지, 아니면 시장이 냉랭해서 가격이 아주 낮은지 알아야 한다.

나는 '이미 엎질러진 물'(2006년 3월)이라는 메모와《투자에 대한 생각》에서 시장 평가 지침을 소개했었다. 이것을 대체할 더 좋은 것을 찾을 수 없어 여기 다시 소개한다. 여기 쓰인 요소들은 과학적이지 않고, 수치화할 수도 없으며, 정량화할 수 없다. 심지어 다소 우스운 구석도 있다. 하지만 주의해야 할 것들에 대한 감은 얻을 수 있을 것이다.

경제	활기찬	부진한
전망	긍정적	부정적
대출기관	적극적	소극적
자본시장	완화	경색
자본	풍부	부족
조건	완화	엄격
금리	낮은	높은
수익률 스프레드	좁은	넓은
투자자	낙관적	비관적
	자신감	낙담
	매수에 적극적	매수에 무관심
자산 보유자	보유에 행복함	출구를 향해 돌진
매도자	거의 없음	많음
시장	활성화	관심 부족
펀드	가입이 어려움	누구나 가입할 수 있음
	매일 새로운 것이 출시됨	최고의 펀드만 자금을 모을 수 있음
	무한책임사원General Partner (자산운용자 ─ 옮긴이)이 조건의 카드를 쥐고 있음	유한책임사원Limited Partner (재무적 투자자 ─ 옮긴이)이 협상력을 가지고 있음

최근 실적	강함	약함
자산가격	높음	낮음
예상 수익률	낮음	높음
리스크	높음	낮음
일반적 특징	공격성	신중과 절제
	다양한 범위	선별적 범위
필요한 특징	신중과 절제	공격성
	선별적 범위	다양한 범위
유효한 실수	지나치게 많이 매수함	거의 매수하지 않음
	가격 상승에 따라 추가 지불함	매수하지 않음
	지나친 리스크 수용	너무 적은 리스크 수용

이 가이드를 소개하면서 나는 "열거된 시장의 특징 중에서 현재 시장을 가장 잘 설명한다고 생각하는 항목에 표시하라. 표시가 왼쪽 항목에 많다면 지갑을 꼭 지켜라."라고 말했다.

이렇게 표시해보면 우리가 사이클의 어디쯤 서 있는지 그리고 그것이 미래에 어떤 의미를 가질 것인지 알 수 있다. '시장의 온도를 측정'하는 데 도움이 되는 것이다. 다음은 내가 《투자에 대한 생각》에서 그 과정을 설명한 것이다.

경계하고 인지한다면 주변 사람들의 행동을 파악해서 그것으로부터 무엇을 해야 할지 판단할 수 있다.

여기서 필수적인 요소는, 내가 제일 좋아하는 단어 중 하나인 '추론' inference 이다. 모두가 미디어를 통해 매일 무슨 일이 일어나는지 본다. 그러나 그 사건들이 시장 참가자들의 심리나 투자 분위기와 관련해 무엇을 의미하는지, 그러한 상황에서 무엇을 해야 하는지 알려고 하는 사람들이 얼마나 될까?

우리는 주변에서 일어나고 있는 일들 속에 함축된 암시를 이해하려고 해야 한다. 다른 사람들이 무모한 확신을 갖고 공격적으로 매수할 때 우리는 매우 신중해져야 한다. 다른 사람들이 겁먹고 행동하지 못하거나 패닉에 빠져 매도할 때 우리는 공격적으로 행동해야 한다.

따라서 주위를 둘러보고 스스로에게 물어보라. 투자자들이 낙관적인가, 비관적인가? 미디어에 나오는 전문가들이 시장에 뛰어들라고 하는가, 피하라고 하는가? 새로운 투자 전략들이 쉽게 받아들여지는가, 묵살되는가? 증권상품들과 펀드 개설은 부자가 될 수 있는 기회로 여겨지는가, 잠재적 위험으로 인식되는가? 신용 사이클이 자본 이용을 쉽게 만드는가, 불가능하게 하는가? 역사적으로 보았을 때 주가수익비율은 높은가, 낮은가? 수익률 스프레드가 큰가, 작은가?

이 모든 것들이 중요하지만 그 어떤 것도 예측을 수반하지 않는다. 우리는 미래를 추측하지 않고 현재에 대한 관찰을 기초로 훌륭한 투자 결정을 내릴 수 있다.

중요한 사실은 이런 것들을 기록하고, 이 기록을 통해 무엇을 해야 할지 아는 것이다. 매일 이런 과정을 거쳐 행동해야 하는 것은 아니지만 시장의 반응이 매우 중요한 극단에서는 이렇게 해야 한다.

이 세상, 경제와 투자환경에서는 늘 많은 일들이 일어나고 있다. 이 모든 것을 전부 연구, 분석, 이해해서 투자 결정을 내릴 수 있는 사람은 없다. 그리고 그렇게 노력할 필요도 없다. 어쨌든 여러 사건들은 각각의 사이클에서 다른 순서로 다른 결과를 내며 발생한다.

여기서 요점은 모든 세부사항이 중요한 것은 아니라는 점이다. 오히려 핵심은 (a) 중요한 사항을 알아내고, (b) 중요한 사항들로부터 무슨 일이 일어나고 있는지 추론해서(그리고 덜 중요한 사항들도 가능한 많이 고려한다), (c) 그러한 추론을 통해 투자환경을 가장 잘 보여주는 한두 가지 특징이 무엇인지, 그로부터 어떤 행동을 해야 하는지 판단하는 것이다. 다시 말해, 사이클을 만드는 사건들과 그들의 중요성에 초점을 맞추는 것이다.

하지만 밸류에이션 지표가 기준에서 벗어나지 않았는데 마켓 사이클의 극단을 경험할 수는 없다. 밸류에이션은 투자자 심리의 결과이자 징후이고 예시이다.

열거했던 심리적, 감정적 요소들은 투자자들에게 과거의 밸류에이션 기준이 더 이상 적절하지 않으며, 과거의 기준에서 벗어날 수 있다는 확신을 줌으로써 영향을 미친다. 투자자들은 고점에서 돈을 벌고 있을 때 자산가격이 밸류에이션 기준에서 벗어나야 하는 간편한 이유를 쉽게 찾는다. 이유에 대한 설명은 주로 "이번에는 다르다."라는 말로 시작한다. 기꺼이 의심을 보류하는 이 불길한 신호를 조심해야 한다. 반대로 자산가격이 폭락할 때는 과거에는 가치를 지지했던 그 어떤 것도 미래에는 장담할 수 없다는 가정이 이유가 된다.

따라서 우리가 사이클의 어디쯤 서 있는지 파악하기 위한 열쇠는 두 가지 형태의 평가로 이루어진다.

- 첫 번째는 밸류에이션을 측정하는 것으로 완전히 계량적인 평가이다. 가치평가가 역사적 수준과 일치하는 경우, 즉 마켓 사이클이 위나 아래 어느 방향으로도 크게 확대되지 않을 것 같을 때가 적절한 출발점이다.
- 두 번째는 본질적으로 질적인 평가다. 우리 주변에서 무슨 일이 일어나고 있는지, 특히 투자자 행동에 대해 인식하는 것이다. 중요한 사실은 이렇게 비수량적non-quantitative 현상을 관찰하는 것도 훈련이 가능하다는 것이다.

핵심 질문은 두 가지로 압축될 수 있다. 가격은 어떻게 책정되고, 우리 주변의 투자자들은 어떻게 행동하는가? 이 두 가지 사항을 일관되게 잘 평가하는 것은 큰 도움이 된다. 또 이 질문에 대한 답을 통해 우리는 사이클의 어디쯤 서 있는지 감을 잡을 수 있을 것이다.

이 주제를 마무리하면서 지겹도록 반복해온 말을 또 해야겠다. 투자 환경의 온도를 아무리 잘 측정해도 다음에 일어날 일은 알 수 없다는 것이다. 단지 추세만 알 수 있을 뿐이다.

마켓 사이클은 변동의 진폭, 속도, 지속 기간의 측면에서 모두 다르기 때문에 과거에 일어났던 일을 근거로 하여 다음에 무슨 일이 일어날지 확신하기에는 규칙성이 부족하다. 따라서 사이클의 일정한 시점에서 시장은 위, 가운데, 아래 등 모든 방향으로 움직일 수 있다.

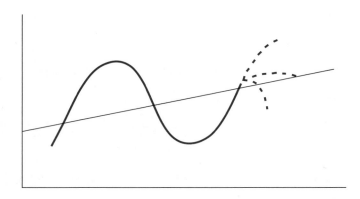

　하지만 세 가지 경우가 모두 똑같은 가능성을 가진 것은 아니다. 우리가 서 있는 위치는 미래의 사건을 확실하게 결정짓지는 않아도 경향이나 확률에 영향을 미친다. 다른 모든 조건이 같고 시장이 사이클의 고점에 있다면 지속적인 이익보다 하향 조정의 가능성이 더 높다. 반대의 경우는 그 반대가 된다. 물론 반드시 그렇게 되지 않을 수도 있지만 그렇게 될 확률이 높다. 사이클이 어디쯤 와 있는지 평가한다고 다음에 무슨 일이 일어날지 알 수 있는 것은 아니지만, 어떤 일의 발생 가능성이 더 높고 낮은지는 알 수 있다. 이것만 해도 엄청난 것이다.

─〰─

　사이클이 극단으로 향하게 만드는 과도한 움직임을 알아보는 방법은 사례를 통해 가장 잘 배울 수 있다. 사이클의 지나친 움직임을 알아보는 것이 그 어느 때보다 중요한 시점인 사이클의 극단에서 사이클이 어떻게 움직이는지를 알아보는 것이다. 따라서 이제 최근에 일어났던 두 가지 거품과 두 번째 거품 뒤에 따라온 위기가 어떻게 형성되었는지 그 과정을 검토할 것이다. 두 가지의 거품은 서로 다르지만 이 세 가지 사건은 각각 시장 온도를 평가하는 것이 얼마나 중요한지를 분명히 보여준다.

먼저 1990년대 후반과 2000년대 초반의 주식 급상승, 특히 인터넷 거품의 형성 과정을 살펴보자. 이 시기에 기민한 투자자는 무엇에 주목했어야 하는가?

- 1990년대 10년간 미국 경제는 역사상 최장의 평화로운 발전을 누렸다.
- S&P500지수가 721이던 1996년 12월, 앨런 그린스펀Alan Greenspan 연방준비제도이사회 의장은 "비이성적 과열irrational exuberance이 자산가치를 과도하게 상승시킨 때를 어떻게 알 수 있습니까?"라고 질문했다. 그러나 S&P가 2000년에 1,527로 2배 이상 증가했음에도 그는 이 주제에 대해 다시 이야기하지 않았다.
- 1994년 와튼스쿨의 제러미 시겔Jeremy Siegel 교수는《주식에 장기투자하라》Stocks for the Long Run에서 장기적으로는 주식이 채권, 현금, 인플레이션을 능가하지 못한 적이 없다고 지적했다.
- 시카고대학교 연구진들은 앞서 미국 주식의 정상 수익률은 연간 9퍼센트에 가깝다고 결론 내렸지만, 1990년대 S&P의 평균 수익률은 거의 20퍼센트에 이르렀다.
- 주가가 상승할수록 투자자들은 더 많이 투자했다. 이는 명확한 시장 주도주였던 기술주에 대해서도 마찬가지였다.
- S&P500 등의 주가지수에 기술주들이 더 많이 포함됐고, 이는

지수 및 지수 유사 상품에 투자하는 투자자들이 기술주를 더 많이 매수해야 한다는 뜻이었다. 그 결과 기술주는 상승했고 훨씬 더 많은 자본을 끌어들였다. 전형적인 '선순환'이었으며, 아무도 이런 순환이 끝날 것이라고 예상하지 못했다.

- '신경제'new-economy를 이끄는 대부분의 회사들이 이익을 내지 못했기 때문에 이들 주식을 합리적인 주가수익비율로 거래해야 한다는 모든 요구가 사라졌다.

- 거품의 후반기에 일부 닷컴의 주식가격은 상장 당일에 수백 퍼센트가 상승하기도 했다. 상장 이후 폭등한 가격으로 새로운 주식을 기꺼이 매수하려던 투자자들은 (a) 회사의 설립자들이 주식을 실재 가치보다 낮은 가격임에도 흔쾌히 팔았다는 결론을 내리거나 (b) 설립자들이 매수자들보다 주식의 가치에 대해 덜 알았다는 결론을 내려야만 했다. 하지만 이 두 가지 결론은 모두 그럴 가능성이 매우 희박했다.

- 이러한 기적을 공유하기 위해, 그리고 다른 사람들이 이익을 얻는 모습을 지켜보면서 고통받지 않기 위해 투자자들은 아무 실적도 내지 못하고(어떤 경우는 수익도 없었다), 비즈니스 모델도 거의 이해할 수 없는 기업의 기업공개에 참여했다.

- 1999년 제임스 글래스먼James Glassman과 케빈 해싯Kevin Hassett의 《다우Dow 36,000》이 출판되어 주식 리스크가 너무 낮기 때문에 (297쪽 시겔 참조) 과거에 그랬던 것만큼 높은 리스크 프리미엄을 제공할 필요가 없다고 주장했다. 이것은 즉시 주식가격이 적절히 감소된 예상 수익률을 제공하는 수준까지 올라야 한다는

것을 의미했다. 이 논리에 의하면 다우존스 산업평균지수는 당시 1만을 막 넘은 수준에서 3배 이상 올라야 마땅했다.
- 급격한 성장과 기술주에 힘입어 S&P500의 주가수익비율은 기술주 붐이 일던 시기에 전후 기준의 2배이자 그 시점까지의 지수 역사상 가장 높은 밸류에이션인 33배까지 올라갔다.

그렇다면 실제로 어떤 상승 요소들이 있었을까?

- 긍정적인 경제 소식
- 우호적인 기사와 책들
- 걱정 없고 위험을 의식하지 못하는 투자자의 행동
- 이례적으로 높은 투자수익률
- 역사적 수치에 비해 극도로 높은 밸류에이션
- 분석적으로 정당화할 수 없는 가격을 지불하려는 광범위한 의사
- 멈추지 않는 영구 기관perpetual motion machine(일단 한번 동력을 전달받으면 더 이상의 에너지 공급 없이 스스로 영원히 작동하는 가상의 기관—옮긴이)에 대한 믿음

마지막 항목이 특히 중요하다. 앞서 언급했듯 모든 거품은 진실 한 조각에서 시작한다. 그러나 진실의 중요성과 이익 가능성은 거품 속에서 과대평가된다. 의심은 유예되고, 진실 한 조각이 영원히 지속될 수 있다는 믿음이 널리 수용된다.

객관적으로 온도를 측정했다면 엄청난 거품이 꺼질지도 모를 재료

들이 준비돼 있었다는 사실을 분명히 알 수 있었을 것이다. 다음은 내가 '버블닷컴'(2000년 1월) 메모에서 이것에 대해 설명했던 몇 가지 현상들이다.

- 1999년 사업을 시작한 웹밴 그룹Webvan Group은 3분기에 380만 달러의 매출과 35만 달러의 이익을 기록했다. 주식시장은 최근 이 회사의 가치를 73억 달러로 평가하고 있다.

- 12월 9일 상장된 VA 리눅스VA Linux는 30달러에서 시작한 주가가 공개 당일 698퍼센트 올라 최고 239달러까지 상승했고, 시가총액은 애플의 절반 수준인 95억 달러를 기록했다. 이날까지 이 회사의 1999년 매출액은 1,770만 달러였고, 1,450만 달러의 순손실을 기록했다(이에 비해 애플은 최근 12개월간 6억 달러의 이익을 올렸다).

- 인터넷 기업들의 주가수익비율이 너무 이상해서(일반적으로 마이너스) 밸류에이션에 대해 말하기 위해서는 주가매출액 비율price/sales ratio을 고려해야 할지도 모른다. 예를 들어 레드햇Red Hat은 1999년 3분기 8월에 연간 매출액의 약 1,000배에 거래됐다.

- 비인터넷 기술회사 중 야후Yahoo!는 제너럴 모터스와 포드를 합친 것보다 많은 1,190억 달러의 시가총액을 기록했다. 당시 주가는 432달러로, 1999년 추정 이익

으로 주가수익비율을 계산했을 때 1,000배가 조금 넘는다.

이렇게 이례적인 상황에서 〈월스트리트 저널〉은 1999년 12월 10일 "주식의 밸류에이션은 경영 성과를 측정하는 데 있어 대단히 큰 중요성을 지닌다."고 썼다. 즉 다른 지표가 없을 때 사람들은 회사가 어떻게 돌아가고 있는지를 나타내는 표시로 주가를 살펴봐야 한다는 말이다. 반대가 아닌가? 과거에는 투자자들이 회사가 어떻게 운영되는지를 살펴보고 그것을 반영하는 주가를 결정했다.

이렇게 밸류에이션 변수가 공백 상태일 때는 '복권을 사는 심리'lottery ticket mentality(일하지 않고 돈을 얻으려는 욕망—옮긴이)가 구매 결정을 좌우하는 것 같다. 기술회사나 닷컴회사에 대한 투자 모델은 예상 이익과 주가수익비율을 근거로 해서 20~30퍼센트의 연간 수익률을 얻는 것이 아니라 사업 콘셉트에 근거하여 1,000퍼센트의 이익을 달성하려는 것이다. 투자설명회에서는 "2년 안에 20억 달러 규모의 IPO(주식공개 상장—옮긴이)가 가능할 것으로 보이는 3,000만 달러 가치의 기업에 1차 자금 조달을 구하고 있다."고 말할지도 모른다. 혹은 "IPO 가격은 20달러가 될 것이다. 당일 종가는 100달러가 예상되며, 6개월 안에 200달러까지 오를 것이다."라고 말할지도 모른다.

당신은 참여하겠는가? 아니라고 말하고 의견이 틀릴 위험을 견딜 수 있는가? 매수 압력은 어마어마할 수 있다.

막대한 이익을 창출한 아이디어, 주식, 기업공개는 늘 있었다. 하지만 참여하라는 압박이 오늘날만큼 크지는 않았다. 과거에 승자들은 수십억 달러가 아닌 수백만 달러를 벌었고, 결과를 내는 데도 수개월이 아닌 수년이 걸렸기 때문이다. 지금껏 유효했던 거래는 100배로(0 하나가 더해지거나 빠질 수도 있지만) 상승했다. 이런 가능성 때문에 (a) 상승은 억누를 수 없는 것이 되고, (b) 투자를 정당화하기 위해 높은 성공 확률을 필요로 하지도 않는 것이다. 예전에 시장은 대개 공포와 탐욕에 의해 움직이는 반면, 때로 가장 큰 동기는 기회를 놓치는 것에 대한 두려움이라고 말한 적이 있다. 오늘날만큼 이 말이 맞는 때가 없다. 기회를 놓치는 것에 대한 두려움은 투자에 뛰어들라는 압박을 높이며 위험부담을 더욱 가중시킬 뿐이다.

결론은, 이와 같은 극단적인 거품 속에서 합리적 투자가는 세밀한 구분을 할 필요가 없다는 것이다. 여러분은 미친 것처럼 과도한 행동이 나타났을 때 그것을 알아보기만 하면 된다. 기술주 투자라는 게임에서 행동에 책임을 지는 사람이 아니라 거리를 둔 채 사이드라인에 있는 관찰자로서 기술/인터넷 열풍이라는 사건을 바라본다면 그것은 마치 벌거벗은 임금님 이야기와 비슷하다. 게임에 참여했던 사람들은 왕에게 벌거벗고 있다고 말하는 사람이 계속 나오지 않기를 원했다. 방금 말한 것과 같은 사건들은 모든 거품의 공통 요소인 집단 히스테리의 징후였다.

1990년대의 주식들, 특히 기술주와 인터넷 관련주가 낸 성과로 부유해진 사람들은 그것을 부와 번영을 창조하는 새로운 시대의 예언으로 받아들였고, 그때까지 누려온 수익률에 대한 응답으로 미래의 수익률에 대한 기대를 조금씩 키워나갔다. (찰리 멍거Charlie Munger가 "누구나 자기가 원하는 것이 진실한 것이라고 믿기 때문이다."라는 고대 그리스 정치가이자 웅변가인 데모스테네스Demosthenes의 말을 인용한 것처럼 말이다.) 하지만 냉정한 사람들은 1990년대의 도취감이 주도한 매수세는 미래의 실적을 미리 빌려와서 가치에 비해 너무 비싼 가격을 지불하게 했으며, 이것은 매우 부정적인 암시를 준다고 판단했다. 그리고 그들이 옳다는 것을 증명하는 데는 단 2년밖에 걸리지 않았다.

2000~02년의 최종적인 결과, (a) 1929~31년 이후 처음으로 3년간 시장이 하락했고, S&P500지수는 고점부터 저점까지 49퍼센트 하락했다(배당은 감안하지 않고). (b) 기술주가 대규모로 하락했고, (c) 많은 인터넷 관련주와 전자상거래 주식이 100퍼센트의 손실을 기록했다.

———

사람들은 낙관주의와 믿음의 과잉으로 주도된 거품이 가라앉으면서 그로 인한 고통을 겪고 나서는 대단한 가르침을 얻었을 것이라 예상할 것이다. 또 다른 거품이 발생하려면 10년에서 20년은 걸릴 것이라고 말이다. 그러나 이것은 사실이 아니었다. 그러니 존 케네스 갤브레이스의 금융계 교훈에 대해 다시 소개한다. 매우 중요하기 때문에 반복이 필요하다.

과잉된 도취를 야기하는 것은 우리 시대나 과거에는 거의 주목되지 않았던 두 가지 추가적인 요소들이다. 첫 번째 요소는 금융기억의 극단적인 단기성이다. 금융계의 재앙은 금방 잊힌다. 더나아가 불과 몇 년이 지나지 않아 똑같거나 비슷한 상황이 다시발생하면, 종종 젊고 늘 확신에 차 있는 신세대는 이 상황을 금융계와, 더 크게는 경제계에서 엄청나게 혁신적인 발견인 양 맞이한다.

불과 몇 년 후 서브프라임 모기지 붐으로 이어진 사건들은 오류를바탕으로 사이클이 극단으로 향하는 방식을 보여주는 좋은 예이다.

- 171~172쪽에서 적었던 것처럼 미국의 일부 지도자들은 주택을 소유하는 사람들이 늘어나면 장점만 있으리라고 판단했다.
- 담보대출 발행에 책임이 있는 연방기관은 정부의 메시지를 받아 담보대출의 가용성을 높였다.
- 금리 하락은 주택담보대출과 그에 따른 주택 소유를 점점 더 쉽게 만들었다.
- 주택 구매력과 주택담보대출 가용성이 높아져 주택 구매가 증대됐고 주택 수요가 증가했다.
- 이러한 수요 증가로 주택가격이 크게 상승했다. '집값은 오르기만 한다'는 루머가 기정사실이 되면서 그 영향으로 주택 수요는 훨씬 더 증가됐다.
- '전국적인 대규모 주택담보대출 채무불이행은 절대 있을 수 없

다'는 상투적인 말 때문에 특히 금융기관들에게 주택담보대출 유동화증권이 제1의 투자 대상으로 받아들여졌다.

- 월스트리트는 평범하고, 믿을 수 있는 주택담보대출을 차세대 고수익·저위험 상품인 트랑슈 부채담보부증권tranched collateralized debt obligations(CDO)으로 증권화하는 모델을 내놓았다.

- CDO와 기타 담보대출유동화증권MBS의 구축과 판매는 은행의 이익에 크게 기여했다.

- 규제가 완화되어 은행은 실질적으로 더 큰 레버리지를 사용할 수 있게 됐고, MBS를 만드는 데 필요한 자산에 투자하기 위해 많은 자본을 이용할 수 있었다.

- MBS를 묶어 파는 상품이 급속히 성장하면서 그 과정의 필수 원재료인 신규 발행 모기지에 대한 수요가 급증했다.

- 담보대출 발행 규모를 확대하기 위해, 대출기관들은 대출자들에게 대출상품의 매력을 높일 수 있는 새로운 방법을 생각해냈다. 원리금을 갚아나가야 하는 전통적인 조건을 없애고 월 지급액을 최소화한 거치식 상환interest-only mortgages 대출, 일반적으로 1년 이하의 단기 수익률 곡선에서는 대출자들이 초저금리를 이용할 수 있는 변동금리 모기지adjustable-rate mortgages, 무엇보다 대출 신청자들이 소득과 고용을 증명할 필요가 없는 '서브프라임' 모기지(일명 '라이어 론'liar loans)가 그것들이었다.

- 대출기관들이 과거처럼 대출 증권을 보유하지 않고 서브프라임 모기지를 유동화 증권으로 묶어서 판매함에 따라, 대출기관들의 주안점은 대출자의 신용도에서 대출 규모로 이동했다. 대출

기관들은 대출을 발행해 간단하게 수수료를 받았고, 즉시 채권을 팔아서 채무불이행 위험을 제거할 수 있었다. 대출기관은 대출자의 신용도에 대해 걱정할 이유가 전혀 없었다. 결과적으로 그들은 부적절한 인센티브를 받게 되었다. (이러한 인센티브는 참가자들이 결과에 대해 걱정하지 않고 리스크에 호의적인 행동을 하게 만들어 세계 금융위기의 '도덕적 해이'를 만들었다고 평해졌다.)

- 서브프라임 MBS 성공의 열쇠는 '퀀트'와 '박사'들이 수행하는 '금융공학'에 있었다. 이들 대부분은 이 일을 처음 해보는 사람들이었다. 그들은 주택담보대출 채무불이행이 과거에 그랬던 것처럼 계속 독립적uncorrelated이고 안정적일 것이라는 잘못된 가정에 근거하여 위험을 모델링했다.

- 서브프라임 MBS를 만들 때는 신용평가기관의 등급 부여가 필수적이기 때문에 이를 대량으로 만들었다는 것은 신용평가기관에 일거리가 많았다는 것을 의미한다. 하지만 이렇게 수익성 좋은 일거리는 가장 높은 등급을 제공하는 기관에 돌아갈 수밖에 없었다. 이로 인해 신용등급 쇼핑이 일어났고, 신용등급 인플레이션이 광범위하게 이루어지면 더 부적절한 인센티브를 만들어냈다.

- 이런 추세 속에서 신용평가기관은 수천 개의 MBS에 AAA 등급을 부여했다(이것은 당시 미국 기업 중 단 4곳만이 AAA 등급이었던 것과 비교된다). 평가기관의 직원들은 평가하고 있던 복잡한 MBS를 완전히 이해할 능력이 부족했다.

- 은행 및 여타 금융기관들은 엄청난 양의 MBS를 사들였다. 그들

이 그런 결정을 내렸던 이유는 최대예상손실액Value at Risk 등 '리
스크 관리' 기법(이 기법은 안정적인 단기의 역사적 수치에 지나치게
의존하였다)과 몹시 높게 평가된 신용등급에 의해 매수자들이 추
정하는 리스크를 대단히 평가 절하했기 때문이었다.
- 위에 언급한 모든 과정들은 리스크는 사라졌다는 말로 대변되는
위험에 불감한 태도 때문에 발생했고, 촉진됐다(172~173쪽 참조).

그렇다면 무엇이 이 거품을 만들었을까? '지금은 다 나쁜가?'(2007년
9월) 메모를 보자.

    ··· 다음은 대단히 선동적인 효과를 낸다고 확인된 표준적인 요
    소들이다.

- 근원적인 탐욕
- 사이클의 상승 구간에서 얻는 높은 수익률
- 도취감과 현 상태에 대한 만족감
- 완화된 신용시장
- 월스트리트의 독창성과 판매 기술
- 투자자의 순진함

사이클의 상승세에 기여했던 결과적인 사건들은 분명하다.

- 위험회피 성향의 감소와 회의주의의 소멸

- 주택 및 주택담보대출에 관한 긍정적 일반화를 전면적으로 수용함
- 금융공학 및 리스크 관리 기법 등 새로운 투자 도구에 대한 지나친 신뢰
- 부적절한 인센티브가 프로세스 참가자에게 미치는 영향에 대한 광범위한 무지

MBS 거품이 촉발된 데는 기억의 단기성과 심리적 과도한 반응, 논리적 실수 외에도 두 가지 추가 요인이 있었다.

- MBS라는 새로운 거품은 금융시장에서 기술주 및 인터넷 거품이 일어났던 부분과 완전히 분리된 모기지 분야에서 일어났기 때문에 그것에 흥미를 가졌던 채권투자자들과 금융기관들은 다른 영향을 직접적으로 받은 적이 없었고, 지난 거품에서 교훈을 얻지 못한 사람들이었다.
- 최근의 형편없는 주식 성과는 주식투자자들을 크게 낙담시켰으며, 연방준비제도이사회의 비둘기파가 낮춰놓은 금리 때문에 채권 투자에서 얻을 수 있는 수익률이 매우 낮아졌다. 따라서 투자자들은 주식과 채권에서 높은 수익률을 포기했고, 이 때문에 투자자들은 MBS라는 리스크 없는 새로운 수익원의 가능성에 매우 민감하게 반응하게 되었다.

이런 이야기를 해보자. 리스크 없이 수익을 제공하는 자산이나 내

가 '은으로 만든 총알'silver bullet(1950년대 TV 서부극 〈론 레인저〉The Lone Ranger까지 거슬러 올라가보자. 총알이 절대 빗나가는 일이 없는 보안관에 대한 이야기이다.)(특효약, 묘책이라는 의미—옮긴이)이라고 부르는 것처럼 뻔한 것에 속아 넘어가는 것은 투자자들의 반복되는 큰 실수 중 하나다. 데모스테네스가 말했듯이, 그것은 '누구나 원하는 것'의 전형적인 예시지만 이치에 맞지 않는다. 은으로 만든 총알이 있다고 생각해보자.

- 조달자는 왜 그것을 직접 매수하지 않고 당신에게 파는가?
- 다른 사람들은 왜 그것을 매수해서 더 이상 당연하지 않은 수준까지 가격을 올리지 않을까?

투자업계에 몸담은 48년 동안 은으로 만든 총알이라며 장점을 내세우는 상품들을 수십 개는 목격해왔다. 하지만 아무것도 기대대로 되지 않았다. 어떤 투자 전략이나 전술도 리스크 없이 높은 수익을 내지 못하며, 이는 특히 높은 수준의 투자 기술이 없는 투자자들에게는 더욱 그렇다. 탁월한 투자의 결과는 뛰어난 투자 기술(또는 행운)이 있어야만 얻을 수 있다.

앞서 말했지만, 거품은 대개 진실 한 조각에서부터 시작된다. 하지만 모두 너무 지나치게 되고, 그들이 가진 궁극적인 결함이 투자업계에 엄청난 고통을 가져다준다. 대부분의 거품은 은으로 만든 총알에 대한 믿음을 바탕으로 하고 있다. 투자자들이 리스크 없는 수익의 가능성을 기꺼이 받아들인다는 사실은 회의주의가 부족하고, 심리가 과열됐으며, 대상 자산이 과대평가됐고, 따라서 가격이 비싸게 매겨졌을 것이라는 확실한 지표다. 이를 조심하고 가능하다면 저항해야 한다. 거품에 대해서 그렇게 하는 사람은 거의 없다.

핵심 결론을 이렇게 요약하겠다. 서브프라임 모기지의 거품은 전에는 볼 수 없었던 현상이 효과가 있을 것이라는 생각에서 비롯되었다. 투자 수단에 대한 분석은 (a) 회의주의적인 시각과 보수적인 가정을 적용해야 하고, (b) 몇 번의 힘든 시기를 거치며 오랜 시간에 걸쳐 검증이 이루어져야 한다. 서브프라임 모기지 거품에는 이러한 점들이 분명히 빠져 있었다.

사실 전부는 아니라도 대부분의 거품은 과거에는 결코 유효하지 않았던 것들, 역사적 기준과 극명하게 어긋나는 밸류에이션, 검증되지 않은 투자 기법과 수단을 아무 의심 없이 수용한다는 특징이 있다.

━━

서브프라임 모기지 거품은 내가 지금까지 다뤄보지 않았던 매우 중요한 원리를 보여주었다. 금융 및 투자의 환경, 투자 기법 및 수단의 성과는 불변하는 것이 아니다. 이런 것들은 오히려 사이클과 관련해서 여러 번 말했듯이 사람의 개입에 영향받는다.

구성원들로부터 분리되어 영향을 받지 않는 시장은 없다. 시장 구성원들의 행동이 시장을 바꾼다. 그들의 태도와 행동이 바뀌면 시장도 바뀔 것이다.

가까운 사례를 보자.

• 방금 설명한 것처럼 시장의 힘은 참가자들의 동기를 변화시켰다.

- 이렇게 변화된 동기가 참가자들의 행동을 변화시켰다.
- 참가자들의 변화된 행동이 결과를 분명하게 결정했다.

이와 같은 과정이 진행됐고, 그것은 다음과 같은 현상으로 나타났다.

- 역사적으로 전국적인 대규모 주택담보대출 채무불이행이 일어날 수 없다는 말처럼 여겨졌다.
- 안정적인 역사를 받아들이자 막대한 자금이 MBS에 투자됐다.
- 이런 현상은 공격적으로 구조화 증권을 만들어냈다.
- 신용평가기관은 안정적인 과거 경험을 기초로 위험을 추정해 신종 증권에 높은 등급을 부여했다.
- 무엇보다도 MBS에 대한 수요가 높아지자 원재료인 주택담보대출에 대한 요구가 생겨났고, 주택담보대출을 더 발행하려는 열망이 대출기준 완화로 이어졌다.
- 종합해봤을 때 전국적인 담보대출 채무불이행은 이러한 사건들로 인해 필연적으로 발생할 수밖에 없는 결과였다.

앞서 말한 것처럼 당시에는 그 중요성이 크게 간과되고 눈에 띄지 않았던 부주의한 대출 관행의 영향 때문에 1990년대 후반에서 2007년까지 발행된 담보대출에서 발생한 채무불이행은 역사적 수준보다, 구조화 증권을 만든 사람들과 신용평가기관이 예측했던 것보다, 그리고 매수자들의 투자 모델이 추정했던 것보다 훨씬 더 심각한 것으로 드러났다. 이런 가능성이 무시됨으로써 서브프라임 모기지는 더욱더 큰 거품 현상을 초래했다. 그리고 거품의 발생은 결과적으로 위기를 불러왔다.

핵심은 투자자들의 행동이 시장을 변화시켜서 시장에서 기대할 수 있는 결과를 바꾼다는 사실을 이해하는 것이다. 이것은 조지 소로스 George Soros의 재귀 이론 theory of reflexivity에 반영되어 있다.

> 생각하는 참가자들이 존재하는 상황에서 참가자들의 … 왜곡된 견해는 그들이 관련된 상황에 영향을 미칠 수 있다. 잘못된 견해는 부적절한 행동으로 이어지기 때문이다. ('소로스: 일반적 재귀 이론 General Theory of Reflexivity', 〈파이낸셜 타임스〉, 2009년 10월 26일)

경제나 금융계에서 어떻게 일이 돌아가는지 이해하려는 사람들은 이 교훈을 마음속 깊이 새겨둬야 한다.

―〰―

영구 운동 기관을 멈추려면 몇 가지 일반 규칙이 작동하면 된다.

- 금리는 하락할 수도 있지만 상승할 수도 있다.
- 진부한 이야기는 변할 수 있다.
- 부적절한 인센티브는 파괴적인 행동으로 이어질 수 있다.
- 미리 리스크를 계량화하려고 해봤자 소용없는 때가 많다. 처음 시작한 새로운 금융상품의 경우에는 더더욱 그렇다.
- 하락세에서 '최악의 경우' 그 이상으로도 나빠질 수 있다.

모든 실수는 늘 지나고 나서야 분명해진다. 주택담보대출과 주택담보대출유동화증권MBS에 대한 위험한 관행은 지금은 아주 눈에 잘 띄고 중요해졌지만 당시에는 금융계의 숨은 구석에서 일어나고 있었다. 따라서 최고 투자 책임자, 포트폴리오 전략가, 주식 투자자, 대체 투자 매니저, 전통적인 채권 매수자, 심지어 주택담보대출 투자자들조차 그 실수를 눈치채지 못했다.

다행히 우리 오크트리는 세계 금융위기로 이어진 모기지 거품이 발생할 때에 신용 사이클이 확장 국면에 있고 따라서 시장이 점점 더 위태로워지고 있다는 것을 파악했다. 우리는 자산을 매각하고, 대규모의 부실채권 펀드를 청산해서 소규모로 교체했다. 위험에 대한 의식 수준과 보수성을 높이고, 구체화될 것 같은 부실채권 투자 기회를 이용하기 위해 대기 자금을 지금까지의 최대 규모보다 몇 배로 높였다.

우리가 이렇게 한 근거는 무엇이었을까? 돌이켜 생각해보면, 그것은 쉬운 일이었다. … 비록 당시에는 쉬워 보이지 않았지만 말이다. 2005~07년에 다음과 같은 관찰만 할 수 있으면 되는 것이었다.

- 연방준비제도이사회는 Y2K에 대한 염려뿐만 아니라 기술주 거품이 꺼진 후 침체를 막기 위해 기준금리를 아주 낮은 수준으로 낮췄다.
- 국채 및 우량기업 회사채의 수익률은 낮았고, 2000~02년의 3년에 걸친 하락 때문에 주식에 환멸을 느낀 투자자들은 대체 투자 상품에 간절히 돈을 넣고 싶어 했다.
- 투자자들은 2000년의 기술주 거품 붕괴와 2001~02년의 통신

주 하락 및 기업 스캔들의 고통을 떨쳐버렸다.

- 따라서 위험회피는 거의 존재하지 않았고(투자자들의 눈 밖에 난 주식 이외의 분야에서 특히) 투자자들은 이국적이고, 구조화된, 합성 상품을 열망하게 됐다.
- 위의 모든 결과로, 형편없는 채권과 부실한 구조화 상품, 검증되지 않은 대안 상품에 대한 시장이 활짝 열렸다.

이상이 우리가 관찰한 결과였다. 당시에 진행 중이던 부정적 동향 가운데 우리가 가장 관심을 둔 것은 마지막 항목이었다. 브루스 카시와 나는 하루도 빠짐없이 서로의 사무실을 찾아가서 "이렇게 쓰레기 같은 걸 발행하다니 말도 안 돼. 이건 시장이 뭔가 잘못됐다는 뜻이야." 라며 새로 발행된 증권에 대해 불평했다. 이러한 위험한 거래들은 공포, 회의주의, 위험회피가 부족하며, 탐욕, 신뢰, 위험수용이 우세하다는 증거였다. 이런 상황들이 암시하는 바가 결코 좋을 리 없다.

여기 나열한 모든 관찰 결과는 명확했고, 논의의 대상이 아니었다. 중요한 점은 관찰을 해서 적절한 결론을 도출했느냐는 것이다. 서브프라임 모기지에서 뭐가 문제인지 완벽히 이해할 필요도 없고, MBS와 구조화된 CDO를 해체해볼 필요도 없었다. 우리는 그러지 않았다.

다만 주택담보대출 거품이 생기던 당시 주식수익률은 별로 좋지 않았고, 밸류에이션에 비해 높은 배수로 팔리지도 않았으며, 경제는 호황을 누리지도 않았다(따라서 필연적으로 침체로 이어질 수밖에 없었다). 여러분 역시 이상의 일들을 알았더라면 우리가 그랬던 것처럼 포트폴리오에서 리스크를 줄일 때라고 결론 내렸을 것이다. 정말 필요한 건

그게 전부다.

그리고 여기 모든 것이 무너졌던 2008년 몇 가지 투자 기준 지수가 낸 성과에서 모기지 거품의 붕괴와 그 파급된 결과를 확인할 수 있다. 분명히 위험을 줄이는 것이 엄청나게 중요한 한 해였다.

S&P500지수	-37.0%
다우존스 산업평균지수	-31.9%
나스닥 종합주가지수	-40.0%
MSCI 유럽, 오스트랄라시아, 극동지역 지수	-45.1%
시티그룹 하이일드 시장 지수	-25.9%
메릴린치 글로벌 하이일드 유럽 발행인 지수(유로)	-32.6%
크레딧 스위스 레버리지 론 지수(유로)	-28.8%
크레딧 스위스 웨스턴 유러피언 론 지수(유로)	-30.2%

마지막으로 마켓 사이클의 극단점을 감지하고 대처하는 방법에 대해 논의하면서 2008년 9월, 리먼 브라더스의 파산 절차 이후 광범위하게 확산된 패닉 상태에 대해 다시 한번 살펴보겠다.

서브프라임 모기지 위기는 금융계와 투자업계의 한 켠에서 시작되었지만, 그 충격은 MBS의 리스크를 과소평가해 이 상품에 지나치게 투자했던 금융기관들 때문에 더 광범위하게 나타났다. 이런 핵심 기관들이 위험에 처하자 충격은 세계 금융위기의 형태로 모든 국가의 주식 및 채권 시장, 그리고 전 세계 경제에 확대됐다.

앞서 설명한 것처럼 미국 정부는 단기금융자산투자신탁money market

funds과 기업어음을 보증했다. 여러 유명 은행들과 금융기관들은 파산했거나 구제금융을 받거나, 인수돼야 했다. 대학살이 얼마나 멀리 퍼질지 아무도 몰랐다. 주식시장과 채권시장이 붕괴했다. 이제는 끝없는 악순환으로 '금융 시스템이 완전히 녹아버릴 수 있다'는 부정적인 의견이 일반화됐다.

하락세에서 일반화가 일어났기 때문에 오류를 만들어내는 체계도 역으로 변했다. 욕심은 사라지고 공포만 남았다. 낙관주의는 사라지고 비관주의만 남았다. 위험수용은 사라지고 위험회피만 남았다. 긍정적인 면은 볼 수 없었고 부정적인 면만 볼 수 있었다. 사물을 긍정적으로 해석하려는 의지는 없고 다만 부정적으로 해석할 뿐이었다. 좋은 결과를 상상하지 못한 채 나쁜 결과만 상상했다. 우리는 186~187쪽에서 언급했던 연금기금과의 대화를 시도했다. 연금기금 책임자는 채무불이행 가능성과 관련한 어떠한 가정도 충분히 보수적이지 않다고 생각했고, 보수적일 수도 있다는 생각을 수용하지도, 하고 싶어 하지도 않았다.

관찰 결과의 핵심은 무엇이었는가? 다음은 내가 '소극적인 태도의 한계'(2008년 10월)라는 메모에 쓴 내용이다.

다른 사람들이 하는 것과 반대로 하거나 '바람을 거스른다'는 의미의 역발상은 성공적인 투자에 필수적이다. 하지만 지난주 신용위기가 최고조에 달했을 때, 사람들은 바람에 저항하기보다 굴복했다. 나는 낙관적인 사람을 거의 보지 못했다. 대부분이 약간씩은 비관적이었다. 심지어 내가 아는 몇몇 훌륭한 투자자들까지 정말 우울해했다. 다가오는 붕괴에 대한 부정적인 이야기들이 이메일로 교환됐다. 회의주의를 적용하는 이는 아무도 없었고, "이런 끔찍한 이야기가 현실이 될 리 없다."고 말하는 이도 없었다. 비관주의는 스스로를 먹어치웠다. 사람들의 유일한 관심사는 다가올 붕괴를 헤쳐나갈 수 있게 포트폴리오를 탄탄히 만들거나 펀드 환매에 대비할 수 있도록 현금 보유를 충분히 높이는 것뿐이었다. 이들이 지난주에 하지 않은 단 한 가지 일은 공격적인 증권 매입뿐이었다. 그 결과 가격은 한 번에 몇 포인트씩 계속해서 하락했다. 오래된 표현으로 '갭다운'했다.

늘 그렇듯이 핵심은 '모두가' 말하고 행동하는 것에 대해 회의적인 태도를 갖는 것이었다. 이렇게 말했을 수도 있다. "물론 부정적인 이야기들이 사실로 드러날 수 있겠죠. 하지만 그것은 시장에 반영되었습니다. 따라서 거기에 돈을 걸어서 얻을 수 있는 게 거의 없어요. 반면 부정적인 이야기들이 사실이 아닌 것으로 드러나면 오늘의 하락 수준에서 가격 상승은 엄청날 것입니다. 저는 삽니다!" 비관적인 이야기가 워낙 설득력 있어 보였지만 훨씬 큰 이익 가능성을 가지고 있었던 것은 소수만이 믿었던 긍정적인 이야기였다.

이 마켓 사이클의 극단에서 모든 뉴스는 정말 부정적이었다. … 상상에만 존재하는 것도 분명 아니었다. 내가 받은 유일한 질문은 '이것이 어디까지 갈 것인가?'와 '그 영향은 무엇일까?'였다. 자산가격에 (거의 자살 행위에 가까운 사고라고 말하고 싶은) 절망적인 비관주의만 반영됐다는 점을 고려했을 때, 이익을 낼 수 있는 비결은 획일적인 나쁜 뉴스와 아주 형편없는 전망에도 불구하고 비관주의가 지나칠 수 있고, 그에 따라 자산가격이 너무 싸질 수 있다는 사실을 인지하는 데 있었다.

2008년 10월 신용시장의 부진 속에서 '소극적인 태도의 한계'라는 글을 쓰게 된 것은 과잉된 비관주의가 만연했기 때문이다. 리스크에 대한 태도를 다룬 장에서 언급했듯이 이 메모에서는 뛰어난 투자자들에게 필수적인 회의주의에 대해 "낙관이 지나칠 때는 회의에 비관이 더해져야 하며, 비관이 지나칠 때는 회의에 낙관이 더해져야 한다."고 썼다. 물론 시장의 암울한 시절에는 그렇게 다양한 회의주의가 완전히 결여되어 있었다.

2008년 9월 15일 리먼의 파산 신청 직후 브루스 카시와 나는 다음과 같은 결론에 다다랐다. (a) 금융기관의 붕괴가 어느 정도로 진행될지 아무도 알 수 없지만, (b) 소극적인 태도는 걷잡을 수 없이 커져 과잉될 가능성이 높고, 자산은 엄청나게 싸 보인다. 전략적으로 생각할 때 금융계가 종말한다면 매수할지 말지는 중요한 문제가 아니라고 판단했다. 세상이 끝나지도 않았는데, 매수하지 않았다면 우리는 우리의 일을 제대로 못 한 것이다.

그래서 우리는 부채를 적극적으로 매입했다. 오크트리는 9월 15일부터 연말까지 15주에 걸쳐 한 주에 5억 달러 이상을 투자했다. 어떤 날은 우리가 너무 빠르게 가고 있다고 생각했고, 어떤 날은 너무 느리다고 생각했다. 그것은 우리가 대략 맞게 가고 있다는 의미였다. 세상의 종말은 오지 않았다. 금융기관 붕괴의 악순환은 리먼 브라더스와 함께 멈췄다. 자본시장이 재개되었고, 금융기관들이 다시 살아났으며,

채무는 다시 차환될 수 있었고, 파산은 역사적인 수치에 비하면 극히 적은 것으로 밝혀졌다. 그리고 우리가 매입했던 자산들은 가격이 엄청나게 올랐다. 간단히 말해서, 사이클에 주의를 기울였더니 보상을 받았다.

—〰—

2008년 후반의 분위기를 살펴보고 있지만, 지금이 바로 시장이 바닥일 때 투자자는 어떻게 해야 할지에 대해 논의할 적절한 시점이다.

먼저 무엇이 바닥인가? 그것은 사이클의 최저 가격에 도달하는 때이다. 따라서 바닥은 패닉에 빠진 마지막 보유자가 매도한 날 또는 매도자가 매수자에 비해 우위에 선 마지막 날로 볼 수 있다. 어떤 이유든 간에 가격이 하락하는 마지막 날이고, 따라서 최악의 순간에 도달하는 날이다. (물론 이러한 정의는 매우 과장됐다. '바닥'이라는 표현은 '천장'이라는 표현처럼 어느 하루가 아닌 기간을 표현하는 말이다. 그러므로 '마지막 날'last day이라는 말은 대개 비유적인 표현이다.) 바닥에서부터 가격이 오른다. 항복하고 매도할 보유자가 없기 때문이거나 이제 매도자들이 팔고 싶어 하는 것보다 매수자들이 사고 싶어 하는 분위기가 더 압도적이기 때문이다.

여기에서 다루고 싶은 질문은 '언제 매수를 시작해야 하는가?'이다. 앞서 아주 중요한 개념을 이루는 '떨어지는 칼날'이라는 말을 언급했었다. 시장이 하락세로 치닫고 있을 때 투자자들은 "떨어지는 칼날은 잡지 않는다."라는 말을 자주 듣는다. '추세가 하락세이고 그것이 언제 끝날지 알 수 없는데, 바닥에 도달했다는 것을 확신하기도 전에 왜 매수해야 하는가?'라는 말이다.

내 생각에 그들의 진짜 속마음은 '하락이 멈추기도 전에 사서 손실을 볼까봐 무서워요. 바닥에 도달해서 상황이 안정되고 불확실성이 해소될 때까지 기다릴래요'라고 말하는 것 같다. 하지만 상황이 안정되고 투자자들이 진정되면 싼 매물은 사라지리라는 것을 지금쯤이면 충분히 알 수 있을 것이다.

오크트리는 바닥을 기다려서 매수를 시작한다는 생각에 매우 반대한다.

- 첫째, 언제 바닥에 도달했는지 알 수 있는 방법이 전혀 없다. 네온사인이 켜져 있는 것도 아니다. 바닥은 회복이 시작되기 전 날로 정의되기 때문에 지나간 후에만 인식할 수 있다. 당연히 이것은 사실이 발생한 이후에만 식별할 수 있다.

- 둘째, 패배를 인정하는 매도자로부터 원하는 것을 대량 매수할 수 있는 때는 일반적으로 시장이 미끄러지는 동안이다. 떨어지는 칼날을 잡지 않는 사람들은 사이드라인에 바짝 붙어 있다. 하지만 일단 바닥에서 하락세가 끝나면 당연히 매도하려는 매도자들은 거의 없어지고 뒤이어 일어나는 랠리에서는 매수자들이 우세하다. 따라서 매도 물량은 증발하고 잠재적 매수자들은 치열해지는 경쟁에 직면한다.

우리는 318쪽에서 설명했던 것처럼 2008년 9월 중순 리먼이 파산보호 신청을 한 직후에 부실채권을 매입하기 시작했고, 가격이 점점 내려감에 따라 연말까지 계속 매입했다. 2009년 1사분기까지 다른 투자자들은 마음을 가라앉히고 이용 가능한 가치를 파악하고 투자하기 위해 자본을 모았다. 하지만 매도자들이 매도를 이미 끝냈고 매수가 시작된 상황에서 가격을 올리지 않고 대량 매수하기에는 너무 늦어버렸다.

확신과 정확성을 근거로 시도되는 투자업계의 다른 많은 것들처럼 매수를 시작하기 위해 바닥을 기다리는 것은 어리석은 행동이다. 바닥을 목표로 삼는 것이 틀렸다면 언제 사야 할까? 답은 간단하다. 가격이 내재가치보다 낮을 때이다. 가격이 계속 떨어진다면 어떻게 하나? 더 사라. 지금이 훨씬 더 싼 가격이기 때문이다. 이런 점에서 궁극적인 성공을 이루기 위해 필요한 것은 (a) 내재가치 평가, (b) 인내에 필요한 감정적 용기, (c) 결국 자신의 가치 추정이 정확하다는 것을 증명하는 것이다.

—〰—

아래는 이듬해 대표적인 투자 지수들의 수익률이다. 2009년의 수익률은 부정적인 극단에서 사이클을 인식하고 그에 수반되는 혼돈 상황에서 매수하는(혹은 적어도 견뎌내는) 것이 얼마나 중요한지를 보여준다.

S&P500지수	26.5%
다우존스 산업평균지수	22.7%
나스닥 종합주가지수	45.4%
MSCI 유럽, 오스트랄라시아, 극동지역 지수(USD)	27.8%

시티그룹 하이일드 시장 지수	55.2%
BofA 메릴린치 글로벌 하이일드 유럽 발행인 지수(유로)	83.0%
크레딧 스위스 레버리지 론 지수	44.9%
크레딧 스위스 웨스턴 유러피언 론 지수 (유로)	47.2%

또 다른 이야기를 해보자. 2008년에는 큰 손실을 보였고, 2009년에는 큰 이익을 보인 마지막 두 표를 보면 이 두 해를 합했을 때 생각보다 별거 아니었다고 결론 내리기 쉽다. 예를 들어, 2008년 1월 1일에 크레딧 스위스 레버리지 론 지수에 100달러를 넣었다면, 그 해에 29퍼센트 손실을 보고 마지막에 71달러만 남았을 것이다. 그러다 2009년에 45퍼센트 이익을 얻어 결국 2년 동안 최종 잔고는 103달러가 돼 3달러의 순수익을 남겼을 것이다. 위에 열거한 자산군의 2년 동안 결과는 적당한 순손실에서 적당한 순이익 사이에 걸쳐 있었다.

하지만 그 사이에 당신이 무엇을 했는지가 매우 중요하다. 포지션을 계속 들고 있었다면 손실의 대부분 또는 전부를 만회할 수 있었을 것이고 결국 위에서 설명한 결과를 얻었을 것이다. 그러나 겁먹고 바닥에서 매도했거나, 빌린 돈으로 매수해 마진콜을 받았고 추가 증거금을 채우지 못해 포지션이 매수했던 가격보다 아래에서 정리됐을 경우 하락은 경험했지만 회복은 하지 못해 2년 동안의 최종적인 결론은 '기대보다 실망스러운'이었을 것이다.

이런 이유로 하락 후 시장을 탈출해서 사이클 반등에 참여하지 못하는 것은 투자에서 가장 치명적인 죄악이다. 사이클의 하락 구간에서 시가평가제mark-to-market(장부가격이 아닌 현재 시장에서 거래되는 가격대로 기록하는 것으로 보유 증권의 가격이 떨어질 때마다 곧바로 손실 처리를 한다.—옮긴이)로 손실을 처리한다고 해도 마찬가지로 이익을 보는 상승 구간을 겪는다면 그것 자체로 치명적이지 않다. 정말 끔찍한 것은 바닥에서 팔아치워 하락 변동의 기회를 영구적인 손실로 날려버리는 것이다.

따라서 사이클을 이해하고 사이클을 겪는 데 필요한 감정적, 재정적 수단을 갖는 것이 성공 투자의 필수 요소이다.

—⁓⁓—

세계 금융위기를 잘 극복했다고 승리를 선언하고 다음 단계로 넘어가기 전에, 나는 나와 내 동료들이 이 사이클에서 이익을 얻고 성공을 이룬 것이 필연은 아니었다고 분명히 말하고 싶다. 엘로이 딤슨 교수의 말대로, 우리가 얻은 좋은 결과가 실현될 수 있었던 유일한 결과는 아니었기 때문이다. 나는 행크 폴슨Hank Paulson, 티머시 가이트너, 벤 버냉키Ben Bernanke가 그 시점에 조치하지 않았거나, 다른 조치를 취했거나, 실행한 조치가 생각만큼 성공적이지 않았더라면 금융계는 붕괴되고 대공황이 다시 일어날 수도 있었을 것이라고 확신한다. 그런 경우 우리의 행동은 축하할 만한 결과를 만들어내지 못했을 것이다.

나는 사람들이 2008년의 하락과 뒤따르는 회복을 돌아보고 하락은 언제나 신속하고 쉽게 회복될 수 있으며, 따라서 하락 사이클에 대해서는 걱정할 것이 없다고 결론 내릴까봐 두렵다. 이것은 위기에 대한 잘못된 교훈이라고 생각한다. 왜냐하면 실제로 일어난 결과가 대신 일어날 수 있었던 몇 가지 '대체 역사'alternative histories(나심 니콜라스 탈레브

Nassim Nicholas Taleb는 이렇게 부른다)보다 훨씬 나았기 때문이다. 만약 이렇게 잘못된 교훈을 배웠다면, 그것들은 언젠가 투자자와 사회 전체에 더 심각하고 오래 지속될, 또 다른 붐과 위기의 사이클에서 진폭을 더 극적으로 증가시키는 행동들을 초래할 것이다.

하지만 상황은 위기에서 회복으로 우리 모든 '장기' 투자자들을 향해 돌진했다. 우리는 구체화된 미래에 대비해 고객들의 포트폴리오를 정확하게 포지셔닝했고, 그것은 대부분 심리와 마켓 사이클이 작동하는 방식에 대해 우리가 가진 느낌 덕분이었다. 미래를 예측할 수 없다는 점을 감안하면, 이것이 모두가 할 수 있는 최선이다.

—⁓⁓—

거품과 위기에는 고유한 패턴, 즉 한 사건에서 다음 사건으로 흐르는 본질적인 논리 혹은 비논리가 있다. 여기서 살펴본 세 가지 에피소드는 최극단에서의 사이클 진동을 보여주며, 바라건대 이들 에피소드에서 사이클을 어떻게 인지하고 다룰 수 있는지 암시를 얻었길 바란다.

마지막으로 몇 가지 요점을 짚고 가겠다.

- 첫째, 설명한 진행 과정의 모든 요소는 투자자들이 감정과 왜곡된 인식의 개입을 억제할 수 있다면 그 당시에도 명확하게 볼 수 있었던 것이다.
- 둘째, 핵심적인 추론을 도출해서 그에 따른 적절한 조치를 취하는 데는 어떤 예측도 할 필요가 없었다. 실제 진행 과정에 대한 설명은 설득력이 있으며, 미래에 대한 추측은 필요하지 않다. 여

러 사건과 그 결과로 생긴 사이클의 지나친 움직임은 투자자들의 행동에 영향을 미쳤다.

- 마지막으로 벌어진 일들의 의미는 따로 증명할 필요 없이 명백했다고 말은 했지만, 당시에는 분명히 하나도 쉽지 않았다. 우리들 중 가장 훌륭하고 덜 감정적인 사람들조차도 다른 사람들과 같은 정보를 접하고 자극을 받는다. 확신할 수는 없었지만 그럼에도 우리는 제대로 해야 했다. 세계 금융위기의 서곡이 된 잘못들을 쉽게 알아볼 수 있었지만, 그 조정 시기는 전혀 예측할 수 없었다. 결국 투자자들이 할 수 있는 최선의 대응은 당시의 투자 환경에서 관찰할 수 있는 것에 비추어 행동하는 것뿐이다. 투자자들은 다음과 같은 케인스의 말을 명심해야 한다. "시장은 투자자들이 지불 능력을 갖고 있는 기간보다 더 오랫동안 비이성적으로 움직일 수 있다."

—̶⦚̶—

1991년의 한 가지 사례를 더 들면서 사이클을 이루는 사건들에 대한 이야기를 마치겠다. 1980년대에 차입매수Leveraged buyout가 붐이었다. 기업 매수자들이 종종 총 구매가격의 95퍼센트에 이르는 상당한 부채에 접근할 수 있었기 때문이다. 이로 인해 많은 기업들이 뒤이은 불황에서 상환하지 못할 부채를 짊어져 수많은 채무불이행과 파산이 일어났고, 그 결과 하이일드 채권이 첫 번째 위기를 맞게 됐다. 이런 사건들은 우리가 부실채권에 투자하는 펀드 II와 IIb를 조성한 직후에 무르익었다. 1991년 1월 23일 투자자들에게 보내는 편지에서 내가 당시의 투자환경을 어떻게 평가했는지 살펴보자.

1990년, 부실 회사채의 시장가격은 대부분 하락했다. 회사채 하락을 야기한 한 가지 요인은 경제가 악화되면서 모든 자산의 시장가치가 함께 떨어지는 펀더멘털적인 것이었고, 또 한 가지는 '기술적 상황'에 기인한 것이었다. 즉 이러한 종류의 채권 공급이 급증해 매수자들이 낙담하고 뒤로 물러나게 된 것이었다.

경제 및 심리적 풍토가 악화되면 싼 가격으로 여러 유망한 투자 가운데서 선택할 수 있는 기회가 생긴다. 매수한 물건의 호가가 이내 더 낮아지고 시장에 아무 열정이 없어 투자환경은 음울하다.

이것이 바로 우리가 투자하고 싶은 조건이다. 매수자들이 즐거운 시간을 보내고 있을 때, 다시 말해 매수한 모든 자산가격이 다음날 더 높아져 매수자들이 스스로를 똑똑하다고 느끼며 '하이 파이브'를 하고 있을 때, '고통 지수'는 매우 낮고 매수자들은 대담해진다.

오늘날의 상황은 즐거운 시간을 보낼 때보다 싼 물건을 살 수 있는 가능성이 더 높다. 우리가 사고 싶은 물건의 가격을 올리며 경쟁하는 입찰자들이 거의 없다. 각각의 매수 가격은 '높다'보다 '낮다'로 판명될 가능성이 더 높다. 간단히 말해서 지금은 우리처럼 역발상 투자의 영역에 있는 상품에 돈을 투자할 좋은 시기이다.

경제와 시장이 바닥을 친 바로 그날부터 투자를 시작할 것이라고 생각하기는 어렵다. 우리가 가장 바라는 것은 자금을 적극적으로 투자하고 있는 기간 중 언제인가에 저점이 발생하고 그 순간으로 가는 중에, 그 순간에, 그리고 그 순간 이후에 매수하는 것이다.

—⚍—

이것이 시장의 온도를 실시간으로 측정하는 좋은 예다. … 단지 내가 온도를 쟀고 그것이 옳았다는 사실이 밝혀졌기 때문만은 아니다(당시 우리가 투자하고 있던 부실채권 펀드는 달성했던 결과 중 가장 높은 수익률을 기록했다). 정확히 말해 시장의 온도를 실시간으로 측정하는 것은 매수를 못 하게 막는 침체된 감정의 영향을 발견하고 그것을 밀어내는 데 도움이 됐다. 우리는 매수자들을 몰아내는 '암울한' 상황과 시가평가제로 인한 손실이 뒤이은 수익률에 비우호적이기보다는 우호적인 영향을 줄 가능성이 높다는 것, 그리고 가격 하락이 매수자들에게 부정적이지 않고 긍정적이라는 사실을 알고 있었다.

투자자들이 상황에 대해 갖는 느낌이 아니라 상황이 정말 의미하는 것이 무엇인지 파악하는 것이 시의적절하게 행동하는 첫 번째 단계이다.

—⚍—

이 장이 길어지겠지만, 시장이 사이클을 겪을 때 포트폴리오를 어떻게 포지셔닝해야 할지 일반적인 논의를 하며 마무리하겠다.

내가 '쌍둥이 위험'twin risks이라고 부르는 것에 대해 체계적으로 접근하면 도움이 될 것이다. 여기서 말하고자 하는 것은 투자자들은 오류를 일으킬 수 있는 두 가지 원인을 매일 처리해야 한다는 것이다. 첫 번째는 돈을 잃을 위험이다. 두 번째는 조금 더 미묘한데, 기회를 놓칠 위험이다. 투자자들은 둘 중 하나를 제거해버릴 수 있지만, 그렇게 하면 다른 하나의 위험에 완전히 노출될 것이다. 그래서 사람들은 이 둘 사이에 균형을 맞추기 위해 노력한다.

이 두 가지 위험과 관련해 투자자는 어떤 태도를 가져야 하는가? 대등하게 균형을 이뤄야 하는가, 아니면 둘 중 하나를 택해야 하는가? 답은 주로 투자자의 목표, 상황, 성격, 위험을 견딜 수 있는 능력에 달려 있다(그리고 만약 고객이 있다면, 그들에 대해서도 마찬가지 요소들을 고려해야 한다).

투자자는 자신이 보통으로 취하는 태도와는 별개로 때때로 균형을 바꿔야만 하는가? 만약 그렇다면 어떻게 바꿔야 하는가? 투자자가 (a) 스스로에게 필요한 통찰력이 있다고 생각하고, (b) 틀릴 수 있다는 위험을 감수할 의사도 갖고 있다면 태도를 적절하게 조정해야 한다. 투자자는 시장이 사이클의 어디쯤에 있는지에 기초해 태도를 조정해야 한다. 즉 시장이 사이클의 고점에 있을 때는 돈을 잃을 가능성을 제한하는 데 중점을 두어야 하고, 시장이 사이클의 저점에 있을 때는 기회를 놓칠 위험을 줄이는 데 중점을 두어야 한다.

그렇다면 어떻게 이렇게 할 수 있을까? 미래로 가서 뒤를 돌아봐라. 2023년에 당신은 뭐라고 말할 것 같은가? "2018년으로 돌아가서 좀 더 공격적이었더라면 좋았을 텐데."라고 말할 것 같은가, 또는 "2018년으로 돌아가서 좀 더 방어적이었으면 좋았을 텐데."라고 말할 것 같은가? "2018년에 xyz를 살 일생일대의 기회를 놓쳤다."고 말할 만한 것이 오늘 있는가? 몇 년 후에 할 것 같다고 생각하는 말이 오늘 무엇을 해야 할지 알아내는 데 도움이 될 수 있다.

위와 같이 두 가지 위험 중 어디에 더 비중을 둘 것인지는 공격과 방어 사이의 선택과 직접적으로 관련이 있다. 투자자가 돈을 잃을 가능성을 줄이고 싶다면 더 방어적으로 투자해야 한다. 기회를 놓칠까봐 더 걱정되는가? 이 경우에는 공격성을 높여야 한다. 투자자의 태도는 시장의 사이클상 위치에 따라 달라져야 한다. 다시 한번 말하지만, 이것은 앞서 말했던 시장을 평가하는 두 가지 요소, 즉 시장의 가치가 어떻게 매겨지는지, 다른 투자자들은 어떻게 행동하는지의 측면에서 접근할 수 있다.

대부분의 투자자들이 공격적으로 행동할 때는 위험회피가 거의 없기 때문에 시장이 위험하다는 좋은 신호이다. 투자자들의 공격성은 직접적으로 자산가격을 상승시킬 가능성이 높다. 앞에서 언급했듯, 다른 투자자들의 공격성은 두 가지 면에서 시장을 위험하게 만든다.

이처럼 어떤 위험에 더 높은 비중을 둘 것인지 결정할 수 있는 좋은 방법은 현재 시장 환경에 어떤 속성이 적합한지를 생각해보는 것이다. 2008년 말에서 2009년 초, 큰돈을 벌기 위해 투자자에게 필요한 것은 두 가지였다. 투자할 돈과 그것을 투자할 용기. 투자자가 이 두 가지를 가지고 있었다면 다음 해에 큰돈을 벌었을 것이다. 돌이켜 생각해보면 그때 필요하지 않았던 것은 신중함, 보수성, 위험 통제, 절제력, 선택능력, 인내심이었다. 이런 특징들을 많이 가졌을수록 돈을 적게 벌었을 것이다.

그렇다면 '돈과 용기'가 언제나 성공적인 투자의 확실한 공식이라는 뜻인가? 당연히 아니다. 2007년 초 투자자가 돈과 용기를 갖고 있었다면 세계 금융위기에 엄청난 타격을 받았을 것이다. 그때는 신중함, 보수성, 위험 통제, 절제력, 선택능력, 인내심이 필요한 때였다. 게다가 2008년 말에서 2009년 초에도 지적인 투자자들은 주의와 절제력을 완전히 버릴 수 없었다. 세계 금융위기가 그렇게 빨리 회복되고 투자자들이 위기의 여파를 비교적 고통스럽지 않게 이겨내리라는 것을 알 방법이 없었기 때문이다. 우리 오크트리는 투자를 많이 하긴 했지만 나중에 밝혀진 것처럼 훨씬 더 많은 돈을 벌어들였을 중순위채나 부실한 발행인이 발행한 채권보다는 우량한 회사의 우선순위부채senior debt(회사 파산 시 보통 채무나 주주지분보다 우선해서 채무 변제 권리를 보장받는 채무증권—옮긴이)에 주력했다.

투자를 흥미롭게 만드는 많은 요소 가운데 하나는 항상 효과가 있는 전술이나 접근법은 없다는 사실이다. 사이클이 움직일 때 정확한 포지셔닝을 하기 위한 유일한 방법은 논리적인 판단을 하고 채택한 속성을 조정하는 것이다. 하지만 이것은 쉽지 않다.

요즘 사람들이 난제에 대응하는 한 가지 방법은 "우리가 몇 이닝에 있냐?"고 묻는 것이다. 2008년 말 금융위기 이후로 나는 줄곧 정기적으로 이 질문을 받아왔다. 이 질문 통해 사람들이 진짜 하고 싶은 말은 "우리가 사이클의 어디쯤에 있느냐?"는 것이다. 2008년 4사분기에 사람들은 '얼마나 많은 고통을 느꼈고, 앞으로 얼마나 더 고통받아야 하는가?'를 궁금해했다. 더 최근에는 주로 신용 사이클에 대해 질문한다. 신용 사이클의 상승세가 얼마나 더 오래 계속되고(차입이 더 쉬워짐), 언제부터 신용 가용성이 엄격해질까?

사이클이 얼마나 멀리 갔는지에 대한 나의 감각에 비추어 이런 질문의 대답을 생각해보고 2이닝(게임을 막 시작), 5이닝(게임 중간), 8이닝(거의 끝)이라고 질문자들이 원하는 형태로 대답해준다. 하지만 최근에 나는 이런 접근법의 한계를 더 잘 인식하게 됐다. 일반적인 야구 경기와는 달리 우리는 특정한 사이클이 얼마나 오래 계속될지 알 방법이 없다. 규정된 길이가 없기 때문이다. 일반적인 야구 경기는 9이닝까지 가겠지만, 경제나 마켓 사이클은 7이닝, 9이닝, 12이닝, 14이닝까지도 갈 수 있다. 알 수가 없다.

이러한 접근법 중 어떤 것도 포트폴리오의 포지셔닝 방법을 결정하는 데 있어 확실한 대안을 주지 못한다. 이런 접근법들은 쉽게 답을 낼 수 없는 것에 대해 체계적으로 생각하는 방법일 뿐이다. 하지만 이들은 감정이나 추측, 군중심리를 기초로 결정하는 것보다 나은 길을 제안할 것이다.

사이클을 어떻게 다루느냐는 투자에서 가장 중요한 것 중 하나이다. 여러분도 사이클을 경험할 것이다. 이에 대응하여 어떻게 행동하느냐가 관건이다.

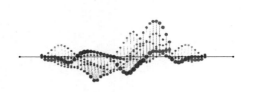

제14장

사이클 포지셔닝

향후 시장 움직임에 대비해 포트폴리오를 성공적으로 포지셔닝
하는 것은 여러분이 어떤 태도(공격적인 태도나 방어적인 태도)를
취하는지 또는 언제 그렇게 하는지에(미래의 시장 움직임에 대해 사
이클이 의미하는 바를 더 잘 이해하는 것) 달려 있다.

꿍장히 낙관적이고 호전적인 사람을 한 명 알고 있다. 그의 성격은 아
마도 선천적인 듯했다. 부유하게 태어나 아주 행복한 삶을 살아왔기
때문일 것이다. 내가 아는 한 그는 어떤 일에 회의적으로 굴지도, 자신
의 예측이나 계획에 대해서 의구심을 갖지도 않았다. 그는 매사 호전
적이었다. 그리고 그처럼 호전적인, 공격성을 갖는 것이 매우 필요했
던 순간에도 그는 당연히 그러했다. 나는 그를 보면서 다음과 같은 말
을 떠올렸다.

성공에는 세 가지 요소가 있다. 공격성, 타이밍, 기술. 만약 적절한 시기에 충분히 공격적이라면, 그렇게 많은 기술이 필요하지 않다.

—m—

2017년 2월, 인도에서 휴가를 보내면서 나는 이 책의 마지막 장을 쓰고 있었다. 그때 세계적인 명소 자이푸르의 아메르 성을 방문해 그곳의 풍광을 스마트폰으로 찍었는데, 얼마 후에 찍었던 사진을 다시 보다가, 3개월 전 중국에서 찍었던 사진을 우연히 발견하게 됐다.

그 사진은 화이트보드를 찍은 것이었다. 중국을 방문했을 때 베이징의 한 고객이 내게 몇 가지 도발적인 질문을 던졌다. 나는 그의 질문에 답하면서 (전에도 자주 그랬듯이) 화이트보드에 낙서를 끼적였다. 그날따라 전에는 떠오르지 않았던 것들이 마구 생각났다. 그래서 나는 그곳을 떠나기 전에 이런저런 것들을 적었던 화이트보드를 사진에 담았다. (얼마나 대단한 혁신인가. 20년 전이라면 프레젠테이션 시간에 카메라를 가져가지 않았을 것이다.) 우연히 발견한, 3개월 전 사진을 보면서 그때의 아이디어에 대해 다시 생각해보았다. 그리고 이 장의 내용은 그때의 아이디어에서 비롯된 것이 많다.

지금 나는 인도의 침대 위에 있다. 10시간 반이 넘는 뉴욕과의 시차 때문에 자다가 깼다. 그런데 순간 무엇 때문인지 위에서 언급한 성공에 관한 말과 베이징에서 찍은 사진, 사이클을 다루는 방법 사이의 연관성이 이해되기 시작했다. 나는 투자 기술의 주요 요소들을 어떻게 분석해야 하는지 생각했다.

(나는 여기서 '연관성을 만들었다'고 쓰지 않고 '연관성이 이해되기 시작했다'고 표현했다. 여기서 의식적으로 수동태를 선택했다. 이는 내가 노력이 필요한 의도적인 과정을 통해 아이디어를 만들어냈다고 느끼기보다는 종종 아이디어가 '내게 온다'는 수동적인 느낌을 받기 때문이다. 나는 평소에 중국에서 끼적였던 것처럼 그림을 그리며 생각을 요약해서 통찰력을 얻곤 한다. 내 머리는 이런 식으로 작동한다.)

위에서 언급한 성공에 대한 설명으로 되돌아가 보면, '타이밍'이라는 말은 '운 좋은 시기'를 의미한다. 결국 운 좋은 시기에 공격적으로 행동하는 것보다 무엇이 더 좋을 수 있겠는가? 하지만 인도의 침대에 누워서 좋은 타이밍이 전적으로 행운에 기댄 결과일 필요는 없다는 사실을 알게 됐다. 오히려 투자에서 좋은 타이밍은 사이클의 어디쯤 있는지를 부지런히 평가해서 결과적으로 적절한 행동을 취하는 데서 비롯될 수 있다. 사이클에 대한 연구는 향후 가능한 결과에 대비해 포트폴리오를 포지셔닝하는 방법에 대한 것이다.

성공적인 투자 공식에 생각을 조금 더 보태고 싶다. 이 공식은 여섯 가지 주요 구성요소, 또는 둘씩 묶어서 세 쌍의 구성요소를 고려해서 생각해야 한다.

- **사이클 포지셔닝** – 주요 사이클에 대해 내린 판단에 따라 포트폴리오의 리스크에 대응하는 태도를 결정하는 과정
- **자산 선택** – 어떤 시장, 틈새 분야, 특정 증권이나 자산을 비중 확

대overweight할지 비중 축소underweight할지 결정하는 과정

포지셔닝과 자산 선택은 포트폴리오를 관리하는 두 가지 주요한 수단이다. 지나치게 단순화한 것일 수도 있지만 투자자들이 하는 모든 일은 다음 것들에 최소 한 가지 이상 영향을 받는다.

- **공격성** – 리스크를 증가시킴: 투자 자본 확대, 위험한 자산 보유, 유리한 거시적 결과에 더 의지한 투자, 금융 레버리지 또는 고베타high-beta(시장 민감도가 높은) 자산 및 전략 사용
- **방어성** – 리스크를 감소시킴: 투자 자본 축소 및 현금 보유, 안전 자산 강조, 호황이 아니라도 상대적으로 좋은 성과를 낼 수 있는 자산을 매수, 레버리지와 베타(시장 민감성)를 피함

공격과 방어 사이에서 무엇을 선택하느냐는 투자자들이 생각하는 현재 사이클상의 위치와 이것이 향후 시장의 움직임에 대해 어떤 의미를 가지는지에 달려 있다. 이는 투자자들이 포트폴리오를 포지셔닝하는 주된 관점이다.

- **기술** – 반복 가능한 지적 프로세스를 통해 미래에 대한 합리적인 가정을 기반으로 (비록 매번 그런 것은 아니더라도) 균형 있고 정확한 결정을 내릴 수 있는 능력. 오늘날은 '알파'라는 어려운 이름으로 알려져 있음
- **운** – 기술과 합리적인 가정이 소용이 없다고 밝혀진 많은 경우

에 일어나는 것. 즉 무작위성이 '행운'이나 '불운'을 야기하면서 합리적인 프로세스를 수행하는 것보다 사건에 더 많은 영향을 미치는 것

포트폴리오 관리의 성공을 결정하는 주요 요소는 기술과 운이다. 투자자에게 기술이 없다면 성공을 기대해서는 안 된다. 사실 부정적인 기술이라고 말하는 것도 있다. 이런 기술에 얽매이는 사람들에게는 동전 던지기로 결정을 하거나 아예 결정을 자제하는 편이 더 나은 결과를 가져올 것이다. 운은 와일드카드다. 운은 좋은 결정을 실패로 돌아가게 할 수도 있고, 나쁜 결정을 성공시킬 수도 있지만 대개 단기적이다. 장기적으로는 기술이 성공할 거라고 보는 편이 합리적이다.

나는 인도에서 중국에서의 일을 되새김질한 끝에 자산 선택과 포지셔닝을 양분해 생각했다. 그리고 이 두 가지 방법으로 포트폴리오를 관리할 때 발생하는 결과에 기술이 어떻게 영향을 미치는지 깨달음을 얻었다.

시장은 시장이 할 일을 할 것이다. 따라서 결과의 일부는 경제적 사건과 기업 수익성에 의해, 다른 일부는 투자자의 심리와 그에 따른 행동에 의해 결정될 것이다. 무작위성이나 운에 의해 결정되는 부분도 있을 것이다. 우리는 시장 성과 측면에서 미래에 무슨 일이 일어날지 살짝 생각해볼 수 있다. 이런 생각은 타당하거나 불완전한 추론을 근거로 할 수 있으며, 옳다고 판명될 수도 있고 그르다고 판명될 수도 있다. 하지만 시장의 향후 성과가 어떻게 되든, 알 수 있든 없든 간에 그것을 우리 논의의 시작점으로 삼자. 시장의 행동에 대한 일반적인 기

대를 확률분포로 표현해보면 다음과 같다.

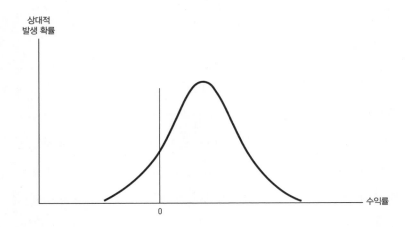

이것이 투자자의 행동에 대한 출발점 또는 기준치이다. 문제는 투자자가 적극적인 의사결정을 통해 성과를 향상시킬 수 있는 기술을 가지고 있는지, 아니면 적극적인 의사결정을 포기하고 시장의 성과에 만족하며 수동적으로 투자해야 하는지의 여부이다.

나는 앞서 투자자가 수익률을 높일 수 있는 두 가지 중요한 방법, 즉 사이클 포지셔닝과 자산 선택에 대해 언급했었다. 먼저 사이클 포지셔닝에 대해 더 자세히 알아보겠다.

사이클 포지셔닝은 주로 공격과 방어 사이에서 어떤 선택을 하느냐, 즉 시장의 움직임에 따라 포트폴리오 결과의 변화 정도를 결정하는, 포트폴리오의 시장 움직임에 대한 노출을 늘리거나 줄이는 것에 관한 것이다.

투자자가 유리한 환경에 있다고 판단했다는 가정을 해보자.

- 경제 및 이익 사이클이 상승하고 있고 사람들의 기대를 충족하거나 넘어설 가능성이 있다.
- 투자자 심리와 위험에 대한 태도는 과열되지 않고 침체되어 있으며(또는 최소한 냉정하고), 따라서
- 자산가격은 내재가치에 비해 중간보다 낮은 수준이다.

이런 경우 공격성이 요구된다. 따라서 자본금을 더 투입하고 포트폴리오의 위험수용도risk posture와 '베타'를 높여야 한다. 아래 그래프의 점선은 투자자의 향후 성과 전망을 보여준다. 시장이 좋으면 이익을 얻을 수 있고, 시장이 나쁘면 손실을 입을 수 있는 가능성이 높아졌다.

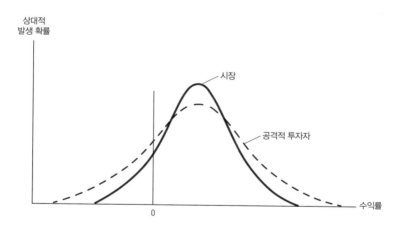

시장이 상승해서 투자자의 판단이 맞았다고 입증되면 시장 민감성이 증대된 공격적 포트폴리오는 다음 그래프에서 보는 것처럼 시장보다 더 뛰어난 성과를 내며 훨씬 더 높은 수익을 낼 것이다.

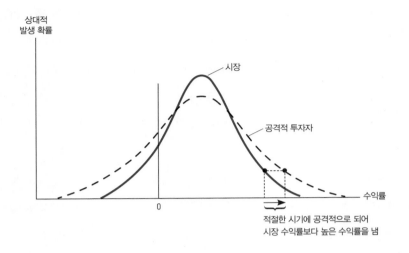

상대적
발생 확률

시장

공격적 투자자

수익률

0

적절한 시기에 공격적으로 되어
시장 수익률보다 높은 수익률을 냄

　여기에서 성공 비결은 (a) 시장이 사이클의 어디쯤 위치하는지에 대한 신중한 분석이 이루어지고, (b) 그 결과 공격성을 높이며, (c) 이것이 옳다고 증명되는 것이다. 사이클 포지셔닝에서는 이것을 '기술' 또는 '알파'로 요약할 수 있다. 물론 'c'는 무작위성의 영향을 심하게 받기 때문에 투자자의 통제 안에 있는 문제가 아니다. 옳은 것으로 증명되는 일은 항상 일어나는 것이 아니며, 이는 상황을 잘 추론하는 숙련된 투자자들에게도 마찬가지이다.

　한편 분석 결과, 사이클 포지셔닝이 형편없을 수도 있다. 경제는 지쳐 있고, 심리는 과도하게 낙관적이며, 따라서 자산가격도 높아져 있다. 즉 방어해야 하는 시기인 것이다. 이런 경우 자금을 회수하고 그렇지 않으면 다음 쪽의 그래프에서 설명하는 포트폴리오로 위험을 축소해야 한다.

　이제 베타를 줄이고 나쁜 시기에 대응할 수 있는 준비도 했다. 사이클에 대한 판단이 맞았다면, 시장의 성과는 확률분포의 좌측에 그려질 것이고, 방어적인 포지셔닝은 아래 그래프에서 점선이 보여주는 것처럼 손실을 덜 입어 시장보다 더 뛰어난 성과를 내게 할 것이다. 방어적인 포트폴리오는 시장의 움직임에 덜 노출되어 있고, 따라서 취약한 시장에 적합하다.

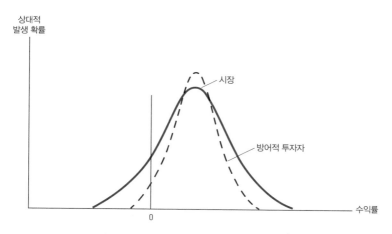

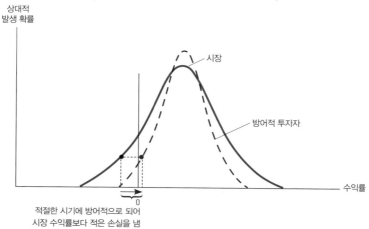

당연히 모든 사람들이 사이클에 대해 잘 이해하고 있는 것은 아니다. 따라서 포지셔닝에 대한 모든 노력이 성공적인 것도 아니다. 포지셔닝에 대한 기술이 부족한 투자자가 방어적인 태도를 취하기로 결정하고 다음 그림과 같이 시장 노출을 줄이기로 했다고 가정해보자. 만약 시장이 상승세로 돌변한다면, 그의 결정은 잘못된 것으로 밝혀지고 그는 저조한 투자 성과를 낼 것이다.

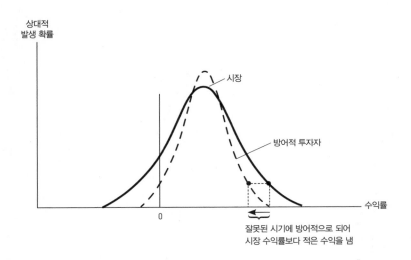

제1장에서 '경향'에 대해 이야기했었다. 시장 전망은 확률분포를 통해 생각해봐야 하며, 분포를 정확하게 그렸다면 가장 가능성 있는 시장 경향에 대해 감을 얻을 수 있을 것이다. 280~282쪽에서 보았던 바와 같이, 사이클을 따르는 시장의 움직임은 분포의 위치를 바꾸며 가능성이 가장 높은 미래의 경향에 영향을 미친다.

시장이 사이클의 저점에 있을 때 이익 가능성은 평소보다 높고 손실 가능성은 낮다. 시장이 사이클의 고점에 있을 때는 반대이다. 투자자가 생각하는 시장의 사이클 내 위치에 근거해 포지셔닝을 바꾸는 것은 향후 일어난 사건이나 상황에 대비해서 포트폴리오를 더 잘 준비하는 것과 같다. 논리적으로 일어나야 하는 일과 실제로 일어난 일의 관계가 늘 어긋날 수도 있겠지만, 포지셔닝을 잘 결정하면 시장 경향을 내 편으로 만들고 더 높은 수익률을 낼 가능성을 높일 수 있다.

1977년 뉴욕시에서는 '샘의 아들'이라는 별명의 연쇄 살인범이 산책로에서 사람들을 살해하는 사건이 있었다. 2014년에 나는 그를 잡았던 티머시 다우드Timothy Dowd 탐정이 사망했다는 기사를 읽었다. 기사에서 '행운에 대비하는 것'이 자신의 일이라는 다우드의 말을 인용한 부분이 참 마음에 들었다. 미래는 쉽게 가늠할 수 없는 것이고, 무작위성의 영향을 크게 받는 것으로 보는 내 입장에서는 다우드의 말이 미래를 대하는 좋은 방식인 것 같다. 내 말이 상황에 수동적으로 대응하거나 운에 맡기는 태도를 옹호하는 것처럼 들릴지도 모르겠다. 하지만 뛰어난 투자자들이 비교적 좋은 결과를 보이는 편향된 분포를 가지고 있기는 해도 1,000의 타율을 보이는 것은 아니다. 그들도 계속 좋은 결과를 필요로 한다. 바구니에서 맞는 번호가 나와야 하는 것이다.

우수한 투자자들이 내고 있는, 상대적으로 좋은 결과를 보이는 편향된 분포를 만들기 위한 가장 좋은 방법 중 하나는 시장의 경향을 내 편으로 만드는 것이다. 결과를 통제할 수는 없겠지만 시장 경향이 내게 우호적으로 편향돼 있을 때 투자한다면 바람을 등지게 될 것이고, 시장 경향이 내게 비우호적인 쪽으로 치우쳐져 있다면 그 반대일 것이다. 사이클을 능숙하게 분석할 수 있다면 일어날 가능성이 높은 시장의 경향을 평균보다 더 잘 이해할 수 있으며, 그 결과 향후의 일에 대비해 포트폴리오를 적절히 포지셔닝할 수 있다.

—〰—

　다음에 나오는 내용은 사이클과 전혀 관계가 없기 때문에 관심이 없다면 읽을 필요가 없다. 하지만 투자자의 성과 개선 방법에 대한 논의를 완벽히 끝마치기 위해 포트폴리오를 관리하는 또 다른 요소, 즉 자산 선택에 대해서도 이야기를 계속해보겠다.

　자산 선택은 다른 투자자산보다 더 좋은 성과를 내거나 더 저조한 성과를 낼 시장, 분야, 개별 자산을 구별하고 포트폴리오에서 그들의 비중을 확대하거나 축소하는 것을 말한다. (다른 모든 조건이 같을 때) 자산가격이 내재가치에 비해 높을수록 기대되는 수익률은 낮아지고, 자산가격이 내재가치에 비해 낮을수록 기대되는 수익률은 높아진다. 이와 관련해 더 뛰어난 성과를 내기 위한 전제 조건은 자산의 내재가치, 그 가치의 가장 그럴듯한 향후 변화, 내재가치와 현재 시장가격 사이의 관계에 대해 평균 이상의 통찰력을 갖는 것이다.

　특정 자산을 따르는 모든 투자자들은 그 자산의 내재가치에 대한 의견을 가지고 있다(혹은 가져야 한다). 자산의 시장가격은 이러한 의견들의 컨센서스를 반영한다. 즉 투자자들이 집합적으로 가격을 정한다. 시장가격은 매수자와 매도자가 거래에 동의하는 지점이다. 매수자들은 현재 가격에서 거래하는 것이 현명한 투자라고 생각하기 때문에 매수하고, 매도자들은 그 지점에서 가격이 완전히 반영됐거나 높다고 생각하기 때문에 매도한다. 이러한 견해의 정확성에 대해 우리는 무엇을 아는가?

- **이론적** – 효율적 시장 가설에 따르면 모든 이용 가능한 정보는 가격에 '효율적으로' 반영돼 있으므로 자산가격은 공정하며 투자자들은 가격을 선택해서 '시장을 이길' 수 없다.
- **논리적** – 우리는 평균적인 투자자들보다 판단을 더 잘해서 평균 이상의 성과를 달성할 수 있는 능력에 대해 이야기하고 있다. 하지만 우리가 확실히 알고 있는 한 가지는, 평균적으로는 모든 투자자들이 평균이라는 점이다. 따라서 논리적으로 평균적인 투자자들은 모두 평균 이상의 판단을 할 수는 없다는 사실을 알 수 있다.
- **경험적** – 투자 성과를 조사해보면 극소수의 투자자들만이 다른 투자자들보다 한결같이 더 옳은 판단을 내린다. 대부분의 투자자들은 특히 거래 비용, 운용 수수료, 비용을 뺀 후에는 시장보다 더 저조한 성과를 낸다. 이것이 인덱스를 추종하는 패시브 투자의 인기가 높아지는 이유이다.

그렇다고 해서 아무도 시장을 이길 수 없다는 말은 아니다. 많은 사람들이 매년 시장을 이기지만 이는 대개 무작위성이라는 가정 아래에서 일어난 사례일 뿐이다. 소수의 사람들은 무작위성이 제시하는 것보다 더 일관되게 시장을 이기며 그중 몇몇은 유명해지기도 한다. 내재가치에 대해 더 뛰어난 통찰력을 갖는 투자자들에게는 이런 것이 가능하다. 나는 이것을 '2차적 사고'second-level thinking라고 부른다. 컨센서스와 다르게 생각하고, 더 잘 생각하는 능력이다.

　내재가치, 가격과 가치의 관계, 2차적 사고에 대해서는 이쯤 하자. 《투자에 대한 생각》에서 모두 상세하게 다루고 있기 때문이다. 결론은 2차적 사고를 할 수 있는 뛰어난 투자자는 저조한 성과를 내는 자산보다 더 높은 성과를 내는 자산을 고를 수 있고 따라서 전자에 덜 투자하고, 후자에 더 투자할 수 있다는 것이다. 더 우수한 자산 선택을 하기 위한 비법은 이렇게 간단하다.

　그렇다면 이러한 우수함의 전형적인 특징은 무엇인가? 비대칭적인 결과이다.

　선택 기술이 없는 투자자의 포트폴리오를 보면 상승 종목과 하락 종목의 비율이 같다. 따라서 그는 시장이 좋을 때는 잘하고, 시장이 나쁠 때는 못 한다.

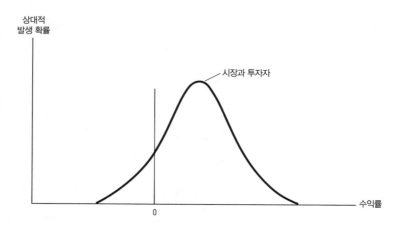

　나쁜 선택 기술을 가진 투자자는 상대적으로 상승 종목보다 하락 종

목을 많이 골라서 아래에서 보는 것처럼 시장이 올라갈 때와 떨어질 때 모두 시장보다 더 나쁜 수익률을 낸다. 다시 말해서 그의 확률분포는 시장 그래프의 왼쪽으로 이동한다.

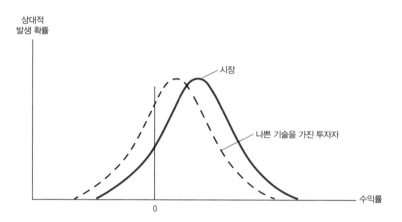

그러나 능숙한 선택자가 고른 종목들은 하락 종목에 비해 상승 종목의 비율이 시장보다 높다. 그는 자신이 고른 종목 중 수익률이 저조한 종목보다 높은 종목에 더 많이 투자할 수 있다. 그가 고른 상승 종목의 오름폭은 하락 종목의 내림폭보다 더 크다.

- 탁월한 선택 기술을 가진, 늘 공격적인 투자자가 보유한 자산은 시장이 상승할 때는 시장보다 더 상승하고, 시장이 하락할 때는 시장보다 더 하락할 수 있다. 그러나 상승세에서 그의 우수함이 내는 차이는 하락세에서의 부진을 능가할 것이다. 그는 상승 잠재력은 높으면서도 하락 리스크는 적은 자산을 선택할 수 있기

때문이다. 결과적으로 이런 투자자는 시장이 상승할 때는 시장보다 더 잘하겠지만 시장이 하락할 때는 공격성이 높은 것에 비해 성과가 그리 나쁘지 않을 것이다. 이것이 더 뛰어난 투자자의 특징인 비대칭성의 한 예이다.

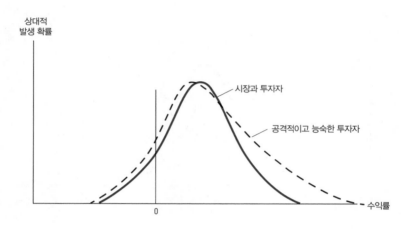

- 마찬가지로 탁월한 선택 기술을 가진, 늘 방어적인 투자자는 시장이 하락할 때는 시장보다 더 나은 결과를 얻을 것이고, 시장이 오를 때는 탁월한 자산 선택 기술 덕분에 방어적 태도가 견고한 것에 비해 시장보다 저조한 수익률을 보이지 않을 것이다. 그는 갖고 있는 자산 선택 기술로 적은 하락 리스크에 비해 높은 상승 가능성이 있는 방어적인 자산을 찾을 수 있다. 이것이 그가 비대칭적인 분포를 보이는 이유이다.

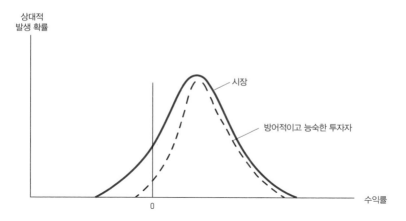

탁월한 자산 선택 기술을 가진 투자자들은 공격형이든 방어형이든 모두 시장에 비해 비대칭적인 분포를 보인다. 즉 둘 다 유리하게 편향된 성과 분포를 가진다. (비록 방식은 다르지만) 모두 하락 리스크와 균형이 맞지 않는 상승 잠재력을 갖고 있는 것이다. 이것이 자산 선택에 있어 알파의 역할이다.

마지막으로 늘 공격적이거나 방어적이지는 않아도 사이클 포지셔닝과 자산 선택 둘 다의 기술을 가진 투자자는 적절한 시기에 시장 노출을 정확히 조정하여 저조한 성과를 내는 종목에 비해 높은 성과를 내는 종목의 비율을 평균 이상으로 만들고, 여기에서 비롯된 비대칭적 성과를 누린다. 이것이 가장 좋은 유형이다.

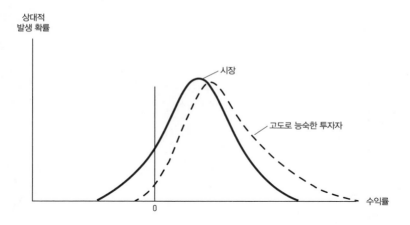

거의 모든 사람들이 시장이 상승할 때는 돈을 벌 수 있고, 시장이 하락할 때는 손실을 입을 수 있다. 또 시장 전체와 같은 비율로 상승 종목과 하락 종목을 보유할 수도 있다. 이런 점을 개선하고 탁월한 투자자가 갖는 특징인 비대칭성을 만들어내려면 더 뛰어난 기술이 필요하다.

이 논의에서 내가 자산 선택 기술과 사이클 포지셔닝 기술을 구분했다는 점에 주목하라. 이렇게 나누는 것은 다소 인위적이긴 하다. 성과에 영향을 미치는 두 가지 요소를 설명하기 위해 둘을 나누기는 했지만 많은 훌륭한 투자자들은 두 가지 모두를 가지고 있으며 나머지 대부분의 투자자들은 모두 가지고 있지 않다. 두 가지 기술을 모두 사용할 수 있는 투자자들은 일어날 가능성이 높은 시장 동향을 파악하는데 더 훌륭한 감각을 가지고 있고, 상승 종목과 하락 종목의 비율 면에서 향후 일어날 가능성이 높은 시장 환경에 더 적합한 포트폴리오를 준비할 수 있다. 이 점이 그들을 위대하고 가치 있게 만든다.

향후 시장 움직임에 대비해 포트폴리오를 성공적으로 포지셔닝하는 것은 여러분이 어떤 태도(공격적인 태도나 방어적인 태도)를 취하는지 또는 언제 그렇게 하는지에(미래의 시장 움직임에 대해 사이클이 의미하는 바를 더 잘 이해하는 것) 달려 있다. 그리고 이 책은 바로 그런 점에서 여러분에게 도움을 주려고 한다.

제15장

대응의 한계

마켓 사이클을 이해하고 그것을 기초로 포지션을 바꿔 장기적인
투자 결과를 개선하려고 노력하는 것은 당연한 일이다. 하지만
이 과정에서 필요한 기술과 과정의 어려움, 그 한계를 이해하는
것도 중요하다.

내가 이 책을 쓰기 시작한 이유는 글 쓰는 것을 즐기기 때문이기도 하
지만 사이클에 대해 내가 아는 것을 적어둘 기회를 갖고, 또 무엇보다
도 앞서 말했던 것처럼 여러분이 시장의 상승과 하락에 대응하는 것을
돕기 위해서였다.

 이전 장에서는 사이클의 이해 과정과 관련된 여러 고려사항들, 그리
고 사이클을 이해할 수 있다는 투자자의 자신감을 적절히 억제하는 예
측 불허의 변화들을 다뤘다. 이번 제15장에서는 이런 고려사항들을
다시 한번 반복하고 요약하려 한다.

말한 바와 같이 투자는 미래 사건으로부터 이익을 얻기 위해 자본을 포지셔닝하는 것이다. 또 어떤 미래가 펼쳐질지, 그래서 우리가 어디로 가고 있는지 결코 알 수 없다고도 이야기했다. 하지만 사이클의 현재 위치는 가능한 미래에 대한 대응 방법에 큰 영향을 미치므로 우리는 우리의 현재 위치를 알기 위해 할 수 있는 모든 것을 해야 한다.

사이클에서 우리의 위치는 미래의 경향, 즉 일어날 것 같은 일과 그 시기에 큰 영향을 미친다. 제1장에서 논의했고, 바로 앞 장에서 설명한 것처럼, 사이클 포지셔닝은 미래에 대한 확률분포를 이동시킨다.

여러 가지 일들이 일어날 수 있다. 우리는 불확실성과 위험에 직면해 있다는 사실을 안다. 미래에 대해 알 수 있는 것은 기껏해야 확률뿐이다. 확률을 알면 다른 사람들보다 평균적으로 더 많이 맞힐 수 있다. 하지만 확률을 아는 것은 어떤 일이 일어날지 정확히 아는 것과는 전혀 다르다.

우리는 확률을 아는 데에서 만족할 수밖에 없다. 각 결과(가령, 매년 GDP 성장률 또는 내년 주식 상승률)에 대한 표본은 종종 하나의 관찰값 또는 하나의 경험으로 제한되기 때문이다. 이는 많은 일들이 일어날 수 있음에도 실제로 일어나는 일은 단 하나뿐이라는 뜻이다. 결국 우리가 가장 높은 확률을 가진 일이 미래의 현실이 될 거라고 가정할 수 있는 충분한 관찰은 있을 수 없는 것이다.

예를 들어 도취감이 가져온 거품의 조정 작용을 보자. 이론적으로 조정은 전혀 일어날 필요가 없다. 그러나 현실의 사이클에선 (a) 결국 조정이 일어날 것이고, (b) 조정이 일어나지 않고 더 많은 시간이 흐를수록, 즉 사이클이 더 오래 계속해서 상승할수록 예상되는 조정의 가능성이 높아진다(그리고 대개 더 임박해진다).

물론 이런 상황이 일어나지 않고 더 많은 시간이 흐를수록, 그리고 위쪽으로 사이클이 더 많이 움직일수록 더 많은 사람들이 사이클 규칙이 다소 유예됐고, 필요한 조정은 절대 일어나지 않을 거라고 판단할 것이다. 이것은 2000년에 우리가 목격한 것과 같은 매수세로 이어질 수 있고, 결국 극도로 고통스러운 결과를 초래할 수 있다.

사이클을 이해했을 때 우리가 알 수 있는, 발생 가능성이 가장 높은 일은 맨 처음 그 발생 가능성을 보인 후 오랜 시간이 지나도록 일어나지 않을 수 있다. 이 사실에서 위험이 비롯된다. 우리는 이 위험에 대해 포트폴리오(와 투자 사업)를 보호해야 한다. 타당한 결론에 도달하는 것과 그것이 옳다고 입증되는 것(발생 확률이 높은 일을 아는 것과 실제로 발생하는 것) 사이의 잠재적으로 긴 시간 차이를 극복할 수 있도록 감정적으로 강해져야 한다.

―⁓―

역사를 되돌아보면 어떨까? 1990년대 중반, 질주하는 시장과 급상승하는 기술 분야를 보고 보수적인 투자자들은 주식이 지나치게 고평가 되었다고 결론지었다. 그들의 의견은 적절한 데이터를 효과적으로 해석해 견고한 논리를 가지고 있었다. 위험을 알리는 사례도 탄탄했을 것이다. 하지만 '시대에 지나치게 앞선 것은 틀린 것과 다르지 않다'는 투자 격언처럼 시장에서 이들 투자자들의 판단이 옳다는 것을 확인하는 데는 수년이 걸렸다. 그들은 충분한 근거를 바탕으로 결론을 내렸지만 오직 제한된 이익만을 얻었을 것이고, 마침내 2000~02년 조정이 시작되기 전까지 관리하고 있던 많은 자본금을 잃었을 것이다.

하지만 이들 투자자들은 예리한 지성으로 내린 그들의 결론에 대해 자신들의 입장을 고수했어야 했다. 비록 시장과는 다른 결론이었다 하더라도 충분한 확신을 가지고 말이다. 항복하고 더 높은 가격에서 매수하기보다는 신중한 자세를 견지했어야 했다. 만약 그랬다면 그들은 몇 년 후에 자신의 생각이 옳았다는 것을 증명하고 명성과 자산을 되찾았을 것이다. 물론 동시에 고통스러운 기간을 지나왔을 것이다.

당시와 상황이 아주 비슷한 최근 10년으로 와보자. 신중한 투자자들은 또 한 번 미국 주식이 과열됐다고 판단하고, 보유 주식을 축소해서 더 큰 이익을 놓쳤다. 고객들은 다시 떠나고, 신중한 회사의 자산은 (상승하는 시장에서) 줄어들었을 것이다.

주의를 기울이는 것이 맞는가? 미래의 사건들로 이것이 적절하다고 증명될 것인가? 신중한 투자자들의 생각이 맞아 그들이 이익을 얻을 수 있을 만큼 빨리 조정이 찾아올 것인가? 신중한 투자자들은 가끔 경기가 하락할 때나 운 좋게 판단을 검증받는 영구 약세론자perma-bears처럼 보일 것인가? 아니면 원론적으로는 옳지만 투자업계에 존재하는 원인과 결과에 대한 변덕스러운 성질 때문에 아직까지는 크게 들어맞은 적 없는, 좌절된 뛰어난 전략가로 보일 것인가? 이 질문들에는 대체로 답하기 어렵다. 하지만 무엇보다도 독자들은 사이클에 대한 포지셔닝이 쉽지 않다는 가르침에 주목해야 한다.

―∞―

마켓 사이클을 이해하고 그것을 기초로 포지션을 바꿔 장기적 투자 결과를 개선하려고 노력하는 건 당연한 일이다. 하지만 이 과정에서 필요한 기술과 과정의 어려움, 그 한계를 이해하는 것도 중요하다.

제12장에서 제시했던 분명한 사례들은 모두 시장에서 일상적으로 일어나는 상승과 하락이 아닌 '일생에 한 번 있는' 사이클 극단(요즘은 10년에 한 번 정도 일어나는 것 같다)에 대한 것이었다. 그 이유는 첫째, 거품 및 위기가 일어나는 극단, 특히 거품과 위기가 발생하는 과정은 사이클 작용과 그것에 대응하는 방법을 가장 분명하게 보여주기 때문이다. 둘째, 우리가 가장 높은 성공 가능성을 예상해야 하는 때는 뚜렷한 극단을 다룰 때이기 때문이다.

다음은 우리가 속한 투자환경에 시장의 움직임이 미치는 영향을 표현한 그림이다. 이 그림이 지나치게 단순하며, 세상을 실제보다 인식하기 쉽고, 훨씬 더 규칙적인 곳으로 보여준다는 사실을 인정한다.

하지만 나는 수십 년 동안 이 그림을 판단의 일반적인 프레임워크로 활용해왔고, 그것은 불규칙적이고 무작위적으로 움직이는 세상을 이해하는 데 도움이 되었다.

사이클이 '비쌈'과 '저렴'의 양극단 사이, 즉 가운데인 '적정'에 있을 때 가격과 가치의 관계는 극단에서처럼 명백하지 않다. 결과적으로는 다음과 같다.

- 자주 구별하기 어려우며 정확한 구별도 어렵다.
- 따라서 중간 부분을 구별하는 것은 극단을 구별하는 것만큼 잠재적인 수익성이 높지 않으며, 신뢰할 만한 구별이 이루어지는 것도 아니다.

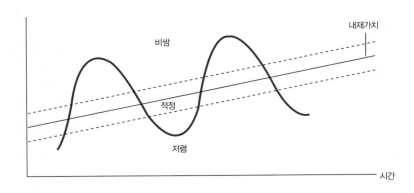

극단을 발견하고 이용하는 것이 우리가 바랄 수 있는 최고의 상태이다. 여러분이 분석적이고, 통찰력이 있으며, 경험이 있고(또는 역사에 정통하고), 감정적이지 않은 사람이라면 이렇게 할 수 있을 것이다. 하지만 이것은 매일, 매달, 심지어 매년 수익성이 있는 결론에 도달할 거라고 기대해서는 안 된다는 뜻이다.

사이클을 이해해서 시장의 타이밍을 맞출 좋은 기회를 만들 수는 없다. 오히려 시장에서 우리가 기회를 잡을 시기를 정할 것이다. 어떻게 해도 영리해질 수 없을 때, 가장 치명적인 실수는 영리해지려고 노력하는 것이라는 사실을 명심하라.

사이클 타이밍을 잡으려는 노력이 합리적인지는 순전히 무엇을 기대하느냐에 달려 있다. 만약 '내일 무슨 일이 일어날까?' 혹은 '다음 달에 어떤 일이 일어날까?'라는 의미에서 사이클상 위치를 자주 알아내려고 한다면 성공하지 못할 것이다. 나는 이러한 노력을 '약삭빠른 행동'이라고 말한다. 투자 결과를 현저히 높일 만큼 그렇게 세세히, 충분히, 자주 또는 지속적으로 옳게 상황을 구별할 수 있는 사람은 아무도 없다. 또 사이클 포지셔닝을 이해하려는 노력으로 '발생이 가능하다'고 분류한 시장의 사건들이 언제 실현될지 역시 누구도 알지 못한다.

반면 주요 사이클에 대비해 포지셔닝했던 포트폴리오는 오크트리의 성공에 큰 기여를 했다. 나와 동료들은 1990~93년, 2002년, 2008년에는 공격적으로 투자했고, 1994~95년, 2005~06년에는 신중하고 소극적으로 투자했으며, 지난 몇 년 동안에는 그리 많지 않게 투자했다. 우리는 사이클을 유리하게 이용하고 고객을 위해 가치를 더하려고 노력했다. 그리고 대체로 적절히 포지셔닝했다고 말하고 싶다. 주요한 기회를 놓쳤던 적도 없었다.

따라서 지금까지 주요한 사이클에 대해 우리가 했던 판단은 모두 옳다고 입증됐다. '모두'라는 말을 사용했기 때문에 이것이 마치 지속적으로 이길 수 있는 싸움처럼 들릴지도 모르겠다. 하지만 나의 개인적인 '모두'는 48년 동안 4~5번이었다. 나는 사이클의 최극단에서만 판단이 맞을 가능성을 극대화했다. 나는 물론이고 그 누구도 극단을 제외하고서는 꾸준히 성공할 수 없다.

그러니 부디 내가 늘 사람들에게 상기시키려는 것처럼 사이클 포지셔닝이 쉽지 않다는 사실을 명심하라. 나는 여러분이 사이클 포지셔닝이 쉬울 것이라고 기대하거나 사이클 포지셔닝이 쉽지 않을 경우 실망하는 것을 바라지 않는다. 다음은 '소파에서'(2016년 1월)라는 메모에서 말했던 내용이다.

2006~07년에 주의를 기울여야 한다고 했을 때나, 2008년 말 적극적인 매수를 호소했을 때, 2012년 재차 주의를 강조하거나,

2016년 초 현재 다소 더 공격적인 입장을 제안했을 때 나는 상당한 불확실성을 안고 내 생각을 밝혔다는 점을 분명하게 하고 싶다. 내가 내린 결론은 경험(그리고 오크트리 동료들과의 협력)을 바탕으로 한 추론의 결과물이지만, 나는 내가 내린 결론이 100퍼센트는커녕 80퍼센트도 맞을 거라고 생각하지 않는다. 물론 결론은 맞을 것이다. 하지만 나는 늘 두려움을 가지고 조언한다.

나 역시 다른 사람과 똑같은 신문을 읽는다. 똑같은 경제 자료를 본다. 똑같은 시장 움직임에 흔들리고, 똑같은 요소들 때문에 감정이 동한다. 물론 나는 다른 사람들보다 내 추론에 조금 더 자신감을 갖고 있을 것이고, 대부분의 사람들보다 분명히 경험도 더 많을 것이다. 하지만 이유야 무엇이든 나는 감정에 맞서서 내 결론을 따를 수 있다. 그러나 내가 내린 결론 중 어떤 것도 서류로 입증하거나 증명할 수는 없다. 만약 이것이 가능하다면, 대부분의 똑똑한 사람들도 나와 같은 정도의 자신감을 가지고 같은 결론에 도달할 것이다. 내가 이 말을 하는 이유는 그 누구도 자신의 결론에 확신을 갖지 못한다는 이유로 그 일을 할 자격이 없다며 두려워해서는 안 된다는 말을 하고 싶기 때문이다. 이런 결론들은 확실성을 가질 수 있는 것이 아니다.

피터 번스타인은 이 주제에 대해 유용한 지혜를 전해주었다. 그의 생각을 인용하면서 이 장을 마치겠다.

자금 운용업계에서 이 직책을 맡은 지 28년, 그리고 맡기 전 22

년 동안, 내가 어떤 지혜를 축적해왔든지 그것은 이런 식으로 요약할 수 있다. 비결은 가장 핫한 종목 발굴가stock-picker나 성공적인 예측가, 깔끔한 모델의 개발자가 되는 것이 아니다. 이러한 승리는 일시적이다. 비결은 살아남는 것이다! 이 비결을 실행하려면 틀리는 것에 대한 강한 배짱이 있어야 한다. 우리 모두는 예상보다 더 자주 틀리기 때문이다. 미래는 알 수 없다. 하지만 틀리는 것은 불가피하고 정상적인 것이지, 대부분의 경우 지독한 비극도, 끔찍한 논리적 결함도 아니며, 운이 없어서도 아니라는 사실을 안다면 도움이 된다. 틀린다는 것은 그 결과가 미지의 미래에 달린 일련의 행동을 동반한다. ⋯ (제프 소트Jeff Saut, '틀린다는 것과 여전히 돈을 버는 것', 시킹 알파Seeking Alpha[미국의 투자 전문 매체—옮긴이], 2017년 3월 13일)

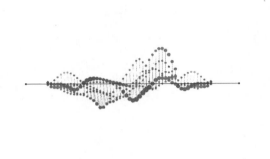

제16장

성공의 사이클

모든 정보를 잘 알 수 있는 상호 연결된 세계에서는 비상한 수익
성을 창출하는 것들에 점점 더 많은 자본이 몰린다. 포화 상태가
될 때까지, 완전히 일상화될 때까지 말이다. 그리고 자본이 몰리
는 동안 예상되는 위험 조정 수익률은 점점 평균(또는 그 이하로)
으로 이동한다.

마찬가지로 얼마간 저조한 수익률을 내는 자산들은 상대적으로
도외시된다. 투자자의 관심을 받지 못해 지나치게 저렴해진다.
그러나 이는 나중에 더 나은 결과를 낼 준비를 하는 것이다. 투자
에서 성공의 비법은 모든 이들이 하늘만큼 자랄 거라고 생각하
는 나무에 있는 것이 아니라 이와 같은 사이클에 있다.

이제 사이클을 알아보고, 평가하며, 대응할 준비가 되었기를 바란다.
이 과정은 여러분의 성공적인 투자에 크게 도움이 될 수 있다. 하지만
피터 번스타인이 말했던 것처럼 최고의 투자자들도 매번 성공하지는
못한다. 이 점을 이해한다면 노력을 벗 삼을 수 있다. 성공은 이 책에서
언급한 다른 것들과 마찬가지로 왔다가도 간다.

사실 투자 경력을 쌓아오면서 나는 성공의 사이클을 발견했다. 설명
했던 다른 사이클과 마찬가지로 성공의 썰물과 밀물은 대부분 인간 본
성에서 비롯된다. 그리고 다시 한번, 사이클에서 각각의 사건은 다음

사건으로 이어진다. 나는 59쪽에서 언급했던 '성공은 그 안에 실패의 씨앗을 품고 있고, 실패는 성공의 씨앗을 품고 있다'는 신념을 오랫동안 간직해왔고, 부실채권과 부실기업 투자에 몸담아왔던 29년 동안 이 그것은 더욱 견고해졌다.

찰리 멍거의 전기 작가이자 글레네어Glenair의 CEO이고, 우수한 항공 우주 부품 생산업자인 피터 코프먼Peter Kaufman은 다음과 같이 변증법적 유물론의 작용을 설명한다. "모든 시스템은 최대 효율을 향해 성장하면서 최후의 쇠퇴와 종말을 초래하는 내부적인 모순과 약점을 함께 발전시킬 것이다."(그의 에세이 49번, '영원한 시소', 2010)

인간 본성의 역할

'성공은 대부분 사람들에게 좋지 않다'는 말로도 표현할 수 있겠다. 요컨대 성공은 사람을 변화시킬 수 있고, 이것은 대개 더 좋은 방향이 아니라는 말이다. 성공은 사람들로 하여금 자신이 똑똑하다고 생각하게 만든다. 어느 정도까지는 괜찮지만, 부정적인 영향도 있을 수 있다. 성공은 사람들을 더 부유하게 만들 수 있고, 그것은 동기부여의 감소로 이어질 수 있다.

투자에는 겸손과 자신감 사이의 복잡한 관계가 있다. 가장 수익성이 큰, 헐값에 사들일 수 있는 좋은 자산들은 보통 숨겨져 있거나 무시되는 것들 사이에서 찾을 수 있다. 그렇기 때문에 성공을 원하는 투자자가 예일대 기금운용 책임자인 데이비드 스웬슨David Swensen이 말한 "사회적 통념의 눈으로 보았을 때 자주 경솔해 보이는 불편하고 색다른 포트폴리오."《포트폴리오 성공 운용》Pioneering Portfolio Management, 2000)를 채택하고자 한다면 자신의 판단에 충분한 자신감을 가져야 한다. 확연하게 낮은 가격의 자산은 전통적으로 도외시됐던 것, 대부분의 투자자들이 불편해하고 장점을 찾기 어려운 것들 사이에서 발견될 가능성이 높다. 거기에 투자하는 것은 상당한 내적인 힘을 필요로 한다.

이렇게 사회적 통념과 다른 포지션 중 하나가 처음에 투자자의 기대만큼 상승하지 못하거나 또는 반대 방향으로 가버릴 경우, 투자자는 포지션을 유지하거나 심지어 늘리기 위해 충분한 신뢰를 가져야 한다. 그는 가격 하락을 확실한 '매도' 신호로 받아들여서는 안 된다. 즉 시장이 자신보다 더 많이 알고 있다고 전제하지 말아야 한다.

한편 투자자는 자신의 한계를 알아야 하며 자기가 절대 틀리지 않는다고 가정해서도 안 된다. 그는 거시적 미래에 무슨 일이 일어날지는 아무도 확실히 알 수 없다는 사실을 이해해야 한다. 그는 미래의 경제, 시장, 이자율에 대해 의견을 가지겠지만 그 의견들이 반드시 옳은 것은 아니라는 점을 인정해야 한다. 반대로 늘 자기가 옳고 시장이 틀렸다고 가정해서도 안 되며, 그러므로 자신이 알고 있는 사실과 논리를 재검토하지 않고 계속 유지하거나 추가해서도 안 된다. 그것은 자만심이다.

성공이 누적되면 사람들은 흔히 스스로를 똑똑하다고 판단한다. 그리고 강한 상승장에서 많은 돈을 번 후에는 투자를 완전히 익혔다고 생각한다. 그런 믿음은 그들의 생각과 본능 속에서 점점 커지고, 그는 이후의 투자에서 자신의 판단에 대해 걱정을 덜 하게 된다. 이는 잘못될 가능성과 손실의 위험에 대해 덜 생각하고 덜 염려한다는 의미이다. 그들은 더 이상 초기의 성공 요인인 완전한 안전마진을 고집하지 않는다. 가장 오래되고 중요한 투자 격언 중 하나인 "상승장에서 얻은 수익을 자신의 실력이라 착각하지 마라."Don't confuse brains with a bull market 는 말이 나온 이유이다.

분명한 사실은 성공으로부터 배울 가치는 거의 없다는 것이다. 성공한 사람들은 운이 좋았다거나 다른 사람들의 도움을 받았다는 사실을 간과하기 쉽다. 투자에서 성공을 하면 사람들은 두 가지 특히 위험한 교훈, 즉 돈을 버는 것이 쉽고, 위험에 대해 걱정할 필요가 없다는 생각을 갖게 된다.

그들은 자신에게 큰 승리를 안겨준 작은 기회가 무한히 확장될 수 있다고 판단하기도 한다. 대부분은 그렇지 않지만 말이다. 단 한 번의 성공으로 유명해진 투자자들을 포함해 많은 사람들은 얼마든지 다른 분야로 진출할 수 있다고 결론 내린다. 처음의 성공을 만들어냈던 정보가 광범위하게 적용될 수 있을 거라고 생각하면서 말이다.

결국 성공적인 투자는 반복되기 어려우며 이것은 성공적인 투자가 연속적이라기보다는 사이클을 따른다는 의미이다. 사실 하나의 성공은 또 다른 성공이 온다는 것을 암시한다기보다는 그 자체로 두 번째 성공의 가능성을 낮춘다고 할 수 있다. 살로몬 브라더스의 수석 이코노미스트였던 헨리 카우프만Henry Kaufman는 이런 말을 했다. "많은 돈을 잃는 사람에는 두 종류가 있다. 아무것도 모르는 사람과 모든 것을 아는 사람."('월스트리트의 아르키메데스'Archimedes on Wall Street, 《포브스》, 1998년 10월 19일)

《스포츠 일러스트레이티드》Sports Illustrated나《포브스》의 표지에 실리면 실패를 만나게 된다는 것처럼 유명한 징크스에는 그럴만한 충분한 이유가 있다. 표지에 실리는 것은 행운, 독특하고 반복 불가능한 기회, 무분별한 위험수용이 가져온 특이한 성공의 결과일 수 있다. 어쩌면 좋은 결과를 내서《포브스》에 기사가 나가고, 잡지 표지에 등장하게 된 투자자들은 그 좋은 결과 때문에 성공을 위한 공식과는 반대로 더 자신감을 갖고, 자신만만해지며, 덜 절제하고, 열심히 일하지 않게 되었을지도 모른다.

인기의 역할

성공이 투자 실패의 씨앗이 되는 주요한 이유 중 하나는 인기가 높아지는 것이다. 나는 앞에서 사람들이 이해하기 어렵고, 불편하고, 쉽게 무시하는 것들 중에서 가장 수익성이 큰, 싸고 좋은 것을 발견할 수 있다고 썼다. 단기투자의 실적은 인기 콘테스트와 같다. 좋은 성과를 낸 자산은 대개 명백한 이점이 있어 인기를 얻고 따라서 가격이 높아진 것들이다. 반면 저렴한 자산의 대부분은 아직 군중들이 받아들이지 않아 인기가 없다는 이유로 많이 남아 있다.

투자 전략에 대해 생각해보자. 아무것도 영원한 것은 없다는 사실을 완전히 이해하는 것이 중요하다. 어떤 접근 방법, 규칙, 프로세스도 늘 더 뛰어난 성과를 낼 수는 없다. 그 이유는 첫째, 대부분의 주식과 접근 방법은 특정 환경이나 사이클에서는 적합하지만 다른 환경에는 맞지 않는다. 둘째, 과거의 성공은 그 자체로 미래의 성공 가능성을 낮추기 때문이다.

1960년대 미국인들 사이에서 주식 투자라는 것이 막 인기를 얻기 시작했을 때, 업계 대장주와 소위 '블루칩'(우량주—옮긴이) 주식들이 강세를 띠었다. 그때 투자자들은 시가총액이 작은 소형주를 무시했지만, 이후에 주목하고 매수하기 시작했다. 따라서 소형주들은 대형주보다 더 좋은 수익률을 올리게 됐다. 사람들이 '따라잡기' 국면에서 소형주의 높은 수익률에 주목했을 때, 투자자들은 소형주를 매수해서 소형주가 대형주에 비례해서 완전히 가격이 오르게 될 때까지 더 큰 이익을 얻을 수 있었다. 이 시점에서 관심은 대형주로 돌아갔고, 대형주가 다시 선두에 섰다.

마찬가지로, 1990년대 후반에는 성장주와 기술주가 일반적인 가치주보다 훨씬 더 높은 수익률을 냈다. 이러한 차이는 1999년에 최대에 달해서 그해 성장주 수익률은 가치주 수익률에 비해 거의 25퍼센트 포인트나 높았다. 그러나 성장주들은 그 인상적인 수익률 때문에 너무 비싸졌고, 2000~02년 증시가 조정되자 예전에 가격이 낮았던 가치주들보다 훨씬 더 크게 하락했다.

다시 말해서, '더 높은 수익률'outperformance은 다른 자산에 비해 가치가 오르는 것을 표현한 다른 말일 뿐이다. 분명히 이것은 영원히 계속될 수 없다. 장점이 아무리 크더라도 'a'는 'b'보다 무한히 더 가치가 있을 수 없다. 즉, 'a'가 'b'에 비해 계속 가격이 올라간다면 그것이 'b'에 비해 과대평가될 지점이 있다는 것이다. 마지막 사람이 'b'의 수익률이 너무 형편없어서 'b'를 포기하고 'a'로 갈아타면, (현재 'a'에 비해 엄청나게 싼) 'b'가 상대적으로 더 높은 수익률을 낼 때가 올 것이다.

강력한 힘은 얼마간 성공했던 전략, 투자자, 투자 회사의 성공을 멈추게 만든다. 나는 방금 전에 대부분의 아이디어들은 무한히 확장될 수 없다고 썼다. 마찬가지로 투자에 관한 한 가지 중요한 사실은 좋은 결과를 내면 '핫hot한' 자산 관리자와 전략에 더 많은 돈이 몰리고, 이것이 억제되지 않고 계속된다면 더 많이 몰린 자금 때문에 좋은 성과를 낼 수 없다는 점이다.

2000년대 중반, 전환사채를 이용한 차익거래convertible arbitrage (전환사채가 저평가되어 있을 때, 전환사채를 매수하는 동시에 주식을 매도하여 무위험 차익을 얻는 전략―옮긴이)가 엄청난 인기를 얻었다. 특정 주식의 전망에 대해 견해를 갖고 있지 않은 투자자들은 적절한 '헤지 비율'로 기초 주식을 매도할 수 있는 한 전환사채를 사들이려고 했다(내 메모 '딱 들어맞는 사례', 2005년 6월 참조). 전환사채 차익 거래자들은 모든 종류의 시장 환경에서 탁월한 위험 조정 수익률을 보고했다. … 이런 차익 거래 전략에 엄청난 자금과 경쟁자들이 몰려들어 누구도 더 이상 과거처럼 매력적인 가격으로 포지션을 취할 수 없어질 때까지 말이다.

모든 정보를 잘 알 수 있는 상호 연결된 세계에서는 비상한 수익성을 창출하는 것들에 점점 더 많은 자본이 몰린다. 포화 상태가 될 때까지, 완전히 일상화될 때까지 말이다. 그리고 자본이 몰리는 동안 예상되는 위험 조정 수익률은 점점 평균(또는 그 이하로)으로 이동한다.

마찬가지로 얼마간 저조한 수익률을 내는 자산들은 상대적으로 도외시된다. 투자자의 관심을 받지 못해 지나치게 저렴해진다. 그러나 이는 나중에 더 나은 결과를 낼 준비를 하는 것이다. 투자에서 성공의 비법은 모든 이들이 하늘만큼 자랄 거라고 생각하는 나무에 있는 것이 아니라 이와 같은 사이클에 있다.

결국은 모두 썰물과 밀물의 문제이다. 투자에서 모든 것은 효과가 없을 때까지만 효과가 있다. 혹은 버크셔 해서웨이의 아지트 자인Ajit Jain이 지난번에 내게 투자에 대해 이렇게 말한 것처럼 말이다. "투자는 어려워지기 전까지 쉽다."

- 싼 소형주는 더 이상 싸지 않은 지점에 도달할 때까지 다른 주식들보다 더 훌륭한 수익률을 보인다.
- 주가가 상승하는 종목들을 매수하는 추세 추종 또는 모멘텀 투자는 얼마간은 효과가 있다. 하지만 결국 자금을 이동시키고 열등주laggard를 매수하는 것이 이기는 전략으로서 더 중요하다.
- 투자자들은 주요한 문제가 표면화되는 시점까지(또는 시장이 더 이상 회복되지 않을 때까지) '저점 매수'를 통해 순간적인 하락을 기회로 활용할 수 있다. 다만 가격 하락 후 빠르게 반등하지 않고 추가 가격 하락이 뒤따를 수 있다.
- 위험자산이지만 리스크에 비해 지나치게 낮은 밸류에이션을 받은 자산은 안전자산에 가까운 가격이 책정되기 전까지 상대적으로 더 높은 수익률을 보인다. 그러다 다시 한번 적절한 위험 프리미엄을 제공할 때까지 저조한 실적을 거둔다.

결론은 명확하다. 영원한 것은 없다. 하지만 모든 사람들이 무언가가 영원할 거라고 확신하게 될 때, 그때가 바로 영원하지 않을 것이 확실해지는 때라는 사실을 인정해야 한다. "투자에서 중요한 모든 것은 직관에 반하고, 모두에게 명백한 것은 모두 잘못된 것이다."

1979년, 인기의 영향을 (반대로) 보여주는 가장 좋은 사례가 있었지만, 당시 활동하고 있던 소수의 투자가들은 그것을 잊어버렸다. 1979년 8월 13일, 주식 부문의 고통스럽게 부진했던 약 10년을 겪은 후, 《비즈니스 위크》는 '주식의 죽음'이라는 제목의 커버스토리를 발행했다. 주식이 끝장날 것이라는 결론은 이 책에서 말한 모든 것과 반대되는 것들을 근거로 삼고 있었다.

이 기사는 주식의 저조한 성과가 수그러들지 않고 계속될 장황한 이유를 달았다.

- 700만 명이 주식 투자를 포기했다.
- 여러 다른 투자 형태가 더 성공적이었다.
- 연금기금은 금 같은 '실물자산'hard asset에 투자하기 시작했다.
- 인플레이션으로 인해 기업의 이익 증대 능력이 떨어졌다.

그리고 계속해서 이렇게 썼다.

> 지금까지 금융시장에 남아 있는 기관들조차 단기투자와 모기지담보부어음mortgage-backed paper, 외국 증권, 벤처캐피털, 리스, 보증보험계약, 지수부채권indexed bonds(상환가격을 물가에 맞춘 채권—옮긴이), 스톡옵션, 선물 등 '대안 투자'alternate equity에 돈을 쏟아붓고 있다.

그리고 다음이 이 기사의 결론이다.

노후 대비와 은퇴를 위한 초석으로써 좋은 주식을 사는 오래된 태도는 사라졌다. 미국의 한 젊은 임원은 이렇게 말한다. "최근에 미국 주주총회에 가본 적이 있나요? 그들은 모두 시대에 뒤처져 있습니다. 주식시장은 더 이상 재미있는 곳이 아닙니다."

간단히 말해서, '주식의 죽음'은 주식이 인기가 너무 없어져서 다시는 되살아나지 않을 것이라는 내용이었다. 단순하고 1차원적인 사고를 하는 사람이라면 과거의 저조한 성과가 오늘의 비인기로 이어지고, 내일의 저조한 성과를 암시한다는 결론을 내릴 것이다. 하지만 오히려 2차적 사고를 하는 통찰력 있는 사람은 저조한 어제의 성과가 오늘의 비인기로 이어지고, 이것은 오늘의 낮은 가격을 의미하며, 결국 내일의 좋은 성과를 의미한다고 말할 것이다.

'주식의 죽음'은 1982년 역사상 가장 대단한 강세장이 시작되기 몇 년 전에 발간됐다. 이는 인기의 영향을 제시한 완전한 사례이다. 이 기사가 발행됐을 당시 S&P500지수는 107이었지만, 2000년 3월에는 1,527이 됐다. 21년 동안 지수는 14배 이상 올라 연간으로 환산하면 매년 13.7퍼센트씩 상승했다(이것은 배당을 무시한 수치로 총 상승은 28배 이상이었고, 연간으로 환산한 총 수익률은 17.6퍼센트에 달한다). 교훈은 간단하다. 투자자들은 인기 있는 자산을 경계해야 한다. 오히려 매수자의 친구는 인기가 없는 종목이다.

기업의 역할

성공하고 실패한다는 측면에서 기업 역시 인과관계를 이루는 일련의 사건을 바탕으로 상승과 하락의 사이클이 일어난다. 내가 목격한 것 중 그러한 과정을 가장 현저히 보여준 사례는 제록스에서 일어났다.

이 사무 복사기기의 거대 기업은 문서를 현상소로 보내 복사하는 '습식' 과정에서 벗어나게 한 최초의 회사로 1960년대 후반에 사무기기 분야의 신참 분석가로서 내가 방문했던 첫 번째 회사였다. 당시 제록스는 '건식' 복사에 대한 독점권을 가지고 있었고 장밋빛 미래를 완전히 확신하는 것 같았다. 선임 분석가와 나는 제록스의 'IR팀'과 만나서 제품 라인별 복사기 모델에 대해 다음 해에 시장에 렌탈할 대수와 기계 한 대당 연간 렌탈 수익에 대한 회사의 예측을 다각도로 측정하곤 했다.

제록스가 가지고 있던 시장 지배적 지위 때문에 이 회사는 예측을 대체로 실현할 수 있었다. 회사는 독점적인 가격을 청구할 수 있었고 렌탈 복사기의 규모를 미세 조정할 수 있어 매우 높은 이윤을 얻었다. 제록스는 렌탈 모델만을 고집했고, 복사기를 판매하거나 리스하지 않아 통제력을 잃게 될 상황을 피했다. 제록스의 복사기는 대단히 멋진 영구 운동 기계 아닌가!

제록스 경영진은 그렇게 높은 이윤이 지속되지 않을 거라는 가능성을 무시했던 것 같다. 제록스는 복사기 시장에 대해 반독점법 위반 혐의로 고소를 당해 1975년 회사의 강력한 특허권 포트폴리오를 다른 복사기 업체들도 사용할 수 있게 하는 법원의 화해 명령consent decree에 들어갔다. 이에 경쟁자들도 복사기를 생산하고 팔기 시작했다. 그들은 제록스보다 낮은 가격으로 팔아서 제록스가 점유하고 있던 렌탈 시장을 일부 빼앗아올 수 있었다. 이로 인해 미국 내 제록스의 복사기 시장 점유율을 거의 100퍼센트에서 10퍼센트 초반대로 떨어졌고, 제록스의 이익은 상당 수준 감소됐다. 오랫동안 해당 사업을 영위하고 있던 제록스는 가격 경쟁에 대응하는 데 어려움을 겪었다. 가격 경쟁을 할 경우 기존 사업이 제 살 깎아먹기 식으로 잠식될 수 있었기 때문이다. 경쟁자들은 요즘 소위 말하는 파괴disruption의 초기 사례에서 이렇게 했다.

1968년 제록스는 독점적인 지위와 강한 성장성, 높은 수익성 덕분에 앞서 설명했던 니프티 피프티의 선도주였다(니프티 피프티에 속한 기업들은 아주 튼튼하고 빠르게 성장해서 '어떤 나쁜 일도 일어날 수 없고', '너무 높은 가격도 없다'고 여겨졌다). 하지만 나무는 하늘만큼 자라지 않고 성공은 영원하지 않다.

여러 가지 이유가 있었지만 특히 제록스는 준비가 안 된 상태에서 경쟁을 하게 됐고, 그 때문에 21세기 초까지 심각한 어려움을 겪었다.

사람과 마찬가지로 기업도 성공에 대한 후속 조치를 어떻게 하느냐에 따라 바로 그 성공을 파멸시킬 수도 있다. 그러면 기업들은 이렇게 될 수 있다.

- 현실에 안주하며 만족할 수 있다.
- 관료주의적이고 행동이 굼떠질 수 있다.
- 자신의 위치를 방어하는 조치를 취하지 못할 수 있다.

- 혁신적이고, 관행을 따르지 않는 것을 그만두고 평범한 군중의 하나가 된다.
- 거의 모든 것을 할 수 있다고 판단하고 능력 밖의 영역에 뛰어든다.

이런 식으로 성공은 정말로 실패의 씨앗을 가져온다. 하지만 전에도 말했듯, 좋은 소식도 있다. 실패 역시 성공의 씨앗을 가져온다는 것이다.

- 일단 공격을 받으면 기업들은 동기부여와 목적의식을 되찾을 수 있다.
- 관료주의적인 기름을 걷어내고 진지하게 경쟁에 응하고 돈을 벌 수 있다.
- 실패의 최종적인 형태로 파산하고, 규모를 축소시키며, 손해를 보고 있는 사업 라인과 수익이 없는 지점, 손실부담 계약, 부담스러운 부채를 줄일 수 있다(물론 파산한 회사의 소유주들은 대개 그들의 모든 지위를 잃는다).

자한 장지기안Jahan Janjigian은 2002년에 제록스에 대해 이렇게 썼다.

(2002년에) 새로운 경영진은 회사의 수익성을 되돌리기 위해 여러 가지 구조조정 계획을 시행했다. 여기에는 공격적인 비용 절감과 1만 3,600명의 정리 해고가 포함됐다. 제록스는 가지고 있던 후지 제록스Fuji Xerox 지분의 50퍼센트를 후지필름Fuji Photo

Film에 팔았으며 중국 및 홍콩 사업부를 매각했다. 뿐만 아니라 이미 27억 달러를 조달해준 GE캐피털에게 수취채권 금융을 넘겨줬다. 또 고군분투하던 소규모 사무실과 홈오피스 사업도 정리했다.

지난 4월에 제록스는 2년 동안 진행된 증권거래위원회SEC의 조사에 합의하기 위해 1,000만 달러를 지불하기로 했다. 이후 회사의 모든 과거 재무 결과는 합의에 따라 요구된 대로 재작성됐다. 또한 이 회사는 채권자들과 함께 더 관리 가능한 조건으로 부채를 재조정하는 데 성공했다. 무엇보다 중요한 사실은 회사의 제품이 현재 가격과 품질 면에서 더 경쟁력이 있다는 점이다.

이러한 노력들 덕분에 제록스는 예상했던 것보다 더 빨리 수익성을 회복했다. … 상당한 운영상의 개선을 고려했을 때, 우리는 현재 수준에서 매력적인 매수를 할 수 있다고 생각한다. ('벼랑 끝에서 돌아온 제록스',《포브스 그로우스 인베스터》Forbes Growth Investor, 2002년 10월)

기업은 경제와 시장만큼 오래 지속되지 않기 때문에 기업의 성공에서 장기적인 사이클도 그리 길지 않을 수 있다. 그러나 기업의 역사 안에서도 이익은 손실로 이어질 수 있으며, 손실은 이익을 위한 토대를 마련할 수 있다. 사업의 성공에도 사이클이 있는 것이다.

타이밍의 역할

타이밍은 개인이나 기업의 성공에 크게 기여할 수 있는 요소 중 하나이다. 무엇보다도 타이밍을 맞추면 평균보다 좋은 상황에 뛰어들 수 있다. 그것이 1960년대 제록스를 유명하게 만들었고 다음의 일처럼 내게도 도움을 주었다.

1978년 8월, 시티은행 주식 조사부서에서 채권 포트폴리오 관리부서로 옮긴 직후 나는 인생을 바꿔놓은 전화를 받았다. "캘리포니아에 사는 밀컨이라는 사람이 있는데, 하이일드 채권이라는 상품에 관여하고 있어. 고객 하나가 그런 채권 포트폴리오를 원하는데 이게 무슨 뜻인지 알아봐 주겠어?"라고 상사가 말한 것이다.

제도적으로 하이일드 채권 투자가 시작된 것은 1977년이나 1978년이었다. 이 시기에 마이클 밀컨은 처음으로 이자율이 위험을 보상할 만큼 충분히 높다면 투자등급 이하의 기업들도 채권을 발행해도 좋다, 기관들은 그 채권을 사도 괜찮다고 투자자들을 설득했다. 내가 이 투자에 처음 참여했을 당시 하이일드 채권 유니버스는 30억 달러도 채 되지 않았다. 대다수의 투자기관에는 보통 '정크 본드'라고 부르는 투자등급 이하의 채권을 사는 것을 금지하는 규정이 있었다. 무디스는 B 등급 채권을 "바람직한 투자의 특징을 갖추고 있지 않다."고 말하며 단정적으로 거절했다.

이 인기 없는 채권이 어떻게 과소평가된 자산이 아닐 수 있었겠는가? 어떻게 이런 시장에 빨리 뛰어드는 것이 이득이 되지 않을 수 있었겠는가?

10년 후 법률적 기술과 전략적 통찰력을 가진 브루스 카시, 채권에 대한 전문지식을 가진 셸던 스톤이 팀에 합류하면서 우리는 주요 금융기관에서 나온 최초의 부실채권 펀드를 만들었다. 파산했거나 파산할 거라고 생각되는 회사의 부채에 투자하는 것보다 더 위험하고 부적절한 게 있을까? 사람들은 어떤 아이디어에 더 반대할까? 다시 말해서, 그렇게 많은 돈을 안전하게 벌 수 있는 다른 곳이 또 어디겠는가?

내가 부실채권이라는 자산군이 아직 알려지기 전, 그러니까 투자자들이 몰리지 않고 가격이 낮을 때 알게 된 것은 행운이었다. 시장을 거의 독점하는 것만큼 쉽게 투자할 수 있는 것은 거의 없다. 모두가 알아내서, 이해하고, 좋아하며, 붐비는 시장에서 괜찮은 수익을 얻으려 애쓰는 것은 말도 안 되는 일이다. 후자는 성공의 공식과는 거리가 멀다. 지금 붐비는 분야에 늦게 진입한 사람은 '태초의 현자'가 될 수 없다. 오히려 그는 '마지막 바보'가 될 가능성이 높다. 어떤 시장에 운 좋게 늦지 않고 충분히 일찍 진입해본 적이 있는 사람들은 자신이 이룬 성공이 전부 자기 힘으로 한 것은 아니라는 사실을 안다(혹은 분명히 알아야 한다). 때가 맞아야 하는 것이다.

이런 점에서 나는 앤드루 카네기Andrew Carnegie의 덜 유명한 파트너인 헨리 핍스Henry Phipps와 헨리 클레이 프릭Henry Clay Frick이라는 19세기 2명의 위대한 사업가들에 대해 이야기하고 싶다. 그들은 대단한 사실을 발견했고, 이에 대해 핍스는 1899년 다음과 같이 썼다.

현재처럼 좋은 시기는 나쁜 시기를 만든다. 시계추의 움직임
처럼 확실한 법칙이다. 우리는 경험으로 이런 근본적인 진실을

알 수 있다. 우리에게 이 진실을 실천할 만한 지각이 있는가? (조지 하비George Harvey,《헨리 클레이 프릭: 더 맨》Henry Clay Frick: The Man, 2002)

사람들은 성공이 앞으로 다가올 좋은 일들을 나타내는 지표라고 믿는다. 하지만 성공은 오히려 이후의 성공을 끌어내지 못하고 멈춰버리는 단절된 사례가 될 수도 있다. 이처럼 타이밍도 지속적인 성공에 도움이 되지 않을 수 있다. 좋은 시기에는 이런 시기가 영원할 것이고 성공할 수 있다는 생각에 투자 결정에 관대해지기도 한다. 하지만 좋은 시기는 곧 나쁜 시기로 이어지고, 투자자들이 자신의 인내심을 시험받게 된다.

좋은 시기 뒤에는 머잖아 나쁜 시기가 따라온다. 뿐만 아니라 여러 다른 사이클의 사례들에서 보는 것처럼 좋은 시기 자체가 종종 나쁜 시기를 만들어내기도 한다. 좋은 시기에는 경솔하게 채권을 발행하거나(부실채권 사이클에 대한 논의에서 봤던 것처럼) 과잉 건설(부동산 사이클에 대한 논의에서 봤던 것처럼)이 일어날 수 있다.

모건스탠리 인베스트먼트 매니지먼트의 최고 글로벌 전략가인 루치르 샤르마Ruchir Sharma는 새로운 개혁가들이 미치는 영향에 관해 쓴 본인의 저서 《애프터 크라이시스》The Rise and Fall of Nations에서 이렇게 말했다. "개혁은 성장과 호황기로 이어지며, 호황기는 새로운 위기를 초래하는 오만과 안주를 조장한다."

핍스는 역사가 이러한 추세를 명확하게 보여준다고 지적했다. 중요한 것은 좋은 시기가 반드시 더 좋은 시기로 이어지지는 않는다는 사실과 따라서 성공은 사이클을 탈 수 있다는 사실을 알 만큼 우리가 충분히 영악하고 냉정한가이다.

이제 찰리 멍거가 인용한 데모스테네스의 말로 돌아가보자. "누구나 자기가 원하는 것이 또한 진실한 것이라고 믿기 때문이다." 희망적인 생각은 종종 대단히 강력해진다. 그래서 투자자들은 좋은 시기 후 더 좋은 시기가 뒤따를 것이라고 믿기도 한다. 하지만 이것은 사이클을 이루는 사물의 본성, 특히 성공의 주기적인 성격을 무시하는 것이다.

제17장

사이클의 미래

극단을 향해 나아가는 사람들의 움직임은 결코 멈추지 않을 것
이다. 결국 이러한 지나친 움직임은 조정되어야 하기 때문에 사
이클의 발생도 마찬가지로 결코 끝나지 않을 것이다. 경제와 시
장은 과거에 한번도 일직선으로 움직인 적이 없었고, 앞으로도
그럴 것이다. 그리고 이것은 사이클을 이해할 수 있는 능력을 가
진 투자자들이 더 많은 이익을 낼 수 있다는 의미이다.

지금까지는 과거와 현재의 여러 사례들을 다뤘다. 이제 마무리를 지으
며 미래에 대해 이야기하고 싶다.

다양한 투자 경력을 쌓아오면서 나는 전문가들이 이런저런 유형의
사이클이 끝났다고 말하던 수많은 경우를 보았다. 그들은 경제 활성
화, 금융혁신, 영민한 기업 운영, 위기 상황 시 중앙은행장들과 재무부
수장들이 발휘할 수 있는 전지전능함을 이유로 들며 경제 사이클이나
이익 사이클이 더 이상 변동하지 않을 거라고 말했다. 나는 '이번엔 다
를까?'(1996년 11월)라는 메모에서 이 주제에 대해 썼다. 먼저 메모를

쓰기 며칠 전에 나온 신문 기사에 대해 이야기했다.

이 기사는 현재의 상황이 경기를 침체 없이 지속적으로 확장시킬 것이라고 쓰고 있다. 기사의 핵심 문단은 이렇다.

이사회에서 응접실, 관공서에서 트레이딩룸까지 새로운 컨센서스가 떠오르고 있다. 거대하고 부정적인 경기 순환이 다스려졌다는 것이다.

67개월 동안 이어진 현재의 경기 확장은 이미 전후 평균을 훌쩍 넘어섰다. 그럼에도 불구하고 블루칩Blue Chip 뉴스레터가 조사한 53명의 '최고 경제학자' 중 51명(내가 가장 좋아하는 전문가들이자 1996년 7월에 쓴 메모 '예측의 가치 II'의 주제이다)은 내년 성장률이 1.5퍼센트 이상일 것이라고 예측했다. 미시건대학교의 조사에 따르면 소비자들의 경우 불황이 도래할 것으로 예상하는 사람들보다 호황이 5년 더 지속될 거라고 예상하는 사람들이 많았다.

시어스Sears 회장은 "침체를 겪어야만 한다는 자연법칙은 없다."고 말했다. 아모코Amoco 회장은 "세기가 바뀔 때까지 (경기 회복이) 계속되지 않아야 할 이유가 없다."고 말했다. 사라 리Sara Lee의 CEO는 "사이클을 하락시킬 수 있는 일이 일어날 수 있을지 모르겠다."고 말했다. ('많은 사람들이 다른 사람들에게 경보를 울리며 경기 순환은 다스려졌다고 말한다'The Business Cycle is Tamed, Many Say, Alarming Others, 〈월스트리트 저널〉, 1996년 11월 15일)

1996년에 진술된 이 말들이 실제로 사이클의 끝을 나타내지는 않았다. 2001년에 이르러서야 완만한 침체가 있었다. 그리고 몇 년 후, 2008~09년에 지금 살아 있는 대부분이 경험했던 가장 강력한 사이클 변화인 대침체가 왔다.

나는 계속해서 다른 리더들의 주장을 메모에 인용했다.

> "현재 우리의 번영을 방해하는 것은 없을 것이다."
> "이 나라의 번영이 미래에 반드시 쇠퇴하고 사라질 거라는 주장에 나는 반대할 수밖에 없다."
> "우리는 황금의 시대로 진입하는, 역사적인 순간에 서 있다."
> "나라의 근간이 되는 사업은 건강하고 순조롭게 진행되고 있다."

위 주장들이 타당한지 평가하고자 한다면, 이 발언들이 각각 피어스 애로우 모터카 컴퍼니Pierce-Arrow Motor Car Company(1901~38년까지 운영됐던 미국의 럭셔리 자동차 회사—옮긴이) 회장, 뉴욕증권거래소 회장, 부시 터미널 컴퍼니Bush Terminal Company 회장, 미국 대통령이 했던 말이라는 점에 주목해야 한다. 첫 번째와 세 번째 말을 한 문제의 대통령이 허버트 후버Herbert Hoover라는 것을 몰랐더라도 이런 주장들이 아주 오래전 과거에서 왔다는 사실을 알 수 있을 것이다. 이러한 발언들이 나왔던 시기인 1928년과 1929년은 10년 이상 세계를 괴롭혔던 대공황의 문턱이었고 분위기가 별로 좋지 않았다. 번영이 계속될 것이고, 더 이상 오르내리는 사이클은 없을 거라는 생각은 그때 이후로 사라졌다.

그러다 2000년대 들어 '영구적인 번영'에 대한 기대감이 다시 고개를 들었다. 더 이상 사이클은 없을 거라 확실하게 주장하지는 않았지만, 많은 투자자와 은행가, 언론인들이 위험이 사라졌다는 생각을 완전히 받아들이고 있었다.

재무장관이었던 티머시 가이트너는 자신의 자서전인 《스트레스 테스트》에서, 2003년 연방준비제도이사회에 들어갔을 때의 분위기를 이렇게 표현했다.

> 경제학자들은 미국의 오랜 안정이 뉴 노멀new normal, 대 안정기 Great Moderation, 반영구적인 회복의 시대가 아닌지 논의하기 시작했다. 헤지와 위험 분산을 위해 고안된 파생상품과 여러 금융혁신들, 경기 하강에 대응하는 개선된 통화 정책, 재고 사이클을 완화시키는 진보된 기술이 대단히 파괴적인 위기를 과거의 유물로 만들었다는 자신감이 커지고 있었다.

이런 영속적인 번영이 '대 안정기'라는 이름을 갖게 되었다는 사실은 그것이 대중의 의식 속에 들어섰음을 암시한다. 따라서 내가 생각하는 가장 위험한 환경이 될 수 있는 요건이 충족됐다. 즉 위험이 없다는 광범위한 믿음이 생긴 것이다. 나는 앞서 172쪽에서 미디어가 리스크를 사라지게 한 요인들, 즉 연방준비제도이사회의 노련함, 현금유동성이 좋은 국가들의 유가증권에 대한 끝없는 수요, 월스트리트의 혁신에 대해 이야기했다고 설명했다.

'사이클이 끝났다'는 이 모든 선언은 틀렸을 뿐만 아니라 사이클의 고점을 향한 상승세와 동시에 일어났다는 점을 유념해야 한다. 또 그런 움직임을 불러오는 데 분명한 기여를 했다는 점도 기억해야 한다. 고점 이후의 사건들은 몹시 고통스럽다. 1929~39년의 대공황, 2000~02년의 3년에 걸친 주식시장 하락(1929년 이후 최초의 큰 하락), 2007~08년의 세계 금융위기가 그 예이다.

'이번엔 다를까?'에서 나는 바로 앞서 인용했던 낙천주의자들의 진술을 떠올리며 이 주제에 대한 근본적인 결론을 도출해냈다.

> 이러한 결과들이 시사하는 것은 사이클이 반복되지 않으리라는 사실이 아니라 오히려 방관자들이 너무 자신만만해졌다는 것이다. 경제, 기업, 시장의 사이클은 적어도 사람이 핵심적인 결정에 개입하는 한 계속 발생할 것이다. 나는 영원히 그럴 거라고 생각한다.
>
> … 상황이 더 나아질 거라고 주장할 수 있는 적절한 시기가 있다. 바로 시장이 침체되어 다른 모든 사람들이 헐값에 물건을 팔고 있는 때이다. 시장이 기록적으로 좋은 상황에서, 과거에는 전혀 들어맞지 않았던 긍정적인 합리화에 도달하는 때는 위험하다. 이는 전에도 그랬고, 앞으로도 그럴 것이다.

'이번에는 다르다'는 말은 비즈니스 세계에서 가장 위험한 문장이다. 흔히 있는 일이지만 이 말이 특히 과거에 극단이라고 불렸던 상황에 적용되었을 때는 더 그렇다.

사람들이 '다르다'라고 말할 때는 종종 과거 사이클을 만들었던 규칙과 과정이 유예되어왔다는 의미이다. 그러나 과거 금융계의 사이클 움직임이 물리적이라거나 과학적인 법칙의 작용으로 생긴 것은 아니었다. 과학에서는 원인과 결과가 신뢰할 수 있고 반복 가능한 관계를 이루므로 'a라면, b이다'라고 자신 있게 말할 수 있다. 그러나 금융과 비즈니스 세계에서는 작동하는 몇 가지 원칙이 있기는 하지만, 그 결과로 생기는 진실은 과학의 세계와는 매우 다르다.

내가 반복해서 지겹도록 이야기하는 것처럼 그 이유는 사람이 개입하기 때문이다. 사람의 결정은 경제, 비즈니스, 마켓 사이클에 큰 영향을 미친다. 사실 경제, 비즈니스, 시장은 오직 사람들 사이의 거래로만 구성되어 있다. 그리고 사람들은 과학적으로 결정하지 않는다.

결정을 할 때 역사, 사실, 데이터를 고려하는 사람들도 있고 '경제적 인간'으로서 접근하는 사람들도 있다. 그러나 이들 중 가장 냉정하고 인내심이 강한 사람조차도 인간으로서 객관성을 잃기 쉽다.

유명한 물리학자인 리처드 파인만Richard Feynman은 이렇게 썼다. "전자電子가 감정을 가지고 있다면 물리학이 얼마나 어려울지 상상해보라!" 즉 전자에 감정이 있다면 과학적으로 예상되는 작용은 일관성 있게 나타내지 않을 것이기 때문에 물리학의 법칙은 가끔씩만 맞을 것이라는 얘기이다.

요점은 사람은 감정을 가지고 있고, 그것으로 불가침의 법칙에 얽매이지 않는다는 것이다. 투자자들은 경제적인 투자 결정을 할 때 늘 감정과 약점을 동반한다. 그 결과 엉뚱한 시기에 도취되거나 낙담한다. 상황이 잘 풀릴 때는 상승 가능성을 과장하고 상황이 잘 안 풀릴 때는 하락 위험을 과장한다. 따라서 추세를 사이클의 극단으로 가지고 간다.

《투자에 대한 생각》에서 발췌한 다음 내용은 사이클의 지속성에 대한 중요 포인트를 말하고 있다.

　　이 세상에 사이클이 존재하는 근본적인 이유는 인간이 관여하기 때문이다. 물리적인 것들은 직선적으로 움직일 수 있다. 시간은 계속해서 앞으로 흐른다. 기계도 적절한 동력이 공급된다면 마찬가지이다. 그러나 역사나 경제 같은 분야의 프로세스에는 인간이 수반된다. 인간이 관여하게 된다면 결과는 가변적이게 되고 그것은 다시 사이클을 만들어낸다. 내 생각에, 가장 큰 이유는 바로 인간이 감정적이고, 일관성이 없으며, 꾸준하지 않고, 객관적이지 않기 때문이다.

　　물론 양적인 관계, 전 세계에서 일어나는 사건들, 환경 변화, 기술 발전, 기업의 의사결정 등과 같은 객관적인 요소들은 사이클에서 커다란 역할을 한다. 그러나 투자자들의 과민 반응이나 미온적 반응을 야기해 사이클 변동의 진폭을 결정하는 것은 이런 요소들에 추가된 인간의 심리이다.

　　사람들이 현재의 일이 진행되는 상황에 만족하고 미래에 대해 낙관적으로 생각할 때 그들의 행동은 어떻게 될까? 더 많이 소비하고 더 적게 모은다. 사람들은 재무 상태가 더 위태로워진다고 해도 즐거움이나 수익 가능성을 높이기 위해 돈을 빌린다. (게다가 낙관적인 시기에는 불안정성precariousness 같은 개념은 잊어버린다.) 그리고 현재 가치나 미래 가치를 위해 기꺼이 돈을 쓴다.

투자자들은 진행 중인 프로세스를 살펴보고, 프로세스에 기계적 신뢰성을 부여하며, 그러한 신뢰성에 기대 프로세스를 추정하는 경향이 있다. 투자자들은 감정, 즉 상승에 대한 욕심과 하락에 대한 공포를 간과한다.

감정은 두 가지 방식으로 사이클에 작용한다. 먼저 극단을 초래하는 요소들을 확대해 결국 조정을 가져온다. 다음으로 사이클의 과도한 움직임을 인식하는 것이 무엇보다 중요하고 잠재적으로 가장 높은 수익률을 낼 수 있을 때, 즉 266쪽과 268쪽에서 설명했던 강세장과 약세장의 3단계에 진입했을 때 시장 참가자들로 하여금 사이클의 순환을 간과하게 한다.

《투자에 대한 생각》에서 발췌한 다음 내용은 사이클의 반복성을 정리하는 데 도움이 될 것이다.

사이클은 계속 발생할 것이다. 다만 완벽하게 효율적인 시장 completely efficient market 같은 것이 있다면, 그리고 사람들이 정말로 계산적으로 감정을 배제한 채 결정을 내린다면 아마 사이클은 사라질 것이다(적어도 사이클상의 극단은 사라질 것이다). 그러나 그런 일은 절대로 일어나지 않을 것이다.

경제는 소비자들이 지정학적으로나 자연적으로 발생하는 경제적 요인이나 외부 사건들에 감정적으로 반응하며 소비를 늘리거나 줄임에 따라, 호황과 불황을 거듭할 것이다. 기업들은 사이클의 상승기에는 장밋빛 미래를 예상하고, 따라서 시설과 재고를 과도하게 늘릴 것이다. 하지만 경제가 하락세로 돌아서면 이것들은 큰 부담이 된다. 자본제공자들은 호황일 때는 아주 관대해져서 자금을 싸게 제공하며 과도한 팽창을 조장하다가 좋은 시절이 끝나면 고삐를 사정없이 당길 것이다. 투자자들은 상황이 좋을 때는 기업을 고평가하지만, 상황이 어려워지면 저평가할 것이다.

… 사이클을 무시하고 추세를 추정하는 것은 투자자가 할 수 있는 가장 위험한 일 중 하나이다. 사람들은 종종 좋은 실적을 내는 기업들은 계속 좋은 실적을 내고, 더 뛰어난 성과를 내는 투자는 영원히 더 뛰어난 성과를 내며, 그렇지 못한 기업이나 투자는 끝까지 실패할 것처럼 행동한다. 하지만 그 반대가 현실이 될 가능성이 높다.

이 책에서 가장 중요한 핵심 중 하나는 감정과 감정이 초래하는 사이클의 지나친 움직임에 대해 깊이 있게 이해하는 것이다. 추세선trendline에서 벗어난 사이클의 일탈은 주로 사이클의 지나친 움직임과 그것에 대한 최종적인 조정에 의해 만들어진다. 수익을 얻길 바라며 여러 사람들이 모여 의사결정을 하는(때로 군중을 맹목적으로 따르는 방식으로) 주식시장에서 이것은 틀림없는 사실이다. 또 경제와 기업에 있어서도 마찬가지이다. 경제와 기업은 독립적이며 기름을 쳐 잘 작동하는 기계처럼 보일 수도 있겠지만, 이것들 또한 결정을 내리는 사람들이 모인 집단일 뿐이다.

이런 현상이 일어나는 것을 처음 본 신규 투자자들의 경우 전에는 한 번도 일어난 적 없던 일, 가령 사이클이 중단되는 일이 발생할 수 있다고 받아들이는 것은 이해할 수 있다. 하지만 두 번째 또는 세 번째의 경험을 가진 투자자들은 그런 일이 절대 일어나지 않는다는 것을 깨닫고, 그 깨달음을 자신에게 유리하게 이용해야 한다.

그러니 만약 다음에 사이클은 더 이상 발생하지 않을 것임을 전제로 한 거래를 제안받는다면, 그 거래는 항상 지는 게임이라는 사실을 기억하라. 《투자에 대한 생각》)

니프티 피프티를 처음 접했던 1968년에 나는 22살이었고, 투자업계의 신입이었다. 나보다 훨씬 경험이 많은 사람들이 기업의 위대함과 무한한 성장 잠재력에 대해 말했다. 그러면서 이런 기업들에게 나쁜 일은 일어날 수 없고, 따라서 주식가격은 아무 제한 없이 오를 수 있다고 장황하게 떠들어댔다. 나는 이 이야기들을 받아들였다. 어쨌든 그들의 생각이 지나치거나 비논리적이라고 반발한 기억은 없다. 그렇게 나는 사이클과 가치 그리고 리스크에 대한 첫 번째 가르침을 얻을 수 있었다. 운 좋게도 어린 나이에 일찍, 비교적 적은 대가를 치르고 잘못된 개념에 대한 깨달음을 얻은 것이다.

1973년 아랍의 석유수출 금지 조치로 시티은행의 대응을 준비할 때는 이전보다 덜 순진하게 굴 수 있었다. 당시 석유가격이 배럴당 20달러에서 60달러로 오르고, 에너지 분야의 분석가들은 석유가격의 지속된 상승을 저해할 요소가 없다고 했다. 1980년대, 컴퓨터에 대한 경이로움으로 수요보다 훨씬 많은 디스크 드라이브 회사가 생겨났을 때도 전보다 더 적절히 대응할 수 있었다.

하지만 이후 몇십 년간 경험을 쌓고 나니 1990년대 후반 기술/인터넷/전자상거래 거품이 일어났을 때 시장의 지나친 움직임을 알아챌 수 있었다. 2007~08년 세계 금융위기를 초래했던, 자본시장에 대해 어떤 것도 의심하지 않는 행태가 팽배했을 때도 마찬가지였다. 이렇듯 시장의 지나친 움직임과 그것이 사이클에 미치는 영향에 대한 학습 과정은 모든 투자자 교육에 필수적인 부분이다.

극단을 향해 나아가는 사람들의 움직임은 결코 멈추지 않을 것이다. 결국 이러한 지나친 움직임은 조정되어야 하기 때문에 사이클의 발생도 마찬가지로 결코 끝나지 않을 것이다. 경제와 시장은 과거에 한번도 일직선으로 움직인 적이 없었고, 앞으로도 그럴 것이다. 그리고 이것은 사이클을 이해할 수 있는 능력을 가진 투자자들이 더 많은 이익을 낼 수 있다는 의미이다.

제18장

사이클의 핵심

이 책에서 사이클과 사이클의 발생, 사이클을 다루는 방법을 이해하기 위한 포인트라고 생각하는 몇 단락을 모아서 결론을 내리려고 한다. 문맥에서 벗어나 여기에 단독으로 싣기 위해 필요한 경우에만 수정했다. 제18장은 이 책을 요약한 장이 아니며, 이 책의 주요한 관찰점을 정리하는 장이다(중요한 부분만 읽고 싶은 사람들에게 도움이 되는 개요가 될 것이다). _하워드 막스

내 생각에 투자에서 성공은 복권당첨자를 뽑는 것과 비슷하다. 둘 다 볼풀(가능한 결과의 전체 범위)에서 공(결과)을 뽑아서 결정된다. 하나의 결과는 매번 여러 가능성들 사이에서 선택된다.

뛰어난 투자자는 볼풀에 어떤 공들이 있으며, 따라서 추첨에 참여할 가치가 있는지 여부를 판단하는 감각이 좋은 사람이다. 즉 뛰어난 투자자들은 다른 사람들처럼 미래에 무슨 일이 일어날지 정확히 알 수는 없어도 미래의 경향에 대해 평균 이상의 이해를 갖고 있다. (33쪽)

사이클 안의 포지션이 바뀌면 확률도 변한다. 상황 변화에 따라 투자 견해를 바꾸지 않으면 사이클에 수동적으로 대처할 수밖에 없다. 확률을 내 편으로 만들 기회를 놓쳐버리는 것이다. 반면, 사이클에 대한 통찰력이 있으면 투자금을 늘려 확률이 나에게 유리할 때 더 공격적으로 투자할 수 있다. 또 확률이 불리할 때에는 자금을 회수하고 방어력을 높일 수 있다. (40쪽)

정해진 시점에서 포트폴리오의 포지셔닝을 최적화하는 가장 좋은 방법은 공격과 방어 사이에서 유지해야 할 균형을 결정하는 것이다. 공격과 방어의 균형은 여러 요소들이 사이클을 타고 있는 투자환경이 변함에 따라 시간이 흐르면서 조정되어야 한다.

> 키워드는 '조정'이다. 투자금, 다양한 가능성에 대한 자산 배분, 보유 리스크는 공격에서 방어를 오가며 연속적으로 조정해야 한다. … 싸게 샀을 때는 공격적이어야 하지만 비싸게 샀을 때는 후퇴해야 한다. ('또다시?', 2017년 9월)

포트폴리오의 포지션 조정이 이 책에서 주로 다룰 내용이다. (30쪽)

중요한 점은 투자자들이 살고 있는 세계에서 사이클은 오르내리고 시계추는 좌우로 흔들린다는 사실이다. 사이클과 시계추의 움직임은 다양한 형태로 나타나며 여러 가지 현상과 관련되어 있지만, 움직임이 생기는 근본적인 이유와 움직임이 만들어내는 패턴에는 많은 공통점이 있다. 또 이들은 시간이 지날수록 어느 정도 한결같아지는 경향이 있다. "역사는 그대로 반복되지 않지만, 그 흐름은 반복된다."는 마크 트웨인의 말처럼(그가 진짜로 이런 말을 했는지 증거는 없지만) 말이다.

마크 트웨인이 진짜 했든 안 했든 이 말은 이 책이 담고 있는 내용을 상당 부분 압축해서 보여준다. 사이클은 그 이유와 세부사항, 시기와 규모 면에서 제각기 다르지만, 상승과 하락(그리고 그 이유)은 투자환경에 변화를 만들어내고 그 결과 요구되는 행동에도 변화를 가져오며 영원히 발생할 것이다. (47쪽)

경제, 기업, 시장의 성과는 단기적으로 다른 무엇보다 사람의 개입에 크게 영향을 받는다. 사람은 꾸준함과 거리가 있다. 오히려 사람은 종종 '심리'라는 광범위한 이름 아래에 함께 묶을 수 있는 것들 때문에 이따금 요동친다. 따라서 사람의 행동은 다양하다. … 이것은 환경이 달라지면 틀림없다. 하지만 가끔 환경의 변화가 없을 때에도 다양한 모습을 보인다. (48쪽)

사이클은 가운데 선을 중심으로 진동한다. 사이클의 가운데 선은 일반적으로 장기 추세, 기준, 평균, 보통 또는 '중도'happy medium로 간주되

며, '옳고 적절하다'고 여겨진다. 반면 사이클의 극단점은 되돌아가야할 비정상적 또는 과도한 지점으로 생각되며, 대개의 경우 진짜 그렇다. 사이클은 대개 가운데 선의 위나 아래에 있지만, 결과적으로 평균을 향해 돌아가는 것이 일반적인 원칙이다. 고점 또는 저점에서 중간을 향해 되돌아가는 것은 종종 '평균을 향한 회귀'로 설명된다. 이것은 대부분의 분야에서 강력하고 매우 합리적인 움직임이다. 하지만 위에 나열한 사이클의 단계로 돌아가보면, 일반적인 사이클 패턴은 극단에서 중간으로 되돌아가는 움직임만큼 합리적인 중간에서 잠재적으로 무분별한 극단을 향해 가는 움직임으로도 이루어져 있다는 것을 알 수 있다.

일반적으로 합리적인 중간은 극단에서 '정상적인' 방향으로 되돌아오는 일종의 자석 같은 역할을 한다. 하지만 사이클은 가운데 지점에 오래 머무르지 않는다. 사이클의 움직임을 가운데 지점으로 이동시키는 요인들은 항상 영향력을 발휘하고 있고, 그러므로 극단에서 회귀하는 움직임이 중간지점을 통과해 반대쪽 극단을 향해 더 멀리까지 진행되기 때문이다.

사이클의 이러한 패턴이 있음을 믿고 인지하며 받아들이는 것은 중요하다. 움직임의 시기, 지속 기간, 속도, 힘, 이유 등 세부 사항은 다르고, 이 점이 역사는 반복되지 않는다는 마크 트웨인의 말 이면에 숨겨져 있는 뜻일 수도 있다. 그러나 기초 역학은 대개 비슷하다. (51~52쪽)

대신 모든 호황과 불황에서 위험 신호를 보내는 보편적인 주제는 있다. 과도한 낙관주의는 위험하며, 위험회피는 안전한 시장을 위한 필수 요소이고, 지나치게 관대한 자본시장은 우둔한 금융으로 이어져 참가자들에게 위험을 초래한다는 것이다.

간단히 말해서, 세부사항은 중요하지도 않고 상관이 없을 수도 있지만 기저의 주제는 근본적이며 확실히 반복되는 경향이 있다. 사이클의 소리를 듣는 데 가장 중요한 요소 중 하나는 이런 경향을 이해하고, 반복되는 것들을 찾아낼 수 있는 능력이다. (61~62쪽)

—⁂—

사이클은 중간지점에서 더 멀리 나아갈수록, 즉 더 크게 이탈하거나 지나칠수록 혼란을 일으킬 수 있는 잠재력을 더 많이 가진다. 어느 극단을 향한 움직임이 지나치게 되면, 극단에서 사이클 작용에 의해 조장된 행동이 부적절하다고 판명되면서 되돌림은 더 격렬하게 되고, 더 많은 피해가 일어나게 된다.

다시 말해서 경제와 기업이 '지나치게 잘'하고 주가가 '지나치게 높아'지는 등 중간지점에서 벗어난 움직임이 커지면 혼란의 잠재력도 증가한다. 상승 뒤에는 단순한 조정이 따라오고, 강세 시장 뒤에는 약세 시장이 온다. 하지만 붐과 거품 뒤에는 훨씬 더 해로운 파멸과 폭락, 패닉이 따라온다. (52~53쪽)

—～～—

    대부분의 사람들은 사이클을 위에 나열된 단계로 이해하고 그들을 일련의 사건들로 인식한다. 그리고 일련의 사건은 보통 규칙적으로 서로의 뒤를 따른다고 생각한다. 즉 상승은 하락으로 이어지고, 결국에는 새로운 상승 국면이 시작된다고 보는 것이다.

    하지만 사이클을 완전히 이해하려면 이 정도로는 충분하지 않다. 사이클의 주기에서 일어나는 사건들을 볼 때는 단순히 개별 사건 이후 다음 사건이 뒤따라온다고 생각해서는 안 되며, 각각의 사건이 다음 사건을 야기하는 것으로 보아야 한다. (54~55쪽)

—～～—

    내가 사이클이라고 부르는 현상들이 기계적, 과학적, 물리적 과정에서 나온 것이 아니라는 점이다. 그 현상들이 기계적, 과학적, 물리적 작용에서 기인했다면 훨씬 더 믿을 수 있고 예측 가능했겠지만, 잠재적 수익성은 훨씬 낮았을 것이다. (큰 이익은 다른 사람들보다 현상을 더 잘 보는 데서 오기 때문이다. 사이클이 완전히 믿을 수 있고 예측 가능하다면 현상을 보는 데 우위 같은 것은 없을 것이다.) 사이클 생성에 있어 기저를 이루는 원리가 있기도 하지만(때로는 없기도 하고), 많은 변화를 야기하는 것은 인간의 역할이다. 사이클을 만드는 과정에서 사람이 개입하면, 감정과 심리 때문에 만들어진 경향이 사이클 현상에 영향을 미칠 수 있다. 우연이나 무작위성 역시 큰 역할을 하기도 하지만, 그들의 존재에도 인간의 행동이 기여한다. 따라서 인간은 사이클이 존재하는 이유에서 큰 부분을 차지하면서 동시에 무작위성과 함께 사이클의 불규칙성과 그에 따른 낮은 신뢰성의 이유가 되기도 한다.

패턴을 인식해서 삶을 설명하고 승리의 공식을 찾으려는 노력은 복잡하다. 우리가 사는 세상은 무작위성에 시달리며, 사람들은 똑같이 행동하려고 의도했을 때조차 경우마다 다르게 행동하기 때문이다. 과거 사건들이 그랬고, 따라서 미래는 완벽하게 예측할 수 없다는 것을 알면 미래는 내다보거나 규칙을 만들거나 안전을 도모하기가 어렵기 때문에 불안해진다. 그러므로 사람들은 사건을 이해할 수 있는 설명을 찾는다. … 종종 적절한 수준을 넘어서는 정도까지 찾는다. 이것은 인생의 다른 측면에서와 마찬가지로 투자에서도 그러하다. (70~71쪽)

───

시계추의 움직임은 왜 중요한가? 본질적으로 이 책에서 다루고 있는 사이클의 지나친 상승 및 하락의 움직임은 주로 심리적 과도한 반응에서 비롯된다.

비즈니스, 금융, 마켓 사이클의 상승세에서 나타나는 대부분의 과도한 움직임과 필연적인 하락 반응에서 나타나기 쉬운 오버슈팅은 모두 심리라는 시계추가 과장되게 움직인 결과이다. 따라서 과도한 움직임을 이해하고 경계를 늦추지 않는 것은 사이클의 극단에서 피해를 피하고, 바라건대 이익을 얻기 위한 초보적인 요건이다.

성장과 가치 상승의 측면에서 정상이란 어떤 의미에서 '옳다', '건강하다'는 것이다. 시장 참가자들이 더 많은 수익을 얻으리라는 희망을 안고 결국 하락이 일어날 상황을 만드는 대신 정상을 기준으로 행동한다면 세상은 더 안정적이고, 덜 격렬하며, 오류 발생이 적은 곳이 될 것

이다. 하지만 세상은 그런 식으로 움직이지 않는다. (130~131쪽)

―⁓―

투자자들이 객관적이고, 합리적이며, 중립적이고, 안정적인 포지션을 유지하는 경우는 거의 없는 것 같다. 그들은 높은 수준의 낙관주의, 탐욕, 위험수용, 신뢰를 보이며, 결과적으로 자산가격을 상승시키고, 잠재수익률을 하락시키며, 리스크를 높인다. 하지만 이후에 어떤 이유로, 아마도 티핑 포인트에 도달하게 되면 투자자들의 심리는 비관주의, 공포, 위험회피, 회의주의로 바뀌어 결국 자산가격을 떨어뜨리고, 잠재수익률을 높이며, 리스크를 줄인다. 특히 일련의 현상들은 일제히 일어나는 경향이 있고, 한쪽 극단에서 다른 극단으로의 움직임은 종종 필요 이상으로 나아간다.

이것은 정상이 아니다. 현실 세계에서 일반적인 일들은 보통 '꽤 좋은 것'과 '그렇게 좋지는 않은 것' 사이에서 변동한다. 하지만 투자의 세계에서 인식은 종종 '결함 없는 것'에서 '희망 없는 것'으로 움직인다. 시계추는 한쪽 극단에서 다른 쪽 극단으로 달리고, '중도'에 머무르는 일이 거의 없다. 더 정확히 말하자면 합리성의 범위 안에 머무르는 일이 거의 없다. 처음에는 부정하고, 그다음에는 항복한다. (144~145쪽)

―⁓―

시계추 같은 움직임의 최극단에서 심리 변화의 과정은 선순환이나 악순환의 모습으로 진행되기도 한다. 대체로 긍정적인 사건들이 일어나고 심리가 장밋빛일 때, 부정적인 사건은 간과되는 경향이 있으며,

모든 것이 유리하게 해석되고, 상황은 나빠질 리 없다고 생각된다. 한편 몇 달 혹은 몇 년 동안 상황이 악화되어왔고 심리는 매우 부정적일 경우, 개선에 대한 가능성은 잊힐 수 있다.

외부 영향에 흔들리지 않고, 감정적으로 균형을 유지하며, 합리적으로 행동하는 우수한 투자자는 긍정적인 사건과 부정적인 사건을 모두 인식하고, 사건을 객관적으로 저울질하고 냉정하게 분석한다. 그러나 도취감과 낙관주의는 때로 대부분의 투자자들이 사건을 타당한 것 이상으로 긍정적으로 보게 하고, 침체와 비관주의는 사람들이 사건을 나쁘게만 보며 부정적인 자세로 해석하게 한다. 그렇게 하지 않는 것이 성공적인 투자의 비결 중 하나이다.

보통 어떤 한 극단의 특징이 우세할 때, 그 사실은 쉽게 관찰할 수 있으며, 따라서 객관적 관찰자들은 그것이 투자자들에게 미치는 영향을 분명히 알 수 있을 것이다. 물론 어느 극단에서 다른 극단으로의 시계추 같은 시장 움직임은 대부분 시장 참가자들의 심리가 맹목적으로 무리를 따라가는 성향을 가지고 같은 방향으로 움직인다는 단순한 이유로 일어난다. (146~148쪽)

─〰─

리스크가 투자의 중요한 가변요소라는 관점은 어떤 환경에서 투자자들이 리스크에 대해 어떤 행동을 취하는지가 우리가 속한 투자환경을 형성하는 데 아주 중요하다는 결론으로 이어진다. 그리고 투자환경의 현재 상태는 그 시점에서 리스크에 어떻게 대응해야 하는지를 결정짓는 중요한 열쇠가 된다. 사이클에서 리스크에 대한 태도가 어디쯤

있는지 가늠해보는 것은 어쩌면 이 책에서 가장 중요한 부분일지도 모른다. (153쪽)

호황기에 사람들은 더 낙관적이고, 경계심을 버리며, 위험한 투자임에도 적은 리스크 프리미엄을 받고 만족해한다. 게다가 비관적이지도, 불안해하지도 않기 때문에 리스크/수익률 그래프의 더 안전한 영역에는 관심을 잘 기울이지 않는다. 이런 조건에서 위험자산의 가격은 안전자산에 비해 상승한다. 따라서 어리석은 투자가 나쁜 시기보다 좋은 시기에 이루어진다는 것은 놀랄 일이 아니다. 더 높은 가격으로 위험한 투자에 뛰어든다는 것이 위험을 의식하던 시기보다 예상 리스크 프리미엄이 훨씬 더 적다는 것을 뜻해도, 호황기에는 일어난다. 그러다 부정적인 사건이나 상황 변화가 일어나면 리스크 프리미엄과 오류를 허용할 여지가 부족했음이 드러나고 현명한 투자가 아니었다는 사실이 밝혀진다.

위험은 투자자들이 낮다고 느낄 때 높은 것이다. 그리고 위험 보상은 리스크가 최대일 때(즉, 위험 보상이 가장 필요할 때) 가장 작다. 합리적인 투자자는 이 순간 투자를 중단할 것이다.

이 모든 것의 핵심은 리스크가 없다는 믿음이 리스크의 가장 큰 원인이라는 점이다. 광범위한 위험수용, 즉 투자자가 위험을 편안하게 느끼는 현상은 시장 하락의 가장 큰 징조이다. 그러나 어느 때보다 위험을 인지하고 신중해져야 할 때에 이를 거의 인식하지 못한다. (162~164쪽)

─ ∭ ─

위험회피를 간과한 태도 때문에 그 어떤 리스크도 알아채지 못한 채 벌기 쉬운 돈이라는 비전에 넘어가 가격을 밀어올리고 꼭지에서 매수했던 것처럼 투자자들은 이제 가격을 끌어내리고 바닥에서 매도한다. 그들은 투자 실패를 경험하면서 이제 투자는 뛰어들지 말아야 할 위험한 분야라고 확신한다. 그 결과 위험회피 성향은 극단으로 나아간다.

쓸데없이 걱정을 하는 사람이 된다. 리스크 수용도가 높을 때는 고점에서 비싼 자산을 매수했던 것처럼 이제는 위험회피도가 높아져 바닥에서 매도한다(매수는 결코 하지 않는다). (165~166쪽)

─ ∭ ─

패닉 상태에서 사람들은 엄청난 기회를 놓칠까봐 걱정해야 할 시간에 손실을 없게 하려고 시간을 100퍼센트 사용한다.

소극적인 태도가 극단에 이른 시기에 지나친 위험회피는 가격을 가능한 한 낮아지게 할 수 있다. 추가 손실의 가능성은 아주 낮아지고, 따라서 손실위험은 최소화된다. 앞서 언급한 것처럼 세상에서 가장 위험한 것은 리스크가 없다는 믿음이다. 마찬가지로 매수하기에 가장 안전한(그리고 가장 보상이 큰) 시기는 대개 모두가 희망이 없다고 확신할 때이다. (188쪽)

─ ∭ ─

리스크에 대한 태도가 수용에서 회피로 이동함에 따라 이익이나 손실에 대한 기회도 함께 움직인다. 모든 일이 잘 굴러가고, 자산가격이 치솟으면 투자자들은 미래를 장밋빛으로, 위험을 친구로, 이익을 쉽게 달성할 수 있는 것으로 생각하는 경향이 있다. 모든 사람들이 똑같이 느끼므로 가격에 위험회피가 거의 포함되어 있지 않으며, 따라서 불안정하다. 투자자들은 위험회피 성향을 증대시켜야 할 때에 위험을 수용한다.

상황이 비관적이면 투자자 역시 그렇게 된다. 투자자들은 시장을 돈을 잃는 곳으로, 리스크는 어떤 수를 써서라도 피해야 할 것으로, 손실이 나는 것은 안타깝지만 벌어지기 쉬운 일로 생각한다. 앞 장의 마지막 부분에서 설명한 것처럼 지나친 경계심이 퍼진 상황에서는 (a) 어느 누구도 낙관론을 포함하는 가능성을 믿지 않을 것이며, (b) 어떤 가정이 '믿기지 않게 나쁜 일'이 될 가능성도 마찬가지로 받아들일 수 없을 것이다.

고점에서는 한계가 없어 보였던 위험수용 성향은 바닥에서는 전혀 존재하지 않는다. 이러한 소극성 때문에 가격은 손실 발생 가능성이 매우 낮고, 막대한 이익을 낼 수 있는 수준까지 떨어진다. 하지만 앞선 하락의 상처로 가격이(따라서 위험이) 가장 낮은 것처럼 위험회피는 높아지고, 투자자들은 열외로 빠져나간다. (166~168쪽)

—⁓—

투자자들이 위험에 대해 어떻게 생각하고 대처하는지 이해하는 것이 가장 중요할 것이다. 요컨대 지나친 위험수용은 위험을 만들며, 과도한 위험회피는 시장을 침체시키지만 최고의 매수 기회를 만들어낸다.

위험에 대한 태도의 변화 또는 움직임은 어떤 사이클의 결과이자 다른 사이클의 원인이기도 하다. 그리고 언제나 그러할 것이다. 사람들은 보통 일이 잘될 때는 더 낙관적이고 위험을 수용하는 반면, 상황이 하락세로 돌아서면 걱정이 많아지고 위험을 회피하기 때문이다. 이것은 가장 신중해야 할 때 가장 기꺼이 매수하고, 가장 공격적이어야 할 때 가장 매수를 꺼린다는 뜻이기도 하다. 뛰어난 투자자들은 바로 이러한 사실을 인식하고 반대로 행동하려고 노력한다. (190~192쪽)

―〜―

자본이나 신용 가용성의 변화는 경제, 기업, 시장에 미치는 가장 기본적인 영향력 중 하나이다. 신용 사이클은 이 책에서 논의된 대부분의 다른 사이클들보다 보통 사람들에게 덜 알려져 있지만, 이 사이클은 가장 중요하고 심오한 영향을 미친다.

신용 사이클은 창문에 비유할 수 있다. 가끔은 열려 있고, 가끔은 닫혀 있다. 금융업계 사람들은 '돈을 빌리러 가는 곳'을 자주 '대출 창구' the credit window라고 말한다. 창구가 열려 있을 때는 자금이 풍부하고 또 쉽게 얻을 수 있다. 창구가 닫혀 있을 때는 자금이 부족하고 구하기 어렵다. 마지막으로 창구는 활짝 열린 상태에서 닫힌 상태로 순식간에 바뀔 수 있다는 사실을 늘 명심해야 한다. 신용 사이클이 움직이는 이유와 그 영향을 포함해서 사이클에 대해 이해할 것이 많지만 핵심은 변동한다는 것이다. (197~198쪽)

―〜―

호황으로 대출이 늘면서 잘못된 대출로 인해 큰 손실이 발생하고 결

국 대출기관이 더 이상 대출을 하지 않게 되면서 호황은 끝이 난다. 이 상황은 계속 반복된다. (203쪽)

―――――

극단적인 시장 상황의 원인을 찾으려면 비디오를 몇 달 혹은 몇 년 전으로 되감아야 한다. 무분별하게 자본을 공급하려는 의욕이 강해지면서 엄청난 호황기가 만들어진다. 마찬가지로 대부분의 위기는 특정 기업이나 산업, 잠재적 대출자 전체에 대한 자금 조달이 전면적으로 거부된 뒤 발생한다. (209쪽)

―――――

일이 잘 풀리고, 긍정적인 뉴스들이 나오며, 위험회피 성향이 적고, 투자자들이 열정적일 때 사이클의 정점에 도달한다는 사실을 아는 것은 신용 사이클을 다루는 중요한 열쇠이다. 신용 사이클의 정점에서 대출자들은 돈을 쉽게 조달할 수 있고, 매수자와 투자자들은 자금 제공 기회를 얻기 위해 경쟁한다. 그 결과 저렴한 자금 조달, 낮은 신용기준, 부실한 거래, 현명하지 못한 신용 기한 연장 등의 상황이 발생한다. 신용 창구가 열려 있을 때 카드를 쥐고 있는 것은 대출기관이나 투자자가 아니라 바로 대출자이다. 이 모든 것의 결과는 분명하다. 주의를 기울여야 한다는 것이다.

신용 사이클의 반대 극단에서는 정반대의 상황이 발생한다. 불쾌한 사건이 전개되고, 위험회피 성향이 고조되며, 투자자들이 침체되어 있을 때 최악의 순간이 도래한다. 이런 상황에서는 아무도 자본을 제공하고 싶어 하지 않고, 신용시장은 얼어붙으며, 제안된 상품들을 원하는 사람이 없어진다. 이 상황에서는 대출자보다 자본제공자들의 손에 열쇠가 쥐어진다.

대출이 어렵고 자금의 가용성이 떨어졌기 때문에 자금을 소유하고 있고 그것을 제공하려는 사람들은 엄격한 기준을 적용해 튼튼한 채권 구조와 보호 조항을 주장하며 높은 수익률을 요구할 수 있다. 이런 것들이 탁월한 투자를 위해 필요한 안전마진을 제공하는 것이다. 이런 조건들이 충족됐을 때 투자자들은 공격적인 모드에 들어가야 한다.

훌륭한 투자는 단지 좋은 자산을 매수하는 것뿐만 아니라 거래 조건이 좋을 때, 자산가격이 낮을 때, 잠재수익률이 높을 때, 리스크가 제한적일 때 이루어진다. 이런 조건들은 신용시장의 사이클이 덜 도취되어 있고, 더 긴박한 국면에 있을 때 훨씬 잘 조성된다. 신용 사이클의 닫힌 국면은 다른 어떤 요인보다도 더 저가 매수의 가능성을 높여준다. (222~223쪽)

———

문제가 되는 자산의 가치는 별로 중요하지 않으며 늘 유행할 만큼 충분히 가치가 없을 수도 있다는 사실을 알게 되었기를 바란다. 인간의 감정은 필연적으로 자산가격(심지어 가치 있는 자산까지도)을 극단적이고 지속 불가능한 수준으로 가져다 놓는다. 아찔하게 높은 고점일 수도 있고, 지나치게 비관적인 저점일 수도 있다.

간단히 말해서, 사이클의 필연성에 대한 성실한 믿음은 지적인 투자자의 어휘에서 수많은 단어와 구절을 제외해야 한다는 뜻이다. 제외할 말에는 '절대'never, '항상'always, '영원히'forever, '할 수 없다'can't, '아닐 것이다'won't, '그럴 것이다'will, '해야만 한다'have to 등이 있다. (250~251쪽)

―――

약 45년 전인 1970년대 초, 나는 최고의 선물을 받았다. 한 현명하고 나이 많은 투자자가 내게 '강세장의 3단계'에 대해 알려준 것이다.

- 1단계, 대단히 통찰력 있는 소수만이 상황이 좋아질 것이라고 믿을 때
- 2단계, 대부분의 투자자들이 개선이 실제로 일어나고 있다는 사실을 깨달을 때
- 3단계, 모든 사람이 상황이 영원히 나아질 것이라고 결론지을 때

이 단순한 진실을 접한 후, 나는 투자자의 심리적 극단과 이러한 극단이 마켓 사이클에 미치는 영향에 눈을 떴다. 여러 훌륭한 인용구와 격언들이 그렇듯 위 3단계는 간단한 말들 속에서 태도의 가변성, 사이클 진행을 뒤따르는 태도의 패턴, 오류를 야기하는 태도 등 어울리지 않은 여러 지혜를 알려준다.

1단계에서는 대부분의 투자자들이 개선 가능성을 보지 못하기 때문에 주식가격이 오르지 않고 가격에 낙관주의가 거의 혹은 전혀 포함되어 있지 않다. 이 단계는 종종 가격이 폭락한 후 일어나며 가격을 심하게 떨어뜨린 하락 추세는 사람들의 심리를 완전히 꺾어버려 시장에 등을 돌리고 영원히 투자하지 않겠다고 맹세하게 한다.

반면 3단계에서는 오랫동안 상황이 잘 진행되어왔고, 이런 점이 자산가격에 강하게 반영되어 시장 분위기를 더욱 고조시켜왔기 때문에 투자자들은 가격이 끝없이 올라갈 것이라고 생각한다. 나무는 하늘 끝까지 자라지 않지만 이 단계에 있는 투자자들은 나무가 끝까지 자랄 것처럼 행동한다. … 그리고 자신이 생각하는 무한한 잠재력에 돈을 지불한다. 과대평가된 것으로 드러난 잠재력에 돈을 지불하는 것만큼 비싼 것은 거의 없다.

　이런 내용을 봤을 때 낙관론의 이유를 거의 발견하지 못하는 1단계에서 투자하는 사람은 상당한 가격 상승이 가능한 저점에서 자산을 매수한다는 결론이 나온다. 하지만 3단계에서 매수하는 사람은 늘 시장의 과도한 열정에 높은 가격을 지불하고 결과적으로 손실을 입는다. (266~267쪽)

―――

　주목해야 할 점은 최고조에 달한 심리, 최대로 완화된 신용 가용성, 최고 수준의 가격, 최소의 잠재수익률, 최대 리스크가 동시에 이루어지며 이러한 극단은 대개 매수의 마지막 발작과 함께 일어난다는 것이다. (277쪽)

―――

　마켓 사이클의 상승 움직임이 만들어낸 '고점'에서와는 반대로 마지막 낙관주의자가 패배를 인정할 때, 바닥에서 동시에 일어나는 심리의 최저점, 신용 접근성의 완전한 불능, 최저 가격, 최대의 잠재수익률, 최

소 리스크를 확인할 수 있다. (279쪽)

―⚈―

하락세에서 일반화가 일어났기 때문에 오류를 만들어내는 체계도 역으로 변했다. 욕심은 사라지고 공포만 남았다. 낙관주의는 사라지고 비관주의만 남았다. 위험수용은 사라지고 위험회피만 남았다. 긍정적인 면은 볼 수 없었고 부정적인 면만 볼 수 있었다. 사물을 긍정적으로 해석하려는 의지는 없고 다만 부정적으로 해석할 뿐이었다. (316쪽)

―⚈―

먼저 무엇이 바닥인가? 그것은 사이클의 최저 가격에 도달하는 때이다. 따라서 바닥은 패닉에 빠진 마지막 보유자가 매도한 날 또는 매도자가 매수자에 비해 우위에 선 마지막 날로 볼 수 있다. 바닥에서부터 가격이 오른다. 항복하고 매도할 보유자가 없기 때문이거나 이제 매도자들이 팔고 싶어 하는 것보다 매수자들이게 사고 싶어 하는 분위기가 더 압도적이기 때문이다.

시장이 하락세로 치닫고 있을 때 투자자들은 "떨어지는 칼날은 잡지 않는다."라는 말을 자주 듣는다. '추세가 하락세이고 그것이 언제 끝날지 알 수 없는데, 바닥에 도달했다는 것을 확신하기도 전에 왜 매수해야 하는가?'라는 말이다. 내 생각에 그들의 진짜 속마음은 '하락이 멈추기도 전에 사서 손실을 볼까봐 무서워요. 바닥에 도달해서 상황이 안정되고 불확실성이 해소될 때까지 기다릴래요.'라고 말하는 것 같다. 하지만 상황이 안정되고 투자자들이 진정되면 싼 매물은 사라지리라는 것을 지금쯤이면 충분히 알 수 있을 것이다.

패배를 인정하는 매도자로부터 원하는 것을 대량 매수할 수 있는 때는 일반적으로 시장이 미끄러지는 동안이다. 떨어지는 칼날을 잡지 않는 사람들은 사이드라인에 바짝 붙어 있다. 하지만 일단 바닥에서 하락세가 끝나면 당연히 매도하려는 매도자들은 거의 없어지고 뒤이어 일어나는 랠리에서는 매수자들이 우세하다. 따라서 매도 물량은 증발하고 잠재적 매수자들은 치열해지는 경쟁에 직면한다. (319~320쪽)

—⁓—

하락 후 시장을 탈출해서 사이클 반등에 참여하지 못하는 것은 투자에서 가장 치명적인 죄악이다. 사이클의 하락 구간에서 시가평가제(장부가격이 아닌 현재 시장에서 거래되는 가격대로 기록하는 것으로 보유 증권의 가격이 떨어질 때마다 곧바로 손실 처리를 한다.—옮긴이)로 손실을 처리한다고 해도 마찬가지로 이익을 보는 상승 구간을 겪는다면 그것 자체로 치명적이지 않다. 정말 끔찍한 것은 바닥에서 팔아치워 하락 변동의 기회를 영구적인 손실로 날려버리는 것이다.

따라서 사이클을 이해하고 사이클을 겪는 데 필요한 감정적, 재정적 수단을 갖는 것이 성공 투자의 필수 요소이다. (322~323쪽)

—⁓—

시장이 회사의 펀더멘털만을 가지고 가치를 계산하는 훌륭한 계산기라면, 주식가격은 발행회사의 현재 실적과 미래 실적 전망보다 더 크게 변동하지 않을 것이다. 아마도 가격은 대개 실적보다 덜 변동할 것이다. 기업의 분기별 실적 변화는 장기적으로 안정적이며, 기업이 가진 장기 잠재력의 실제적인 변화를 꼭 반영하는 것도 아니기 때문이다.

그럼에도 주식가격은 일반적으로 실적보다 훨씬 크게 움직인다. 그이유는 주로 심리적, 감정적인 것이지 펀더멘털적인 것이 아니다. 가격 변화는 펀더멘털 변화를 과장하고 부풀린다.

사실 경제적 사실이나 수치는 시장 반응의 시작점일 뿐이다. 투자자의 합리적인 행동은 예외적인 것이지 법칙이 아니다. 시장은 침착하게 재무 데이터를 저울질하고 감정과 무관하게 가격을 책정하면서 시간을 보내지 않는다. (260~263쪽)

—⁓—

투자자의 목표는 미래의 사건에서 이익을 얻기 위해 자본을 포지셔닝하는 것이다. 투자자는 시장이 떨어질 때보다 오를 때 더 많이 투자하고 싶어 하며, 더 많이 오르거나 덜 떨어지는 자산을 많이 갖고 그렇지 않은 것들은 적게 갖고 싶어 한다. 목적은 분명하다. 문제는 이것을 어떻게 성취하느냐는 것이다.

미래를 내다볼 수 있는 능력이 없는데 어떻게 미래에 대비해서 포트폴리오를 포지셔닝할 수 있을까? 나는 이 질문에 대한 답의 핵심은 시장이 오르내리는 사이클의 어디쯤에 있는지, 그리고 그것이 향후 시장의 움직임에 무엇을 의미하는지 아는 데 있다고 생각한다. 《투자에 대한 생각》에서 썼던 것처럼 "우리가 어디로 가고 있는지는 절대 알 수 없지만, 우리의 현재 위치에 대해서는 더 잘 알아야 한다." (285~286쪽)

—ᴟᴟ—

이 모든 것의 핵심은 무엇일까? 그것은 바로 시계추처럼 움직이는 심리와 밸류에이션(어떤 자산이나 기업의 현재 가치를 평가하는 것 ─옮긴이) 사이클이 어디쯤 위치해 있는지 아는 것이다. 또 지나치게 긍정적인 심리와 높은 밸류에이션을 부여하려는 생각 때문에 가격이 정점으로 급등할 때 매수하지 않는 것(그리고 아마 매도하는 것)이다. 마지막으로 침체된 심리와 밸류에이션 기준의 하락으로 패닉에 빠진 투자자들이 낮은 가격에도 불구하고 매도했을 때, 그리하여 염가 매수가 가능할 때 기회를 잡는 것이다. 존 템플턴 경은 이렇게 말했다. "남들이 실망하여 매도할 때 매수하고, 탐욕스럽게 매수할 때 매도하는 것은 엄청난 용기가 필요하지만 보상도 가장 크다." (288쪽)

—ᴟᴟ—

여기서 필수적인 요소는, 내가 제일 좋아하는 단어 중 하나인 '추론'inference이다. 모두가 미디어를 통해 매일 무슨 일이 일어나는지 본다. 그러나 그 사건들이 시장 참가자들의 심리나 투자 분위기와 관련해 무엇을 의미하는지, 그러한 상황에서 무엇을 해야 하는지 알려고 하는 사람들이 얼마나 될까?

우리는 주변에서 일어나고 있는 일들 속에 함축된 암시를 이해하려고 해야 한다. 다른 사람들이 무모한 확신을 갖고 공격적으로 매수할 때 우리는 매우 신중해져야 한다. 다른 사람들이 겁먹고 행동하지 못하거나 패닉에 빠져 매도할 때 우리는 공격적으로 행동해야 한다.

열거했던 심리적, 감정적 요소들은 투자자들에게 과거의 밸류에이션 기준이 더 이상 적절하지 않으며, 과거의 기준에서 벗어날 수 있다는 확신을 줌으로써 영향을 미친다. 투자자들은 고점에서 돈을 벌고 있을 때 자산가격이 밸류에이션 기준에서 벗어나야 하는 간편한 이유를 쉽게 찾는다. 이유에 대한 설명은 주로 "이번에는 다르다."라는 말로 시작한다. 기꺼이 의심을 보류하는 이 불길한 신호를 조심해야 한다. 반대로 자산가격이 폭락할 때는 과거에는 가치를 지지했던 그 어떤 것도 미래에는 장담할 수 없다는 가정이 이유가 된다. (292~294쪽)

—ᴍ—

'이번에는 다르다'는 말은 비즈니스 세계에서 가장 위험한 문장이다. 흔히 있는 일이지만 이 말이 특히 과거에 극단이라고 불렸던 상황에 적용되었을 때는 더 그렇다.

사람들이 '다르다'라고 말할 때는 종종 과거 사이클을 만들었던 규칙과 과정이 유예되어왔다는 의미이다. 그러나 과거 금융계의 사이클 움직임이 물리적이라거나 과학적인 법칙의 작용으로 생긴 것은 아니었다. 과학에서는 원인과 결과가 신뢰할 수 있고 반복 가능한 관계를 이루므로 'a라면, b이다'라고 자신 있게 말할 수 있다. 그러나 금융과 비즈니스 세계에서는 작동하는 몇 가지 원칙이 있기는 하지만, 그 결과로 생기는 진실은 과학의 세계와는 매우 다르다.

내가 반복해서 지겹도록 이야기하는 것처럼 그 이유는 사람이 개입하기 때문이다. 사람의 결정은 경제, 비즈니스, 마켓 사이클에 큰 영향을 미친다. 사실 경제, 비즈니스, 시장은 오직 사람들 사이의 거래로만 구성되어 있다. 그리고 사람들은 과학적으로 결정하지 않는다.

요점은 사람은 감정을 가지고 있고, 그것으로 불가침의 법칙에 얽매이지 않는다는 것이다. 투자자들은 경제적인 투자 결정을 할 때 늘 감정과 약점을 동반한다. 결과적으로 엉뚱한 시기에 도취되거나 낙담한다. 상황이 잘 풀릴 때는 상승 가능성을 과장하고 상황이 잘 안 풀릴 때는 하락 위험을 과장한다. 따라서 추세를 사이클의 극단으로 가지고 간다. (393~395쪽)

─〰─

사이클 포지셔닝은 주요 사이클에 대해 내린 판단에 따라 포트폴리오 리스크에 대응하는 태도를 결정하는 과정이고, 자산 선택은 어떤 시장, 틈새 분야, 특정 증권이나 자산을 비중 확대overweight할지 비중 축소underweight할지 결정하는 과정이다. 이 두 가지는 포트폴리오를 관리하는 주요한 수단이다. 지나치게 단순화한 것일 수도 있지만 투자자들이 하는 모든 일은 다음 것들에 최소 한 가지 이상 영향을 받는다. (337~338쪽)

─〰─

사이클 포지셔닝은 주로 공격과 방어 사이에서 어떤 선택을 하느냐, 즉 시장의 움직임에 따라 포트폴리오 결과의 변화 정도를 결정하는, 포트폴리오의 시장 움직임에 대한 노출을 늘리거나 줄이는 것에 관한 것이다.

여기에서 성공 비결은 (a) 시장이 사이클의 어디쯤 위치하는지에 대한 신중한 분석이 이루어지고, (b) 그 결과 공격성을 높이며, (c) 이것이 옳다고 증명되는 것이다. 사이클 포지셔닝에서는 이것을 '기술' 또는 '알파'로 요약할 수 있다. 물론 'c'는 무작위성의 영향을 심하게 받기 때문에 투자자의 통제 안에 있는 문제가 아니다. 옳은 것으로 증명되는 일은 항상 일어나는 것이 아니며, 이는 상황을 잘 추론하는 숙련된 투자자들에게도 마찬가지이다. (340~342쪽)

―

시장이 사이클의 저점에 있을 때 이익 가능성은 평소보다 높고 손실 가능성은 낮다. 시장이 사이클의 고점에 있을 때는 반대이다. 투자자가 생각하는 시장의 사이클 내 위치에 근거해 포지셔닝을 바꾸는 것은 향후 일어난 사건이나 상황에 대비해서 포트폴리오를 더 잘 준비하는 것과 같다. 논리적으로 일어나야 하는 일과 실제로 일어난 일의 관계가 늘 어긋날 수도 있겠지만, 포지셔닝을 잘 결정하면 시장 경향을 내 편으로 만들고 더 높은 수익률을 낼 가능성을 높일 수 있다. (344~345쪽)

―

마켓 사이클을 이해하고 그것을 기초로 포지션을 바꿔 장기적인 투자 결과를 개선하려고 노력하는 것은 당연한 일이다. 하지만 이 과정에서 필요한 기술과 과정의 어려움, 그 한계를 이해하는 것도 중요하다.

시장에서 일상적으로 일어나는 상승과 하락이 아닌 '일생에 한 번 있는' 사이클 극단(요즘은 10년에 한 번 정도 일어나는 것 같다)에 대한 것이었다. 그 이유는 첫째, 거품 및 위기가 일어나는 극단, 특히 거품과 위기가 발생하는 과정은 사이클 작용과 그것에 대응하는 방법을 가장 분명하게 보여주기 때문이다. 둘째, 우리가 가장 높은 성공 가능성을 예상해야 하는 때는 뚜렷한 극단을 다룰 때이기 때문이다.

사이클이 '비쌈'과 '저렴'의 양극단 사이, 즉 가운데인 '적정'에 있을 때 가격과 가치의 관계는 극단에서처럼 명백하지 않다. 결과적으로는 다음과 같다.

- 자주 구별하기 어려우며 정확한 구별도 어렵다.
- 따라서 중간 부분을 구별하는 것은 극단을 구별하는 것만큼 잠재적인 수익성이 높지 않으며, 신뢰할 만한 구별이 이루어지는 것도 아니다.

극단을 발견하고 이용하는 것이 우리가 바랄 수 있는 최고의 상태이다. 여러분이 분석적이고, 통찰력이 있으며, 경험이 있고(또는 역사에 정통하고), 감정적이지 않은 사람이라면 이렇게 할 수 있을 것이다. 하지만 이것은 매일, 매달, 심지어 매년 수익성이 있는 결론에 도달할 거라고 기대해서는 안 된다는 뜻이다.

사이클 타이밍을 잡으려는 노력이 합리적인지는 순전히 무엇을 기대하느냐에 달려 있다. 만약 '내일 무슨 일이 일어날까?' 혹은 '다음 달에 어떤 일이 일어날까?'라는 의미에서 사이클상 위치를 자주 알아내려고 한다면 성공하지 못할 것이다. 나는 이러한 노력을 '약삭빠른 행동'이라고 말한다. 투자 결과를 현저히 높일 만큼 그렇게 세세히, 충분히, 자주 또는 지속적으로 옳게 상황을 구별할 수 있는 사람은 아무도 없다. 또 사이클 포지셔닝을 이해하려는 노력으로 '발생이 가능하다'

고 분류한 시장의 사건들이 언제 실현될지 역시 누구도 알지 못한다.

피터 번스타인이 말한 것처럼 "미래는 알 수 없다. 하지만 틀리는 것은 불가피하고 정상적인 것이지, 대부분의 경우 지독한 비극도, 끔찍한 논리적 결함도 아니며, 운이 없어서도 아니라는 사실을 안다면 도움이 된다. 틀린다는 것은 그 결과가 미지의 미래에 달린 일련의 행동을 동반한다. …"(361~365쪽)

극단을 향해 나아가는 사람들의 움직임은 결코 멈추지 않을 것이다. 결국 이러한 지나친 움직임은 조정되어야 하기 때문에 사이클의 발생도 마찬가지로 결코 끝나지 않을 것이다. 경제와 시장은 과거에 한번도 일직선으로 움직인 적이 없었고, 앞으로도 그럴 것이다. 그리고 이것은 사이클을 이해할 수 있는 능력을 가진 투자자들이 더 많은 이익을 낼 수 있다는 의미이다. (399쪽)

찾아보기

ㅎ